国語教育における話し合い指導の研究
——視覚情報化ツールによるコミュニケーション能力の拡張——

長田友紀著

風間書房

目　次

序章 ··· 1
　0.1　問題の所在 ··· 2
　0.2　本研究の目的と方法 ··· 19
　0.3　本書の構成 ··· 26

第 1 章　コミュニケーション能力研究における視覚情報化ツール
　　　　　―話し合い指導開発のための理論的基盤― ································ 29
　1.1　コミュニケーション能力研究の成果と課題 ·· 30
　1.2　国語教育におけるコミュニケーション能力研究の課題 ························ 61
　1.3　状況的認知論に基づくコミュニケーション能力観の拡張 ····················· 68

第 2 章　話し言葉指導における目標および内容の問題点
　　　　　―話し合い指導の開発に求められる要件― ································ 77
　2.1　話し言葉指導における目標論の問題点 ··· 78
　2.2　話し言葉指導における教育内容編成の問題点 ···································· 93
　2.3　目標論と内容論からみた話し合い指導開発の要件 ····························· 112

第 3 章　話し合いにおける指導方法の成果と課題
　　　　　―視覚情報化ツールの可能性― ··· 117
　3.1　戦後の話し合い指導史の概観 ·· 118
　3.2　国語教育における話し合い指導の方法 ·· 128
　3.3　国語教育における視覚情報化ツールの実践事例 ································ 147
　3.4　視覚情報化ツールの利点と課題 ··· 161

第4章 グループ討議における視覚情報化ツールの可能性
―調査課題の定位― 165
- 4.1 グループ討議の必要性 166
- 4.2 グループ討議における視覚情報化ツールの有効性 176
- 4.3 グループ討議における視覚情報化ツールの調査課題 183

第5章 〈調査Ⅰ〉グループ討議における複合的行為の分析
―視覚情報化ツールに関する物理的側面― 189
- 5.1 調査Ⅰの目的と方法 190
- 5.2 RQ1：グループ討議における視覚情報化ツールの使用方法にはどのようなものがあるか 194
- 5.3 RQ2：グループ討議において視覚情報化ツールはどのような時にどう使われるのか 201
- 5.4 RQ3：グループ討議の流れの中で視覚情報化ツールはどう使われるのか 217
- 5.5 調査Ⅰの総合的考察 225

第6章 〈調査Ⅱ〉グループ討議における話し合いメモの分析
―視覚情報化ツールに関する記号的側面― 229
- 6.1 調査Ⅱの目的と方法 230
- 6.2 調査Ⅱ-1：話し合いにおける視覚情報化の類型 231
- 6.3 調査Ⅱ-2：話し合いメモとその報告書の量的データ分析 238
- 6.4 調査Ⅱ-3：話し合いメモとその報告書のテキストマイニングによる質的データ分析 250
- 6.5 調査Ⅱの総合的考察 261

第 7 章　〈調査Ⅲ〉グループ討議における視覚情報化ツールの
　　　　　発達的分析 —視覚情報化ツールの実践化にむけて— ················· 265
　7.1　調査Ⅲの目的と方法 ·· 266
　7.2　調査Ⅲ-1：話し合いにおける視覚情報化の発達的分析 ·············· 267
　7.3　調査Ⅲ-2：小中学生における図示化メモの効果に関する分析 ········ 277
　7.4　調査Ⅲの総合的考察 ·· 287

終章 ·· 291
　8.1　本研究の成果 ·· 292
　8.2　研究成果の意義 ··· 300
　8.3　学校教育への示唆 ·· 302
　8.4　本研究に残された課題 ··· 303

あとがき ·· 307
初出一覧 ·· 311
文献 ·· 315
索引 ·· 357

図 目 次

0.1	コミュニケーションと個体内変化（加藤, 1966）	6
1.1	Bachman (1990) の communicative language ability（柳瀬, 2006）	39
1.2	Savignon (1997) の communicative competence の構成（サヴィニョン, 2009）	40
1.3	言語コミュニケーション力の三次元的構造（柳瀬, 2008）	41
1.4	スピーチ生産過程に関する考え方（田中, 1995）	42
1.5	対話行為の心理的過程モデル（山元, 1997a）	43
1.6	刺激・反応・媒介の関係図（コール, 1985）	71
1.7	筆算の例（ワーチ, 2002）	72
2.1	教育内容の編成における「特設」と「融合」（長田, 2009a）	94
2.2	話し言葉指導をカリキュラムに設定する州（Litterst et al. (1994)）	103
2.3	話し言葉指導の目標・内容・方法の関係	112
3.1	手引きの構造（長田, 2014b）	152
3.2	バタフライ・マップ（藤森, 2007）	157
5.1	第1班のメモ用紙	193
5.2	第2班のメモ用紙	193
5.3	視覚情報化ツールの使用の割合	197
5.4	視覚情報化ツール使用行為の頻度と割合	198
5.5	討議メモの記述内容のグラフ	199
5.6	第1班のツール使用行為と修正 IPA	205
5.7	第2班のツール使用行為と修正 IPA（長田, 2012a）	205
5.8	両班のツール使用行為と修正 IPA	206
5.9	修正 IPA ごとの視覚情報化ツールの使用率	214
5.10	グループ討議における相互作用とツール使用行為のモデル	216
5.11	第2班のグループ討議内容の樹状図（長田, 2011a）	218
5.12	第2班の討議の全体構造とツール使用行為（長田, 2012a）	219
5.13	話し合いの流れにおける視覚情報化ツールの行為とその機能	224
6.1	大学におけるメモタイプの円グラフ	233

6.2	タイプ別「メモ書」の実例	234〜235
6.3	大学におけるメモの詳細な型の円グラフ	237
6.4	調査の概要（長田，2009b）	240
6.5	B群の「メモ書」と「報告書」の実際の例	242
6.6	C群の「メモ書」と「報告書」の実際の例	243
6.7	大学における「A. 統制群」の散布図とヒストグラム（長田，2009b）	245
6.8	大学における「B. 総記述化群」の散布図とヒストグラム（長田，2009b）	245
6.9	大学における「C. 図示化群」の散布図とヒストグラム（長田，2009b）	245
6.10	大学における「メモ書」の語数のボックスプロット（長田，2009b）	246
6.11	大学における「報告書」の語数のボックスプロット（長田，2009b）	247
6.12	大学におけるメモと報告書の記述量の関係	249
6.13	大学における「B. 総記述化群」の典型的な「メモ書」とその「報告書」	257
6.14	大学における「C. 図示化群」の典型的な「メモ書」とその「報告書」	258
6.15	大学におけるメモと報告書の記述内容の関係	260
7.1	学年ごとの「メモ書」の記述量のボックスプロット	269
7.2	学年ごとの「報告書」の記述量のボックスプロット	269
7.3	学年と話し合いメモ型との対応分析	271
7.4	小5における典型的な「A. 統制群」の「報告書」	275
7.5	中2における典型的な「A. 統制群」の「報告書」	275
7.6	大学における典型的な「A. 統制群」の「報告書」	275
7.7	話し合いメモと報告内容の学年ごとの特徴	276
7.8	小5におけるメモの仕方による報告量のボックスプロット	279
7.9	中2におけるメモの仕方による報告量のボックスプロット	279
7.10	小5における典型的な「B. 総記述化群」の「メモ書」とその「報告書」	281
7.11	小5における典型的な「C. 図示化群」の「メモ書」とその「報告書」	282
7.12	中2における典型的な「B. 総記述化群」の「メモ書」とその「報告書」	285
7.13	中2における典型的な「C. 図示化群」の「メモ書」とその「報告書」	286
7.14	学年ごとの図示化メモの効果	288

表 目 次

0.1	視覚情報化ツールの物理的種類とその特質	18
1.1	主要な第二言語の performance と，Hymes のオリジナルとの差異の関係モデル（McNamara, 1996）	34
1.2	話し合うことの能力表（中村, 1999）	47
1.3	我が国における〈新しい能力〉概念（松下, 2010）	53
2.1	話し言葉のジャンル（安居, 1994）	78
2.2	話し言葉指導における代表的な二極の設定（長田, 2011c）	82
3.1	話し合いの指導時期ごとのねらい	131
3.2	話し合いにおける指導媒体	135
3.3	話し合いの指導方法（長田, 2005c）	137
3.4	話し合い指導における視覚情報化ツールの位置づけ	148
3.5	バタフライ・マップにおける6つの項目名（藤森, 2007）	158
4.1	グループ討議と教室討議の差異	172
5.1	視覚情報化のツール使用行為（長田, 2011a）	195
5.2	視覚情報化ツールの使用の割合	197
5.3	視覚情報化ツール使用行為の頻度と割合	198
5.4	討議メモの記述内容	199
5.5	修正 IPA（Bales, 1950 改）	202
5.6	第1班のツール使用行為と修正 IPA のクロス表	204
5.7	第2班のツール使用行為と修正 IPA のクロス表（長田, 2012a）	204
5.8	両班のツール使用行為と修正 IPA のクロス表	206
5.9	修正 IPA ごとの視覚情報化ツールの使用率	214
5.10	討議の流れにおける視覚情報化ツール（第1班・第2班）	218
6.1	大学における話し合いメモのタイプとその割合	233
6.2	大学におけるメモの詳細な型の割合（長田, 2009b）	237
6.3	大学における調査の割付（長田, 2009b）	241
6.4	群ごとの「メモ書」と「報告書」の語数（長田, 2009b）	244
6.5	大学におけるメモの書き方による「メモ書」の特徴的な語（長田, 2010a）	254

6.6	大学におけるメモの書き方による「報告書」の特徴的な語（長田，2010a）	256
7.1	小5と中2における調査の割付	268
7.2	学年ごとのA群「メモ書」「報告書」の語数	269
7.3	学年ごとの話し合いメモの詳細な型	271
7.4	学年別の報告書内容のテキストマイニング	272
7.5	小5と中2における「報告書」の語数	279
7.6	メモの取り方による報告書のテキストマイニング（小5）	280
7.7	メモの取り方による報告書のテキストマイニング（中2）	284

凡　　例

1. 外国人名の表記は引用文献での表記を用い，本文においてもこれを踏襲した。
2. 引用文は原則としてインデントして引用し，本文の一部として引用するときは「　」を付けた。
3. 引用に際しては旧字体は新字体に改めた。
4. 文献は本書の最後に一覧としてまとめ，本文中で引用・参照を求める場合には次の2つのパターンで示した。
　　著者名（発行年，ページ）　　例：長田（2007, p. 24）
　　（著者名，発表年，ページ）　例：（長田, 2007, p. 24）
5. 翻訳書の場合は，本文中では掲載されている邦訳書の著者名および出版年で示した。文献一覧では原著の書誌事項まで示した。

序　章

0.1 問題の所在

0.1.1 話し合い指導の問題点

　これまでの国語教育における「話し合い指導」では，説得や反論の仕方，討議ルールの習得などが強調されてきた。そこには大きく二つの問題がある。

　一つは「他者と共同で問題解決するための方法を国語科で教えてきたか」というものである。情報化・国際化・環境という地球的規模での問題群がネットワーク化しているという社会心理学の Gergen, K. J.[1] の指摘を受け，菅井勝雄は次のように述べる。

> 今まで見られなかった巨大ともいえる諸課題を前にしては，個人が所有する知識を前提とする「個人的知識」観や，社会性を蔑ろにしがちな「個人主義」では，もはや立ち向かえないことは明らかである。（菅井, 2002, p.19）

そのため「コミュニケーションにより協力して問題を探求して問題解決したり，知識を社会的に構成（創造）する」（菅井, 2002, p.19）ことが重要だと指摘する。現代の社会的状況では，話し合いによって他者と共同で問題解決を図ろうとする学習者像は，ますます重視されていくにちがいない[2]。単に論破するだけであったり，安易に合意したりするだけでは問題は解決しな

---

[1] 「社会構成主義」(social constructionism) の提唱者である（Gergen, 1994, 1999）。
[2] OECD（経済協力開発機構）の DeSeCo プロジェクト（Definition and Selection of Competencies）のキー・コンピテンシー（Key Competencies）は次のような社会状況に対応するための能力とされている。「技術が急速に継続的に変化する世界では，技術に関する学習はプロセスの一時的なマスターだけでなく，高い適応性が求められる」「社会がどんどん多様で細分化されるようになってきており，個人的な関係においても，いっそう異なった他者との交流が求められている」「グローバリゼーションは新しい形態の相互依存性を作りだしており，いろいろな行為は，経済競争のような影響と公害のような結果の両方にしたがうようになり，個人の地域共同体や国家共同体を越えて拡がっている」（ライチェン・サルガニク, 2006a, p. 205）。

い。共に問題解決を目指すための話し合いはどうあるべきなのか。学習者が自律的に話し合いを行えるようになるためにはどう指導すればよいのか。話し合いのルールの指導や，説得や反論などのトレーニングだけでは，他者と共に問題解決するための話し合いができるようにはならないだろう。国語教育では話し合い指導の困難さは以前から指摘されてきた[3]。他者と共同で自律的・主体的に問題解決を図る学習者の育成に国語教育で何ができるのかが問われているのである。

　もう一つは「話し合い指導において言語活動の全体性を保障してきたか」というものである。話し合いは音声言語によるものとばかりに，話し方や聞き方の指導に力点が置かれてきた。もちろん音声言語は話し合いの基本的要素である。しかし，話し合いは本当に音声言語だけで行われているのだろうか。例えば典型的な教室では，教師は生徒の発言を黒板に書き，それを指し示しながら論点を整理している。学習者は他者の発言を聞いたり，板書や教科書を見たりしながら意見を生み出している。日常的な読むことの指導においても決して話し言葉だけで討議しているわけではない。実際の話し合いでは，音声言語だけでなく文字言語も使われている。言語行為としても，話すことばかりでなく見ることや書くことや読むことなども行われている。このように話し合いとは複合的な言語活動による極めてダイナミックな行為なのである。西尾実は次のように述べている。

　　われわれの日常生活における現実としての言語現象はどうであるかといえば，言語学でいうような言語は，そのままにはどこにも存しない。かならず何らかの指示または身振りと結合し，何らかの表情または行動と関連して，きわめて複雑な表現作用を形成しているのが，その真相である。科学の対象としての言語ならば知らず，実践の立場から言語を考えるのには，かくの如き混質的・複合的存在と

---

[3] 日本国語教育学会は2006年に会員を対象に国語教育実践についてアンケート調査を実施している。読むこと（文学的文章）の指導については「うまくいっている」「だいたいうまくいっている」は74.2％，読むこと（説明的文章）は70.3％であった。しかし，「聞くこと」は49.0％，「話すこと」は54.9％，「話し合うこと」は28.4％であった。特に「話し合うこと」の比率が低いことがうかがえる（日本国語教育学会, 2007, p. 9）。

しての言語活動を考える以外に,その正体を捉えることは出来ないであろう。(西尾, 1951, p. 278)[4]

話し合い指導において話し言葉のみに着目すれば,生きた言語活動の現実的な側面を切り捨ててしまう恐れがある。話し合いが音声言語だけで成立しているわけでないとすれば,そのスキルのみに焦点化して指導していてよいのだろうか。言語生活主義という視点からは,複合的な言語活動を捉えることでその指導について考えていくことが重要になるはずである。だが,こういった調査はそれほど簡単ではなく国語教育にとって長年の課題であった[5]。話し合いの調査は音声言語の分析が中心であり,その指導も音声言語のスキルが重視されてきたのである。しかし,言語活動の事実に真正面から向き合うことを,話し合い指導を改善する出発点としなければならない。

0.1.2 話し合いとは何か

0.1.2.1 話し合いの特徴

そもそも話し合いとはどのようなものなのだろうか。話し合いの特質や構造の説明については,哲学の領域で提案されたトゥールミン・モデルなどによって試みられている(Toulmin, 1958)。しかし,これらは主として話し合いの論証の仕組みの解明である[6]。西尾実は言葉の機能について「社会的通じ合い(コミュニケーション)の一手段たるところ」(西尾, 1952, p. 1)と捉えたうえで話し合いについて次のように述べている。

> 討議が日常生活における会話の特殊形態で,問題の解決,または真理の探究を目ざして,知的集中的に協力していく話しあいであることを忘れていてはならぬ。(西尾, 1947b, p. 7)

---

[4] 初出は,「文芸主義と言語活動主義」(『国語教育講座』1937年)とされる。
[5] この点について「国語教室での言語活動を,コミュニケーションの観点から捉えることで社会性を強調したり,また言語活動に人格形成の一大契機を認めたりしながらも,こと国語の力ということではリテラシーのレベルでしか具体的な論究ができないために,多くの言語活動の様相・機能・特性を視野の外に投げ出さざるを得なかった」(塚田, 1984, p. 2)との指摘がある。

話し合いとは個人レベルの認知行為や表現活動ではなく，他者との協力的・社会的な相互作用であることが強調されている。本研究でも同様の認識に立ち，人と人の間で行われる相互作用としてのコミュニケーションに注目する。以下，そのような諸領域の研究成果をみていくことで話し合いの特質について考えていく。

　社会学の加藤秀俊は，話し合いがいかなるものかについて Mead, G. H. を踏まえ，図0.1のような説明をしている[7]。AとBはそれぞれ二人の人間を表し，Ⅰでは全くの他人同士である。ⅡになりAがBに話しかけることで，Bの内部にaが取り込まれる。Bの内部に取り込まれたaは，そこにあったbとぶつかり合ってb'が生まれる。そのときBはすでにBでなく，B'となる。Ⅲにおいては，B'から話しかけることで同様のことがAに生じ，A'となる。加藤はこれを次のように説明する。

> 人間のコミュニケイションの連鎖は，それぞれの人間の内部の状態を無限にかえつづける。人間は他人を自分のなかにとりこむことをくりかえしながら，自分をかえてゆくのである。（加藤，1966, pp. 84-85）

　話し合いにおける相互作用は S_1 や S_2 として示されており，ⅠからⅢにかけてaとbがa'とb'になるプロセスがモデル化されている。これが「自分をかえていく」，つまり思考なども含む人間の変化だとみることができる。話し合いとは両者の間のやりとりを通して共同で新たなものを創造し続けるプロセスなのである[8]。ただし注目すべきは，話し合いが常にこのような状

---

[6] トゥールミン・モデルについては足立（1984）；小西（2011）などが詳しい。また国語教育の視点からは鈴木他（1972）；井上（1977, 1989）；中村（1993, 1998）；幸坂（2010）が参考となる。
[7] Meadについては第1.1.5.1でも取り上げる。
[8] では話し合いはどこまで行けば終了となるのだろうか。この点について示唆的なのが香西の議論である。「われわれがものを考えるときは，頭の中に対立を作り出し，後の考えが前の考えに反論し，それを否定することによって思考を発展させていく。そして，もはや反論の出なくなったときが，思考が終わるときなのである」（香西，1995, p. 37）と述べる。これを共同思考としての話し合いに敷衍すれば，参加者の間で反論が出なくなったときが問題解決や合意とみることができそうである。ただし，その後で「やはり納得できない」や「そういえば」となり再び話し合いが始まることもある。話し合いを終えたかどうかは終了時に必ずしも確定できない

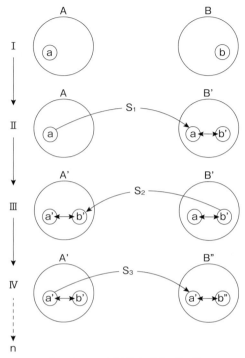

図0.1　コミュニケーションと個体内変化（加藤, 1966, p. 85）

態を生み出すとは限らないと述べている点である。aとbが全く関係し合わない場合や，aが取り込まれてもbを触発しb'を作らない場合，すなわち「相手のことばはわかるが，さっぱりこっちの心が動かない」（加藤, 1966, p. 85）場合もあることが指摘されている。加藤は論理性だけでなく，情緒性つまり他者との関係性も話し合いに大きく影響することを示唆している。以上のように「自分をかえていく」様子であるⅠからⅢのプロセスとは，まさに話し合いが人間形成にどう資するのかを分かりやすく提示したものだといえ

ことがある点は注意すべきである。

る。

　認知心理学の視点からは，丸野俊一らが話し合いを次のように捉えている。

> ディスカッション場面とは，知識や経験の異なる者が一緒になって与えられた問題について自由に意見を出し合いながら，よりよい解決の仕方や新しいアイディアを発見していく協同構成による創造的な問題解決場面である。…すなわち，その過程は，"ある問題について，メンバーが協同しながら様々なアイディアを創出し，その創出したアイディアに更に新たな視点から再び吟味・検討を加える"という現実吟味の過程…が絶えず繰り返されるジグザグ運動的な循環過程である。(丸野他, 2001, pp. 79-80)

　丸野らは話し合いを「ジグザグ運動的な反省的思考活動」と捉えている。特に次の三つの局面での思考活動が重要であることを指摘する（丸野他，2001, p. 80）。一つ目は「個人内ゾーン」で営まれる反省的思考活動である。二つ目は「社会的協同構成ゾーン」で営まれる反省的思考活動である。三つ目は「個人内ゾーン」と「社会的協同構成ゾーン」との間を行き来する反省的思考活動である。各局面の活動では「メタ認知的発話」が調整的な重要な機能を果たすという。ただし創造的な話し合いが生起するか否かは，三つ目の「個人内ゾーン」と「社会的協同構成ゾーン」との間に行き来するジグザグ運動的な反省的思考がポイントになるという。これは加藤秀俊におけるAとBの間に生じる往復過程（図0.1）と類似している。

0.1.2.2　話し合いの問題点

　近年の社会心理学においても話し合いの研究は大きく進展している。亀田達也が端的に整理しているためこれを参考に話し合いの問題点をみていく（亀田, 1997）。

　話し合いについては「社会的決定図式モデル」(Social Decision Scheme Model)(Davis, 1973)をもとに，グループの意志決定における社会的集約の

プロセスとして説明されている。話し合いとは，参加者たち個人レベルのマイクロな「初期意見」が，マクロレベルでのグループの決定（集団のアウトプット）に社会的に変換されるものと捉えられている。先述の加藤の枠組みに比べて，グループでのアウトプットにより焦点があてられている。

さらに対面コミュニケーションによる話し合いの場合は，匿名性がなくすべてのメンバーが時間差なく結ばれており，パラランゲージ・アイコンタクト・ジェスチャーなど発言を理解する様々な手がかりが豊富にあることがその特徴だという (McGrath and Hollingshead, 1994)。この点で文字言語によってコンピューター上で書き込むグループウェアなどによる討議とは異なっている（亀田, 1997, pp. 108-110）。

このような話し合いに期待されているものとして，亀田は「創発性」と「民意の反映」をあげる。

前者の創造的な思考については，加藤や丸野らの指摘と基本的にはほぼ重なり合うといえる[9]。ただし，亀田は「創発性」には二つの水準があることを指摘する（亀田, 1997, p. 43）。第一の水準は「グループの遂行が個人の遂行よりも比較の上で平均的に優れている」ことである。第二の水準は「個人のレベルでは存在しない優れた知恵がグループのレベルで創発する」ことである。ところがこれまでの研究では，単純な論理課題の実験では第一水準を満たすものの，ほとんどの場合で第二水準を満たさなかったというのである[10]。その要因の一つとして「発話のブロッキング」(Diehl and Stroebe, 1987, 1991) があげられている。話し合いは音声言語によるため，他者が話している間は自分が考えたアイデアを直ちに発言できない。そのため話し合

---

[9] 国語教育における思考の問題については，大久保 (1959)；新垣 (1961)；沖山 (1969)；波多野 (1975)；井上 (1977)；中村 (1993)；香西 (1995)；宇佐美 (2003a, b)；塚田 (2001) などが詳しい。また渡辺 (2004a) は日米の思考表現のスタイルを作文教育の分析から考察しており参考となる。

[10] 岡本他 (2006, p. 98) では話し合いにおけるアイデアの創出がそれほどうまくいかないことを明らかにした研究として次のものをあげている。Diehl and Stroebe (1987, 1991)；Laughlin and Futoran (1985)；Laughlin and Hollingshead (1995)；Stroebe and Diehl (1994)。

いの効率を大きく阻害するというのである。このような「相互調整の失敗」（Steiner, 1972）によって，一般的なイメージとは異なり，話し合いは意外にも創発性や知識の相互提供をもたらしにくいという（亀田, 1997, p. 136）。亀田は「グループの中で認識の共有度に濃淡がある場合には，コミュニケーションは知識を同じくする一部のメンバーの間だけで局所化しやすい」（亀田, 1997, p. 136）ことも指摘する。それどころか，話し合いの参加者間で当初存在していた知識の差が「さらに増幅・促進されるという，一見逆説的な現象さえ生じる」（亀田, 1997, p. 136）とも述べている。

後者の民意の反映についても難しいことが指摘されている[11]。共同で問題解決する場面では「社会的ジレンマ」（山岸, 1990）の状況になりがちだという。そもそも一人では解決できないからグループで話し合うはずである。だが集団になれば，全員で必死に取り組まなくても一部の参加者の努力だけで解決できてしまうことがある（亀田, 1997, p. 21）。いわば「ただ乗り」（Diehl and Stroebe, 1987, 1991）と呼ばれる状況が生まれてしまうのである[12]。また，話し合いの合意には「社会的リアリティ」（池田, 1993）が大きく影響し，「しばしば"声の大きさ"や存在感の程度が事を決めてしまう」（亀田, 1997, p. 42）こともある。さらには「評価懸念」（Diehl and Stroebe, 1987, 1991）の問題もある。他からの評価を恐れ消極的にしか発言できないことがあるのである（亀田, 1997, p. 114）。つまり，話し合いとは論理性だけで成立しているわけではない。共同作業によって他者という「社会」からもなんらかの影響を受けてしまうのである。

以上のように亀田は，話し合いにおける「創発性」や「民意の反映」について，期待されているほどの効果がないことを指摘する。ただし，その問題

---

[11] 多数決投票において，集団の意志決定は議長の望む方向に原理的には誘導できてしまうことを「コンドルセのパラドックス」あるいは「投票のパラドックス」という（Condorcet, 1785）。多数決以外での議決であっても，公平で民主的な決定は原理的には不可能であることを証明したものが「一般可能性定理」（general possibility theorem）であり，「アロウの定理」とも呼ばれる（Arrow, 1963）。詳しくは，佐伯（1980）；亀田（1997）；岡本他（2006）を参照。

[12] このような「社会的手抜き」については釘原（2013）も詳しい。

を軽減できる可能性として「外的世界からのフィードバック」「知識の外部化」「メタ認知」をあげている点は注目しておきたい（亀田, 1997, p. 102）。

0.1.2.3　話し合いの定義

　ここまでの社会学・認知心理学・社会心理学における議論を踏まえ，本研究における話し合いを定義すれば次のようになるだろう。話し合いとは「複数の人間が，主として音声を媒介として共同で思考するコミュニケーション」とみることができる。共同によるコミュニケーションによって，個人レベルの思考が，グループという社会的レベルの思考へと変換されるのである。そのため，複数の人間のコミュニケーションや思考をいかに紡ぎ上げていけるかがポイントとなる。そこでは論理性だけでなく他者との関係性も影響し，音声言語だけでなくパラランゲージや様々な行為が行われている。

　こういった話し合いには，個人レベルではなしえないような創造的な共同思考や，民主的な合意が期待されている。しかし，創造性が発揮できなかったり，一部の参加者のみで話し合いが進行してしまったりすることが指摘されていた。もちろん，複数の人間が同時に発話すれば音声の独占性は解消できるかもしれないが，それは話し合いではなく勝手な言い合いである。共同性からくる社会的リアリティも完全に排除することは難しく，日常性や関係性をすべて断ち切ってしまうことは困難である。集団思考や合意は話し合いにおける問題解決の中核であるが，これらのことからそれが困難であることが示されていた。したがって，話し合いにおける音声・共同・思考の困難さを完全になくすことは難しいといえそうである。むしろ，それらの困難さを本質的に含み込むのが話し合いだとみたほうがよい。話し合いとは「音声」により「共同」で「思考」する極めて複雑で流動的なコミュニケーション行為なのである。

　このような困難さを抱えた話し合いをどう指導すべきなのだろうか。それが理論的・実証的・実践的に十分に検討されてこなかった点に国語教育の大

きな問題がある。

0.1.3　話し合いにおける視覚情報化ツール

0.1.3.1　視覚情報化ツールの可能性

　話し合いとは「複数の人間が，主として音声を媒介として共同で思考するコミュニケーション」とみることができた。だが，音声・共同・思考の要因によって話し合いは困難さを抱え込む。

　国語教育における話し合い指導とは，そもそも困難さを抱えた話し合いをさらに「指導」する，というもう一段複雑な試みなのである。このような困難さを抱える話し合いについて有効な指導方法が十分に開発されているとは言い難かった。

　話し合い指導の問題点を改めて確認すれば次の二つである。一つは「他者と共同で問題解決するための方法を国語科で教えてきたか」というものである。もう一つは「話し合い指導において言語活動の全体性を保障してきたか」というものである。

　この二つの問題は一見すれば個別の問題を論じているようにみえる。しかし，本研究で提案する「視覚情報化ツール」を両者の間に置けば，それぞれの解決へ視野が切り開かれてくる。視覚情報化ツールとは，主として音声言語（聴覚情報）でやりとりされている話し合いを，文字化や図示化（視覚情報化）することで支援する方法である。単なる個人的な議事録や備忘録ではない。参加者たちが紙やホワイトボードに共同で視覚情報化し，これを見ながら話し合うものである。

　前者の問題であった自律的・主体的な話し合いを教える一つの方法がこの視覚情報化ツールである。文字化や図示化することで，話題の構造や意見間の関係がリアルタイムで視覚的に明示され，話し合いを把握しやすくなる。書かれた記録が残ればあとから振り返ることもできるだろう。また討議の記録は，学習者だけでなく，指導者が支援する際にも大いに役立つ。思考する

ためのツールであると同時に，指導のためのツールにもなるのである。さらに，比較的簡単な方法であることも重要なポイントである。学習者たちがその活用方法をすぐ身につけられるため，多様な問題解決場面や他教科でも自律的に活用できるようになるだろう。

後者の話し合いにおける言語活動の全体性を保障するためにも，視覚情報化ツールの活用は有効である。話すことや聞くことだけでなく，書くこと（描くこと）や見ることなども含めて総合的に活用するのが視覚情報化ツールなのである。話し合いにおける言語活動の全体性がその発想の基盤にある。本研究で詳述するように，音声言語以外の行為や発話者の外部にある視覚情報化ツールの活用によって，話し合いの過程や結果は大きく変わりえる。話し合いの能力が書くこと（描くこと）や見ることと密接な関連があるとすれば，音声言語への過度な焦点化は再考を迫られることになるだろう。国語教育では話し合いにおける音声言語ばかりに注目しすぎていた。話し合いを共同でのコミュニケーションと捉え，その言語活動の全体を把握することが必要になるはずである。

本研究では，このような認識のもとで，話し合いを文字化・図示化する「視覚情報化ツール」の活用に着目しその指導の開発を目指していく。

0.1.3.2　視覚情報化ツールの特徴

「視覚情報化ツール」とは，主として音声言語（聴覚情報）でのやりとりを，文字化や図示化（視覚情報化）しながら話し合うことで支援するものを全般的に指す。

第1章で詳述するが，本研究が基盤とする状況的認知論では，道具（ツール）には「物理的な道具」と「記号的な道具」の二種類が存在する。この点を踏まえ，本研究における視覚情報化ツールの特徴を二つ確認しておく。

一つは「話し合いにおける聴覚情報をリアルタイムに共同で視覚情報へ変化させていくもの」である。話し合いにおける問題解決のためのツールであ

ることが基本である。個人的にメモされたものや，参加者たち全員がリアルタイムで見られないものは視覚情報化ツールには含めない。つまり，単なる話し合いの議事録や備忘録ではないのである。あくまでも話し合いの事中に，参加者たちが共同でそれを見ながら話し合いを進めることが第一の特徴である。

　もう一つは「視覚情報へ変える物理的道具だけでなく，そこに表現される記号的道具も含まれる」ことである。紙やホワイトボードの上に鉛筆やペンを用いて話し合いは視覚情報化されていく。このような物理的な道具はもちろん視覚情報化ツールである。だがそればかりではなく，文字や図などの記号類もツールとして捉えていく。状況的認知論では，ツール（道具）とは人間の認知を支援するために人工的に生み出されたものが全て含まれている（美馬, 2001, p. 134）。視覚情報化するためには物理的ないわゆる「道具」だけでなく，そこに書かれた文字や図など「記号的な道具」も重要なのである。そのため，どのように話し合いが記述されていくのか，という記号的ツールにも本研究では注目していくことになる。

　以上のような特徴をもつ視覚情報化ツールは，欧米では graphic facilitation などと呼ばれ企業や市民参加の話し合いにおける問題解決の方法として注目を浴びている（Sibbet, 2006）[13]。日本においては「ファシリテーション・グラフィック」[14]という名称で呼ばれ，注目されつつある（浅海・伊藤, 1998；堀・加藤, 2006；シベット, 2013）[15]。

　他にも「ワールド・カフェ」（World Café）など「ホール・システム・ア

---

[13] graphic facilitation 開発の経緯は，第一人者による Sibbet（2001）に詳しい。それによれば，1970年代に建築家やデザイナーなど複数の人々によって行われていたものから刺激を受け，"group memories" や "group graphics", "graphic keyboard" が開発されたという。その後2000年代初頭に Sibbet によって *Graphic Facilitation* と銘打った書籍が刊行されるようになったという。

[14] 「グラフィック・ファシリテーション」「グラフィカル・ファシリテーション」などともいう。

[15] なお，ファシリテーションとは1960年代の「エンカウンター・グループ」やコミュニティの問題を話し合う技法として開発が始まったものであり，1970年代からビジネスの世界における会議の技法として導入されるようになったとされる（堀, 2004, pp. 38-39）。

プローチ」[16]においても話し合いを図示化することが取り入れられている（ブラウン・アイザックス, 2007）。また「マインド・マップ」（Mind map）という名称で, 話し合いに限らず個人の発想支援やノートテイキングまでも含む広い場面で活用されるものもある（ブザン・ブザン, 2005）。

いずれの手法であっても話し合いを図示化・文字化するという点は共通しているため, その部分に限って本研究では話し合いにおける視覚情報化ツールの活用として捉えておく。

このような視覚情報化ツールの話し合い指導における利点を整理すれば次のようになる[17]。

- 思考の支援
- 学習の支援
- 指導の支援
- 質と量の保障

第一の利点は「思考の支援」である。視覚情報化ツールは話し合いを文字化や図示化するため, それまでに出された論点や意見を俯瞰しつつ思考を働かせることができる。つまり, 視覚情報化ツールは思考を充実させ問題解決をしやすくするものといえる。

第二の利点は「学習の支援」である。論点や意見が即時的に視覚化されるため, 話し合いを学習しやすくなる。視覚情報化ツールによって集団思考のプロセスが外在化されることで, 話し合いの構造や仕組みを学習したり, 話し合いのコミュニケーションを振り返ったりしやすくなるのである。つまり, 即時的に消えていく話し合いを学ぶには最適なツールだといえる。

---

[16] 数名から数百人規模の人数でも可能であり,「組織や分野の境界を越えてできるだけ多くの関係者が集まり, 自分たちの課題や目指したい未来について話し合う大規模な会話の手法」（香取・大川, 2009, p. 212）とされる。ワールド・カフェ（World Café）, OST（Open Space Technology）, AI（Appreciative Inquiry）, フューチャー・サーチ（Future Search）などが代表的手法である。

[17] 詳しくは第3.4節で詳しく検討する。

第三の利点は「指導の支援」である。指導者にとっても視覚化された記録があると指導が容易になる。例えば，ツールによって話し合いの経緯や状況が把握しやすくなれば，事中指導が適切にできるようになるだろう。話し合いの事後にツールの記録を回収すれば，次回の指導の手がかりにもなる。つまり，教師の指導も支援できるツールである。

　第四の利点は「質と量の保障」である。視覚情報化ツールは簡単な方法であるため国語科以外でも活用できる。上述したような国語科での指導の質を向上させるだけでなく，学校教育における様々な場面でも活用することで，学習者が話し合いに従事する経験量を増やすことができる。つまり，話し合い指導の質と量を保障するツールだといえる。

0.1.3.3　視覚情報化ツールの具体例

　ここで視覚情報化ツールの活用の仕方について具体例をあげておく[18]。次に示すのは大学生の「国語」の授業における話し合いで活用された事例である（長田，2009d）[19]。

1. 講義中にグループ討議が必要になった場面で各グループに一枚の紙を配布する。
2. 用紙に，出された意見を書き込むように指示。書く人を一人決めてもよいし，全員が鉛筆を持って書き込んでもよい。「どんどん楽しく書き込むこと」「みんなで見やすいように工夫せよ」「図にしたり，表にしたり，矢印や線で結んだり工夫せよ」と補足する。
3. 話し合いが行き詰まってきたら，いったん中止。他班の討議のメモ用紙を覗いてくるように指示。各班とも用紙はその場に置き，グル

---

[18] 第3.3節で国語教育における代表的な実践事例を詳しく検討する。
[19] T大学の「国語Ⅰ」「国語Ⅱ」における活用事例である。「国語」は，大学初年時教育としてアカデミックリテラシーの習得をねらう演習型の講義である。このグループ討議における視覚情報化ツールの活用については第5章で詳しく分析する。

ープごとにまとまって移動し，他班の用紙を見る。他班のメモを見る際には，そこに書かれたアイデアと，その書き方の両方に着目することを強調。気づいたことは随時グループ内で簡単に話させる。
4．全班のメモを見終えたら着席させ自分たちの討議を再開する。

　2.において，似たような意見を線で結べば，意見間の関係が見え，話題の論点や構造が把握できるようになる。音声言語は即時的に消えてしまうため，話し合いの当事者たちは自分たちがどのような共同思考を積み上げてきたのかを把握しにくかった。しかし，ツールで視覚情報化すれば，それまでの議論の経緯が明瞭になり思考しやすくなっていく。話し合いの困難さを軽減させる手法としてあげられていた「知識の外部化」（亀田，1997，p. 102）が可能になるのである。それに付随して，話題に関して誰が何を知っているかという「メタ認知」（亀田，1997，p. 102）も行いやすくなるだろう。各自の意見が視覚情報化され一覧されるためである[20]。このように視覚情報化ツールとは単なる議事録や備忘録ではない。参加者がリアルタイムにメモしていくことで共同での思考を支え，話し合いを質的に向上させることができるのである。ツールが「思考の支援」に役立つのである。

　2.や3.では教師が机間指導を行っている。論点や意見が明示されたメモにより，何をどこまで話しているかが指導者にとっても把握しやすくなる。各班の話し合いプロセスが，そこに張り付いていなかった指導者にも「見える」ようになるのである。これにより複数の班に対する支援もしやすくなるだろう。つまり，質の高い「外的世界からのフィードバック」（亀田，1997，p. 102）を学習者に対して与えやすくなる。ツールは「指導の支援」もできるのである。

---

[20] 亀田の議論は，参加者がそれぞれ持つ話題に関する知識を事前に共有しておくことが話し合いの成功につながるというニュアンスが強い。そのうえで，そのようなメタ認知が生じる状況は長期的な分業関係が成立しているグループのみであり，短期的に結成されたグループでは難しいことが指摘されている（亀田，1997，p. 95–96）。

3. や4. では他班の討議メモを途中で見に行かせている。メモを見て回るという行為は、それまでの他班の討議内容を類推することである。常に行う必要はないが、数回このような活動を組み込むと学習者たちのメモの書き方や討議の仕方が大きく変わってくる。手取り足取り指導しなくても自律的に他班から様々なことを学び、話し合いの質が向上するようになる。ツールは話し合いについての「学習の支援」も行うのである。

　以上の例でみたように、特別な準備は不要であり、細かな指示がなくても視覚情報化ツールは活用できる。簡単な手法のため、他教科や学校生活のあらゆる場面で主体的・自律的に用いるようになるだろう。多くの場面で意味ある豊かな話し合いをすることは重要である。ツールは話し合いの「質と量の保障」をするものである。

0.1.3.4　視覚情報化ツールの物理的種類

　視覚情報化ツールは「物理的な道具」と「記号的な道具」から捉えることができた。ここでは物理的道具についてみてみることで、本研究の調査で用いる鉛筆やペンや紙などについてその特徴を確認しておく。

　物理的側面から捉えた視覚情報化ツールの種類を示したものが表0.1である。大きく「筆記具」と「記録媒体」の二つがある。

　前者の筆記具には、鉛筆やペンやキーボード（マウス）などの機器がある。鉛筆のメリットは、手軽であり消しやすく誰でも使えることである。そのデメリットは、多様な色や太さのものがあまりなく、視覚情報化の手立てが限られることである。ペンのメリットは、多様な色や太さのものを選んで活用できることである。しかも手軽で誰でも使える。そのデメリットは、紙に書く場合には簡単に消せないことである。一方、キーボード（マウス）などの機器のメリットは、ディスプレイやプロジェクターとの連携がしやすいことである。しかし機器での入力に慣れていないと扱いが難しい。

　後者の記録媒体には、紙や黒板・ホワイトボードやパソコンなどが考えら

表0.1 視覚情報化ツールの物理的種類とその特質

ツールの物理的種類		メリット	デメリット
筆記具	鉛筆	・手軽 ・簡単に消せる	・多様な色や太さのものがあまりない
	ペン チョーク	・手軽 ・様々な色や太さのものがある	・記録媒体が紙の場合は消すことが難
	キーボード マウス （電子ペン）	・ディスプレイやプロジェクターとの連携	・入力に慣れていないと難 ・グループ数が多いと機材の準備や機器の操作に難
記録媒体	紙	・手軽 ・記録として残しやすい	・多数が参加する場合には大きな紙が必要
	黒板 ホワイトボード	・参加者がある程度多くても可	・グループ数が多いと機材の準備に難 ・記録として残しにくい
	ディスプレイ （プロジェクター）	・記録として残しやすい ・資料の提示や拡大・縮小が容易 ・直接書き込めるものもある	・グループ数が多いと機材の準備に難 ・機器の操作に難

れる。

　紙に書く場合の最大のメリットは簡単さである。先述の大学での事例でみたように，特別な準備はいらず紙と鉛筆さえあればすぐに始めることができる。紙媒体は視覚情報化ツールの最も基本的な媒体といえる。しかも紙を保存するだけで話し合いの記録を簡単に残すこともできる。ただしデメリットとしては，人数が多くなると紙は扱いにくいことがある。例えば学級全体での話し合いでは，全員が見られる大きな紙を準備しなければならないだろう。なお，紙に書く筆記具としては鉛筆だけでなくペンなども使うことができる。

　黒板やホワイトボードなどに書く場合のメリットは，人数が多くても見やすいことである。一般的な授業では，学習者の発言を教師が黒板に書きつつ教室討議を進めていく。黒板など大きな記録媒体は多人数の話し合いを行いやすいのである。ただしそのデメリットは，グループ討議では使いにくいことである。仮にミニ・ホワイトボードなどを使用するにしても班の数だけ用

意する必要がある．機材の数や場所の確保が問題となってしまう．また保存する場合には板書内容を紙に書き写すなどの手立ても必要になってしまう．なお，筆記具としては記録媒体に応じてチョークやペンなどが使える．

　ディスプレイやプロジェクターで表示する場合のメリットは，資料の提示や拡大・縮小が容易なことである．広い会場や大人数であっても見やすい．またデジタルデータは記録も残しやすい．そのデメリットは，準備すべき機材が必要になることや操作の煩雑さである．なお，筆記具としてはパソコンなどの電子機器のキーボードやマウスなどで書く場合もあれば，文字を直接書き込めるディスプレイやタブレットも存在している．

　以上のように，物理的な視覚情報化ツールには共通する特質がありつつも，その種類によって異なる特徴を有している．本研究では，最も基礎的な記録媒体であり，学校教育への実践的な導入が手軽にできる「紙」媒体，そしてそれに書き込む筆記具として「鉛筆」や「ペン」を使用する場合についての実証的な調査を進めていく．

0.2　本研究の目的と方法

0.2.1　本研究の目的

　視覚情報化ツールに関する本研究の目的は二つある．第一に，視覚情報化ツールについて理論的な基盤を確立することである．第二に，その効果を実証的に明らかにすることである．

　第一は，視覚情報化ツールの理論的な基盤の確立である．ツールの活用についてはその理論的な仕組みや，コミュニケーション能力との関わり，国語教育にどう位置づければよいのか，などの基本的なことすら明らかになっていない．もちろん国語教育でも早くから話し言葉指導における文字言語の活用が示唆されてはいた（倉澤，1958：野地，1958）．大村はまなど一部において

話し合いを視覚情報化する萌芽的実践もあった（大村，1983b）。近年では特に国語科の授業改善のために，視覚情報化ツールが注目され実践的に使われ始めてもいる（中村，1998；藤森，2007，2013；新井，2009；長田，2009d；峰本，2013）[21]。しかし，視覚情報化ツールを国語教育に明瞭に位置づけるための理論的な検討はなされてこなかった。実践化が進み始めた状況を踏まえればその基盤の確立は急務である。

第二は，視覚情報化ツールについての実証的な調査である。そもそも企業や社会参加における討議方法として使われ始めたものが視覚情報化ツールである。だが，実証的な研究はこれまでほとんどなされていない。特に学校教育を見据えた発達的な視点からの調査は全くないといってよい。視覚情報化ツールは実際の話し合いにおいてどう活用されるのか，本当に効果があるのか。あるとすれば，それぞれの学校段階でどう活用するのがよいのか，などが明瞭になっていないのである。そのため視覚情報化ツールの実践化を十分に進めることができない。

確かに，国語教育における実証的な話し合いの分析に関しては，近年になって急速に進みつつあることは間違いないだろう（国立国語研究所，1964；甲斐，1993；山元，1996，1997b；高橋，1997；蔵内他，1998；酒井，2000；山元，2003；長田，2002a，2003b，2004；位藤，2004；若木，2005；村松，2005；迎，2005；位藤，2007；間瀬他，2007；山元・稲田，2008；河野，2009；山元，2009；山元・稲田，2010；小林，2011；間瀬・守田，2011；若木，2011；位藤，2014）[22]。

---

[21] グループ討議の視覚情報化の実践として，岐阜県山県市高富小学校において国語科もふくめあらゆる教科で「小集団で話し合いを深めるミニホワイトボード」が活用されている（山県市立高富小学校，2010；萩原，2010）。また藤原（2011）では授業だけでなく教員の会議などにおいてもファシリテーション・グラフィックの活用を提案している。

[22] 山元（2002，2013）ではそれまでの話し言葉指導に関する主要な調査研究が概観できる。読みの指導に焦点化した教室討議の調査についてはここでは取り上げていないが，やはり複合的な言語能力に関する分析はほとんどない。また近年の全国学力・学習状況調査においては，話し合いにおける視覚情報化に関する問題が出題されており，その結果は文部科学省・国立教育政策研究所（2014a，b）などにまとめられている。実際の児童・生徒の話し合う姿の分析ではないが参考となる。

しかし，複合的な言語活動や，視覚情報化ツールに関する調査はなされていないのである。

心理学や言語学などでも話し合いに関する研究は蓄積されつつあるが，やはり聴覚情報としての音声言語に主な焦点が当てられている（茂呂，1991：出口，2001，2002；丸野，2002）[23]。聴覚以外の分析を行うにしても視線・表情・ジェスチャーなどの非言語行為の分析が主流である（McNeill, 1987：喜多，2002；ザトラウスキー，2005：木田，2012）。

また近年の学習科学の研究においては，学習者の外部にある「外的表象」によって話し合いのディスコースが影響を受けることが研究され始めている。しかし，その場合の外的表象とはコンピューターディスプレイに映し出されたソフトウェアや話し合い前に記録された講義ノートが対象である（ソーヤー，2009）。小中学生が自らの手で即時的に話し合いを視覚情報化する様子について言語教育の視点から分析する研究はほとんどない。一方で，学習者がコンピューター上で書き込みながら討議するグループウェアの研究は進展している（伊藤他，2004；大島，2006）[24]。だが，参加者は自分のペースで書き込めばよく，話し合いというよりも読むことや書くことの側面が強いシステムである[25]。

話し言葉の文字化や図示化という点では，スピーチの聞き取りメモに関する調査はこれまでも行われてきた（大久保，1959：国立国語研究所，1964：森久保，1996；若木，2011）[26]。読みの学習において既有知識を図示化する「意味マ

---

[23] 茂呂（1991）は主として発話の分析ではあるが，言語的多様性のモメントの一つとして授業における「道具の使用」について言及している。
[24] 「ERDE」（Eco – Reflective Discussion System for Environmental Education）（伊藤他，2004）や，「CSCL」（協調学習コンピューター・システム）（大島，2006）などと呼ばれている。また学校教育以外においても討議の議事録を視覚情報化する研究が進められつつある（松村他，2003；堀田他，2003）。
[25] McGrath and Hollingshead（1994）は対面での話し合いとの差異を「即時性」「発言機会の制約と偏り」「非匿名性」「非言語的手がかりの存在」から説明する（亀田，1997, p. 108）。
[26] 聞き取りメモではないが，Paxman（2011）はスピーチ原稿を書くために，マインドマップによってアイデアを視覚情報化することを提案している。

ップ」(マッピング) の研究もある (塚田, 2001)。一方, 文章の中の図が読解にどのような機能を果たすかといった研究も存在する (岩槻, 2003；鈴木, 2009)。作文指導では絵を読み解きそれをもとに表現する「看図作文」も研究されてはいる (鹿内, 2003, 2010)。だが, これらはあくまでも一つのテクストを文字化・図示化するものであり, 話し合いのような複数の人間による複数の発話を視覚情報化するような研究ではない。

　また文字や図を書くことによる問題解決や認知変容の研究は心理学において進みつつある (吉村, 2000；荷方, 2001)。外国語教育での文章読解における図示化に関する研究も蓄積されつつある (鈴木・栗津, 2009)[27]。だが, 文字や図を書く行為はあくまで個人レベルの作業であり, 共同で話し合いながら視覚情報化することまでは論じられていない。

　このように国語教育以外の研究領域においても, 話し合いの視覚情報化ツールに関する実証的な研究はほとんどないといってよい。本研究では音声に焦点化された話し合いの研究を十分に踏まえつつも, 視覚情報化ツールの活用を中心に実証的な分析を行っていく。それによって, 一部で曖昧に蓄積されてきたツールに関する実践的なノウハウを体系的に積み上げることができるようにもなるだろう。なお, 視覚情報化ツールは話し合い全般に活用することが可能である。ただし, 本研究では特にグループ討議に力点を置いて考察していく。教師の手が回りにくいグループ討議が視覚情報化ツールの活用によって改善すれば, 自律的に話し合う力の育成に大きく貢献するためである。

　これら二つの目的を踏まえて, 本研究では次の課題を具体的に設定した。

---

[27] アメリカにおける「グラフィック・オーガナイザー」(graphic organizer) も日本の英語教育などで注目されている (星野, 2009)。これは「読解において文章内容を視覚的空間的表象として構造化することで, 既存の認知構造を補助する先行オーガナイザーの役割を果たすとした, 構造化概観 (structured overview) と呼ばれる研究を経て, グラフィック・オーガナイザーという用語が使われるようになった」(樋口, 2013, p. 1) ものである。また国語教育の点からは読書のためのグラフィック・オーガナイザーを概説した足立 (2010) が参考となる。

1．コミュニケーション能力の点から話し合いの視覚情報化はどのように捉えることができるか。
2．話し言葉指導の目標論と内容論からみた話し合い指導を開発する際の要件は何か。
3．話し合い指導に視覚情報化ツールをどう位置づければよいか。
4．グループ討議において視覚情報化ツールを活用する意義は何か。
5．グループ討議における視覚情報化ツールはどのような機能や効果を発揮しているのか。
6．グループ討議における効果的な視覚情報化ツールのデザインは何か。
7．学校教育において話し合いの視覚情報化ツールを実践化するためのポイントはどこか。

　本研究は，話し合いを音声言語のやりとりとみなすのではなく，視覚情報までも活用した共同での行為として捉えようとすることがポイントであり，その点に最大の独創性があるといえるのである。

0.2.2　本研究の方法

　本研究の方法として，大きく二つの特色をあげることができる。
　一つは，話し言葉指導の目標論や内容論の検討を踏まえたうえで指導方法の開発を行う点である。国語教育においては，読むことや書くことの指導に比べ，話し言葉指導そのものに関する研究が十分とは言い難い状況がある。話し合い指導を検討する前提として，話し言葉指導における目標や内容の問題が明瞭にならなければ視覚情報化ツールの活用を国語教育に位置づけることはできない。そのため話し言葉指導の目標論や内容論の検討を十分に踏まえたうえで視覚情報化ツールの究明を進める。もう一つは，状況的認知論

(situated cognition)[28] の視点から視覚情報化ツールについて総合的に考察を行う点である。状況的認知アプローチとは，人間の認知行為を個人の頭の中に閉じこめて想定するのではなく，他者や環境にある道具（物理的道具および言語などの記号的道具）との相互作用によるものとみなすものである。具体的な研究としては，比較文化的認知研究，ヴィゴツキー学派，生態学的知覚論（アフォーダンス理論），文化人類学や社会学の認知研究，エスノメソドロジー，活動理論，社会的分散認知，マルクス主義社会理論，シカゴ学派社会学の一部といったものがあげられる（高木，1996；上野，2001）。本研究は，参加者が共同で文字化や図示化しながら話し合う視覚情報化ツールに関する研究である。聴覚情報である話し合いの論点や意見が，黒板や紙やペンなどの物理的道具によって視覚情報化（デザイン）されていくものである。ただし，話し合いは一方的にデザインされていくだけではない。デザインと同時に，そのデザインされた討議記録によって話し合いもまたさらに進展していく。デザインと話し合いは往還的なのである。したがって，デザインの仕方（記号的道具）によっては話し合いの展開が変容する可能性が十分にある。従来の話し合い指導は，記号的道具の中でも音声言語のみに焦点化されがちであり，このような点を見逃してしまっていた。しかし状況的認知論に立脚すれば，主体・道具（物理的道具・記号的道具）・環境の相互作用を捉えることができるはずである。話し合い指導の大きな問題である「言語活動の全体性」を視野に収められる。つまり，状況的認知論は話し合いの主体と，それを支援する道具としての視覚情報化ツールとの関係を考察するうえで極めて有効性が高い。そこで本研究では，状況的認知アプローチに依拠し，話し合いにおける視覚情報化ツールの理論的な考察や実証的な調査を行っていく。

---

[28] situated cognition は Brown et al. (1988) で名付けられた。

0.2.3 本研究の意義

本研究の意義は次の三点である。

第一に、話し合いの指導方法の開発である。視覚情報という記録性と共有性のあるツールを話し合いの事中指導や事後指導に導入できることが特色である。国語教育研究として、具体的な指導方法を提案できることの意義は大きい。比較的簡単な手法のため、国語科以外の他教科や学校生活全般を通して活用することも期待できる。あらゆる教科を通しての言語能力の向上にも寄与することだろう。

第二に、話し合いについての新たな調査方法の提案である。話し合いは即時的に消えてしまう音声言語で行われているため、参加者の認知の分析が難しかった。しかし、視覚情報化ツールの活用実態をみれば学習者の認知を明らかにしやすくなるだろう。話し合いにおけるメタ認知が、即時的に記述されるツールから解明されることが期待できるのである。いわば「見えない」話し合いをツールによって「見える」ようにして調査するといってよい。音声や文字といった媒体ごとに完結せず、主体・道具・環境との相互作用を総合的に調査する方法こそが視覚情報化ツールを活用した研究である。これによって話し合いにおける複合的な言語活動の究明に寄与することだろう。

第三に、その結果として、国語教育研究全般においても複合的な言語行為や外部ツールへ注目せざるをえなくなることである。本研究では話し合いにおける「読む」「書く」「聞く」「話す」を含めた行為を総合的に捉えたうえで、物理的道具や記号的道具の影響を明らかにしていく。その成果を踏まえれば、話し合いだけでなく国語教育研究全般においても、複合的な言語行為を分離せずに捉えることや、外部ツールとの関係を問い直すことが必然的に生じるはずである。本研究は話し合い指導の開発だけには留まらない射程を持つ点にも大きな意義がある。

0.3 本書の構成

　本書は，文献研究によって理論的に考察する前半部（第1章～第4章）と，実証的調査によって考察する後半部（第5章～第7章）から構成する。

　第1章では，コミュニケーション能力研究の視点から視覚情報化ツールの理論的基盤を明らかにしていく。従来のコミュニケーション能力研究を概観したうえで，話し合いの能力を複合的な能力と捉える。そのうえで主体・道具・環境の相互行為としてみていく必要があることを状況的認知論に基づき示す。

　第2章では，話し言葉指導の目標論と内容論を検討していく。目標論については論理性と対人関係の二極から検討し，両者を止揚する実践の開発が鍵であることを明らかにする。教育内容の編成については，話し言葉の指導内容を国語科に「特設」する議論と，読むことなどの指導や他教科などで「融合」的に取り扱う議論とを検討し，両者の往復が重要になることを指摘する。

　第3章では，状況的認知論を援用することで「指導時期」と「媒体」の視点から，話し合い指導方法を体系的に整理する。そのうえで視覚情報化ツールを「文字媒体を活用した事中・事後指導」として明瞭に位置づける。

　第4章では，話し合いの中でもグループ討議指導の必要性を明らかにする。そのうえで視覚情報化ツールを活用すれば効果的に支援できる可能性を示す。本書のここまでの議論を踏まえ視覚情報化ツールに関する調査課題Ⅰ，Ⅱ，Ⅲを定位する。

　第5章では，調査Ⅰとして大学生を対象に，視覚情報化ツールの物理的側面についてフィールドワークを行う。話し合いとは音声言語だけで成立するのではなく，何かを書いたり見たり指さしたりする行為も含みうる極めてダイナミックで複合的な活動であることを明らかにする。

第6章では，調査Ⅱとして大学生を対象に，視覚情報化ツールの記号的側面について調査する。ツールによる記録の仕方（デザイン）によって話し合いの認知が異なることを明らかにする。なかでも構造化された図示化メモは話し合いの内容を理解しやすくなることを示す。

　第7章では，調査Ⅲとして小中学生を対象に，発達的な視点から調査する。小中学生においても話し合いの視覚情報化ツールは極めて有効であり，デザインの方法としても図示化がよいことを明らかにする。さらに話し合いの「論点」「意見間の関係」「テーマ」について，発達段階ごとにツールが大きく関与することを示す。

　終章では，本研究を総括しつつ，話し合い指導における視覚情報化ツールについて総合的な考察を行う。最後に残された課題を述べる。

第1章
コミュニケーション能力研究における視覚情報化ツール
―話し合い指導開発のための理論的基盤―

　本章では、視覚情報化ツールを活用した話し合い指導を開発するためのコミュニケーション能力論を理論的に整備する。人間の認知行為を他者や環境にある道具との相互作用と想定する状況的認知論を援用する。これにより視覚情報化ツール活用の基盤となる新たなコミュニケーション能力観を提案する。具体的に以下の課題を設定した。
1. コミュニケーション能力研究の成果と課題は何か。
2. 国語教育におけるコミュニケーション能力研究の課題は何か。
3. 話し合い指導にとっての新たなコミュニケーション能力観はどのようなものか。

1.1 コミュニケーション能力研究の成果と課題

　本節ではこれまで積み重ねられてきた諸領域のコミュニケーション能力論を検討し，その成果と課題を明らかにする。まず，話し合い指導におけるコミュニケーション能力研究の必要性を論じる。次に，コミュニケーション能力研究を把握するための三つのパースペクティブを設定する。そのうえで，「認知的」「スキル」「社会・対人」パースペクティブの順にそれぞれのコミュニケーション能力論を検討していく。

1.1.1 話し合い指導におけるコミュニケーション能力研究の必要性

　話し合いとは，個人レベルの思考がグループという社会的レベルの思考へと変換されるプロセスである（第0.1.2項）。主として音声によって媒介され複数の人間が共同で思考するコミュニケーションと捉えることができた。そのため，近年の話し合い指導の文献には「コミュニケーション能力」という用語が頻出している。しかし，日本の国語教育においてはコミュニケーション能力の概念は極めて曖昧に取り扱われてきた。コミュニケーション能力がいったい何を意味するのか不明確なまま論じられるため議論が積み重ねられない事態が生じている[1]。コミュニケーション能力の理論的基盤が明確にならないと，視覚情報化ツールをそこに位置づけることも困難である。

　そこで本章では，コミュニケーション能力の視点から本研究の理論的基盤を整備していく。ポイントは，コミュニケーション能力研究の成果を踏まえれば，音声言語を主とする話し合いであっても，音声言語以外の行為や物理的・記号的ツールを十分に考慮することが重要であるということにある。

---

[1] ただし国語教育においては「コミュニケーション」概念の方の研究は積み重ねられつつある（渡辺・佐々木，2000；渡辺，2001，2004b）。

コミュニケーション能力とはいったいどういうものなのだろうか[2]。communicative competence や communication competence といった用語が学術上に登場するのは1970年前後からである。このような海外や社会での注目を浴びて，1990年前後から日本の国語教育にもコミュニケーション能力という用語が頻出するようになった[3]。しかし，他領域でのコミュニケーション能力研究に言及しているものはわずかなものしかない。たとえ言及されたとしても，応用言語学など特定の領域におけるコミュニケーション能力論の検討である（塚田，1984；興水，1986）。つまり，国語教育におけるコミュニケーション能力研究の最大の課題は，広範な研究上の蓄積を踏まえたうえでの議論がなされていないことだといえる[4]。それぞれの提案が単発的になされてしまい，コミュニケーション能力に対する幅広い視野が開けないのである。そこで国語教育に資するコミュニケーション能力という視点からその研究史を概観し，成果と課題を明らかにする。特にコミュニケーション能力の研究

---

[2] 「能力」概念そのものについては，樋口（2010a, pp. 46-49）が，上原（2000）をもとに欧米では古代ギリシアにその淵源が求められ日本では明治以降 "faculty" の訳語として登場したことを説明している。また服部（1984）はコミュニケーションとの関わりについて歴史的な経緯を説明している。

[3] 管見によれば塚田（1984）；興水（1986）が国語教育で「コミュニケーション能力」という用語を本格的に検討した初期の文献であると思われる。日本の新聞紙上では1990年以降に「コミュニケーション能力」の使用頻度が急増してきたことが指摘されている（本田，2005, pp. 52-53）。「CiNii」国立情報学研究所論文情報ナビゲータ（http://ci.nii.ac.jp/）の検索結果では，有元（1994）が国語教育の論文として題目に「コミュニケーション能力」を最初に付したものである（検索日2014／4／1）。このほか日本国語教育学会の『月刊国語教育研究』1994年4月号（通巻264号）では特集として「コミュニケーション能力が育つ学習」が組まれており，高橋（1994c）；甲斐（1994b）；堀江（1994）などが掲載されている。また「コミュニケーション能力」に極めて類似した用語として大槻（1979）に「社会的コミュニケーションの能力」「言語コミュニケーション能力」「コミュニケーションの能力」「言語コミュニケーションの能力」がみられる。コミュニケーション能力は必ずしも音声言語中心とは限らないことは様々な論者により主張されている（サヴィニョン，2009, pp. 18-19）。だが国語教育においては音声言語指導の領域で捉えられていることが多い。ただし，平成10年度版学習指導要領で登場した「伝え合う力」は「音声言語と文字言語との両方を含む資質や能力であり，音声言語を中心として使用されるコミュニケーション能力よりも広い」（小森，2001, p. 276）とされている。

[4] 第二言語教育（英語教育）では柳瀬（2006）が大変に詳しく整理している。異文化間コミュニケーション能力の視点からは灘光（2011）のレビューが参考となる。国語教育以外の領域においてはコミュニケーション能力の研究は充実しつつある。

上で,視覚情報化ツールがどのように位置づけられつつあるかにも着目していく。

1.1.2 コミュニケーション能力研究における三つのパースペクティブ

　Rubin, R. B. はアメリカの国語教育（母語教育）での研究史について次のような概観をしている（Rubin, 1990）[5]。いわゆるコミュニケーション能力[6]については,プラトンやアリストテレスなどの昔から言及されており,特にレトリックにおいて効果的なコミュニケーターを訓練することに関心があった時代が長く続いた[7]。1900年代半ばには心理学や言語学など他の領域からも注目が集まった。Chomsky や Hymes などこれらの学者たちの多くは competence と performance の区別を用いることになる。1970年代から80年代にかけてはコミュニケーション能力の基本的な構成要素と定義に関する研究が増加したという。

　Rubin はこれらの社会的動向や教育的動向に影響を与えたコミュニケーション能力研究を三つのパースペクティブから把握している。第一に認知的パースペクティブであり,言語学の Chomsky や Hymes,心理学での研究があげられている。第二に社会・対人パースペクティブであり,社会学の Mead や Goffman などがあげられている。第三にスキルパースペクティブであり,特定の場面やコンテクストでのスキルを研究するものである（Rubin, 1990）[8]。ただし,あくまでも論点を抽出するための概論であるため各パースペクティブの研究史についての詳しい説明はなされていない。また取

---

[5] 1980年までの概観としては Wiemann and Backlund (1980) などがある。
[6] Rubin (1990) は全て communication competence と記述している。
[7] 香西（1995）；香西・中嶋（2004）；香西（2008）などはレトリックにおける教育を国語教育に応用する具体的な提案を行っており参考となる。
[8] インターパーソナルのコンテクストとして Argyris (1962) など,グループ・コミュニケーションとして Hirokawa and Pace (1983) など,組織コミュニケーションとして Di Salvo (1980) など,メディア・リテラシーとして Anderson (1983) など,異文化間コンテクストでは Ruben and Kealey (1979) などが取り上げられている。

り上げられる研究も少なく，1990年までのものとなっている。しかし，この枠組みは現在の国語教育を考える上で極めて重要な視点を提供している。

そこでこの三分類の枠組みは借りつつも，日本の国語教育に資すると思われるコミュニケーション能力研究を現在の視点から幅広く概観していくことにする。論述の都合上，認知的，スキル，社会・対人パースペクティブの順にそれぞれ取り上げていく。認知的パースペクティブでは，コミュニケーション能力がどのように考えられ，そこに視覚情報化ツールがどう位置づきつつあるかを明らかにする。スキルパースペクティブでは，視覚情報化ツールに関するスキルがこれまでどう論じられてきたかを明らかにする。社会・対人パースペクティブでは，視覚情報化ツールに関する直接的な言及はないが「他者と共同で問題を解決する」コミュニケーション能力についての検討は欠かせないため取り上げてみていくことにする。

なお，以下の論述においては，特定の人物による特定の意味や概念を示すときには原著の用語を提示する（例えばcommunicative competence，日本語文献の場合には「コミュニケーション能力」など括弧をつける）。一方，一般的な広い意味あるいは複数の論者のコミュニケーション能力概念をまとめて示すときには，特別な表記をせずコミュニケーション能力とだけ記す。

1.1.3　認知的パースペクティブ

Rubinは認知的パースペクティブとして，応用言語学的アプローチと認知心理学的アプローチを取り上げている。両者の先行研究について現在の視点から重要なものを取り上げ順に検討していく。

1.1.3.1　応用言語学的アプローチ

communicative competenceという用語を本格的に用いたのはHymes (1972) とされる[9]。Chomskyのcompetenceが「言語能力」とされるのに対

---

[9] Cambell and Wales (1970) でもcommunicative competenceという用語が状況や文脈に合う文

表1.1 主要な第二言語の performance と，Hymes のオリジナルとの差異の関係モデル (McNamara, 1996, p. 60)

Writer	Model of knowledge	Model of performance	Actual use
Hymes	communicative competence		performance
	knowledge	ability for use	
Canale and Swain	communicative competence	[unable to be modelled]	communicative performance
Canale (1983a,b)	communicative competence		actual communication
	knowledge	skill	
Bachman	communicative language ability		
	(language competence/ knowledge)	(strategic competence)	

して，この Hymes の用語は「伝達能力」と訳されてきた。ただし近年では「コミュニカティブ・コンピテンス」や「コミュニケーション能力」といわれることも多くなってきている[10]。

応用言語学的アプローチにおけるコミュニケーション能力概念を整理したものとして，McNamara による表1.1がある[11]。「Writer」は Hymes などの主要な論者を示す。「Model of knowledge」と「Model of performance」は，コミュニケーション能力概念における「知識」と「行為」モデルを主要な論者がどのような概念で表しているかを示す。「Actual use」は実際のコミュニケーションをどのように表しているかを示す。この表に基づき代表的な研究を検討していく。

Chomsky は，話者・聴者がもっている自分の言語についての潜在的知識

を選ぶ能力として使われていたという。しかし Hymes の未出版論文（1967年）の方がより早くから使っているため，Hymes の作った用語とされることが多い。（小室, 1997, pp. 42-43）
[10] Rubin (1990) ではこのアプローチとして Hymes の他に Chomsky (1965)；Habermas (1970) などに言及している。
[11] McNamara (1996) では第二言語教育におけるコミュニケーション能力概念を検討するため，このほかにも複数の表を作成し説明している。ここでは国語教育の点から最低限のことが理解できる本表のみを取り上げた。なお柳瀬 (2006, p. 159) はそれら複数の表をまとめて1枚の表に整理しており概観するのに便利である。

である competence（言語能力）と，具体的な場面において言語を実際に使用することである performance（言語運用）とを区別した。Chomsky の competence は表1.1でいう Model of knowledge であり，performance は Model of performance と Actual use に該当する（McNamara, 1996, p. 56）。その上で的確な言語研究の対象とは，音韻規則と統語規則の理想化された固定知識としての competence（言語能力）であるとした（チョムスキー，1970, p. 4)[12]。しかし Hymes は，人間が実際に言語の運用を行う際には，正しい文を産出する知識を用いるだけでなく，状況に応じた適切な使用に関する知識を用いており，この両者の知識を説明することが言語研究の課題であると主張した（Hymes, 1972, p. 277)[13]。Hymes は表1.1のように，communicative competence と performance の区別を認めた上で，communicative competence は knowledge（潜在的な言語知識）と ability for use（使用のための能力）からなるとした[14]。ability for use の概念は幅広く，動機や意欲といった非認知的な要素まで含んでいる（Hymes, 1972, p. 283）。この Hymes の考えは第二言語教育[15]やアメリカの国語教育（母語教育）に影響を与えていく[16]。

---

[12] Chomsky は「完全に自然で，紙・鉛筆を用いての分析を‥‥しなくても，すぐに理解でき，どこにも，妙な（bizarre）ところ，異質な（outlandish）ところのない発話」（チョムスキー，1970, p. 11）を「容認可能性（acceptable）」と呼び言語運用の研究はここから始めるべきだとした。

[13] ただし，Chomsky は「生成文法における研究に対しては，生成文法が，根底にある言語能力（underlying competence）を重視するあまり，言語運用の研究を軽んじている，という理由で，かなりの批判が行われてきている。しかし，事実は，音声学以外のところで…行われた研究で，言語運用に関するものといえば，すべて，生成文法における研究の副産物として，行われた研究であるように思われる」（チョムスキー，1970, p. 17）と述べている。なお，Chomsky に対する Hymes の誤解に関しては Cook (1999, pp. 87-89) や柳瀬（2006）も参考となる。

[14] ability for use の訳は柳瀬（2006）より。なお，言語学者による competence と performance の捉え方には大きくわけて3つある。Hymes は両者の区別を認めたうえで performance を重視する。一方，Chomsky は両者の区別を認めたうえで competence を重視する立場である。さらに，Halliday（1970）などのように両者の区別に有効性を認めない立場もある（Brumfit, 1984, p. 24）。なお，塚田（1984）は国語教育にとって両者の区別がどのような意味を持つのかを詳しく説明しており参考となる。

[15] Hymes の communicative competence を普及させたのは Widdowson の影響が大きかったという（村田・原田, 2008, p. 17）。

[16] 1974年に NCA（National Communication Association）の学術雑誌に初めて communication

注目すべきは，言語能力ではなくコミュニケーション能力の概念を産み出し，正しさだけでなく適切さも重視した点にある[17]。

Canale and Swain (1980) は，communicative competence と performance の区別を認めた上で communicative competence を潜在的な知識に限定した（表1.1）。Hymes のいう ability for use（使用のための能力）をそこには含めていない (McNamara, 1996, p. 61)。その上で communicative competence を，grammatical competence（文法的能力），sociolinguistic competence（社会言語学的能力），strategic competence（方略的能力）の3要素からなるとした。「文法的能力」以外が分かりにくいため詳しくみてみる。「社会言語学的能力」とは2つの規則から成り立つ。一つは「社会文化的規則」で「トピック，参加者の役割，場面，相互作用の規範といったコンテクストの要因に依存する所与の社会文化的コンテクストの中で，どの程度適切であるか」と「所与の社会文化的コンテクストの中である個別の文法形式によって，どの程度まで，適切なレジスターもしくは文体が伝えられるか」(Canale and Swain, 1980, p. 30)[18] とされている。これらは「適切さ」を重要な概念とみなして，細分化した結果とみることができる。もう一つは，「デ

---

competence という用語が登場したという (Rubin, 1990, p. 94)。この NCA が Hymes (1972) などの影響を受けつつ1980年前後に開発した国語教育におけるコミュニケーション教育のプログラムが，Functional Communication である（西本, 1988；長田, 2000, 2001, 2010b）。

17) communicative competence は，次の4つの質問に答えることができるものという (Hymes, 1972, pp. 284-286)。1. あることが，形式的に可能かどうか（かつどの程度）／2. あることが，実行可能な手段によって実現可能かどうか（かつどの程度）／3. あることが，実際使われ評価されている状況に関連して適切（適当である，満足である，うまくいく）であるかどうか。（かつどの程度）／4. あることが，実際に行われたかどうか（かつどの程度），またその行動がどういうことを引き起こしたのか。Cook (1999, p. 89) はこれを以下のように説明する。1. は主として文法的に可能か否かであるが，非言語的あるいは文化的な文法性も含んでおり，Chomsky のいう潜在的な文法知識のみを指す言語能力とは異なっている。2. は，例えば複雑な入れ子構造などのように，文法的に正しくとも，頭の中で無理なくこの文の意味の処理ができない場合があるというものである。3. は，状況に対して適切か否かを問うものである。4. は，どういう形式が実際に生じるのか，またその生じる可能性についての何らかの知識に関するものである。言語使用者は実際に生じる結果についての知識を有している。以上の4つの質問に答えることができる実際の話し手・聞き手こそが，特定の文化の中で言語によるコミュニケーションを効果的に行うことができるとしている。

18) 訳は柳瀬 (2006, p. 73) より。

ィスコースの規則」であり結束性と一貫性とされる（Canale and Swain, 1980, p. 30）[19]。これは一文を超えた談話のルールへの注目である。「方略的能力」は「不十分な能力によるコミュニケーションの不成立を補うために要求されうる言語および非言語コミュニケーション」とされ，「主に文法的能力に関係しているもの（例，修得していないあるいはその時に思い出せない文法形式を言い換える）」と「より社会言語学的能力に関係しているもの（例，様々な役割演技方略や，社会的地位がわからない見知らぬ人にどのように話しかけるか）」（Canale and Swain, 1980, pp. 30-31）[20]とがあるという。つまり，「方略」とは流暢な言語能力ではなく，ある場面をなんとかこなすための能力である[21]。

その後 Canale（1983）になると communicative competence と actual communication（Hymes のいう performance）の区別を認めた上で，communicative competence を knowledge（潜在的な知識）と skill（スキル）からなるとした（表1.1）。スキルを communicative competence の中に入れたことが一つの特色である（Canale, 1983, p. 6）。もう一つの特色は，コミュニケーション能力の要素を「文法的能力」「社会言語学的能力」「ディスコース能力」「方略的能力」の4つからなると修正したことである。「社会言語学的能力」「ディスコース能力」とは，Canale and Swain（1980）の「社会文化的規則」と「ディスコースの規則」にそれぞれ対応する。下位区分であった構成要素が，コミュニケーション能力を構成する主要な要素として上位にあらわれたのである。

以上の Canale and Swain（1980）と Canale（1983）は，応用言語学でのコミュニケーション能力研究に多大な影響を与えることになった。

---

[19] 訳は柳瀬（2006, p. 74）であるが，Canale and Swain（1980）はディスコースの規則が結束性や一貫性とどう異なるのかは明らかではないと指摘する。
[20] 訳は柳瀬（2006, p. 75）より。
[21] 「方略」（strategy）という概念で最初に言語学的考察を行ったのは Selinker（1972）だとされ，近年では第二言語教育で特に重要な概念として研究が進められている（岩井，2000, pp. 11-12）。

Bachman (1990) は，communicative competence と performance を分けずにテスティングの観点から communicative language ability を提唱した（表1.1）。communicative competence という用語からの離脱といえる[22]。図1.1にその構成要素を示した。

これをみると communicative language ability とは，language competence（言語能力）や strategic competence（方略的能力）といった言語に大きく関わる要素だけで構成されているわけではないことが分かる。それらに加えて，knowledge structures（知識構造）や psychophysiological mechanisms（心身協調メカニズム）が必要であり[23]，context of situation（状況のコンテクスト）の影響も受けるのである。つまり，コミュニケーション能力は，話題内容に関する一般的な知識や，心身の状況，文脈にも影響を受けながら発揮されると捉えている。コミュニケーション能力を個人に内在する固定的な能力とはみなさないのである。またコミュニケーション能力の中心に「方略的能力」が置かれていることも特徴である。さらに Canale and Swain (1980) や Canale (1983) とは異なり，コミュニケーション能力を構成する要素間の関係も明瞭になっている。コミュニケーション能力に関するより包括的なモデルができたといえる[24]。

---

[22] Widdowson (1978) は communicative competence という用語を使わずに communicative ability を提唱した。Bachman (1990) はこれを踏まえている。なお日本の国語教育において Widdowson に早くから注目し解説を加えたものとして塚田（1984）；輿水（1986）；湊（1992）などがある。さらに Widdowson (1983) になると capacity という概念が提唱された。柳瀬はこれを「対応力」と訳し「ウィドウソンが切り拓いたコミュニケーションの新たな側面は，コミュニケーションの過去の事例あるいは慣習にとらわれていない発話の可能性である。発話や文法を慣習に一致させることによってコミュニケーションを行うのではなく，文法や慣習を参考にしながら，コンテクストの変化に対応しつつ新たな発話を作り上げる力こそが対応力である」（柳瀬, 2006, p. 92）という。コミュニケーション能力が覚えたことをそのまま表現する能力ではなく，極めて創造的な側面を持つことを明確に述べたものといえる。

[23] Bachman (1990, pp. 84-85) の原著では psychophysiological と記されており "－" は単語中に入っていない。また図1.1の原著では，knowledge of language となっているため修正した。

[24] Bachman (1990) のモデルを基本的に踏襲しつつも，さらに Bachman and Palmer (1996) へ改変される。これによりテスティングのためのモデルとしての色彩が強くなったことが指摘されている（柳瀬, 2006, p. 138）。なお，その後もさらに Bachman のモデルは改変されているようであり2002年3月来日時のセミナーでの説明によれば「新しく加わった項目は，コミュニケ

第 1 章 コミュニケーション能力研究における視覚情報化ツール 39

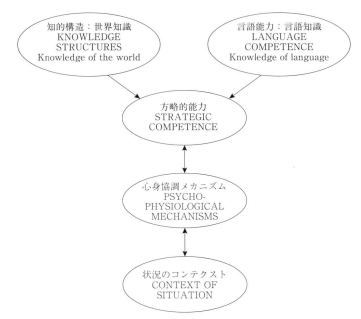

図1.1 Bachman (1990) の communicative language ability（柳瀬, 2006, p. 127）

　表1.1の McNamara（1996）による整理が行われた以降の代表的な研究として Savignon（1997）があげられる[25]。図1.2にその communicative competence の構成要素を示した。これをみると，「文法能力」「談話能力」「方略

ーションに参加する両者の認知環境が交わった部分である相互認知環境（mutual cognition environment）である。これも関連性理論の用語であり，コミュニケーションの両者が共に知り，またお互いに相手が知っていることを知っている認知環境である。コミュニケーションはこの相互認知環境を有効に利用することでより効果的に行われる。典型的な例としては，対象物を指し示したり，図示したりすることである。そういった顕示的行動により，解釈者はどういった想定を解釈に使えばよいのかを判断するのが容易になる」（柳瀬, 2006, p. 298）とされたという。つまり，対象物に対する指さしや図示などもコミュニケーション能力の構成要素として加えられたのである。コミュニケーション能力と視覚情報化ツールとの関連性について言及されたとみることができる。

25) 藤森（2002）は国語教育におけるコミュニケーション能力という点から Savignon の議論に言及している。

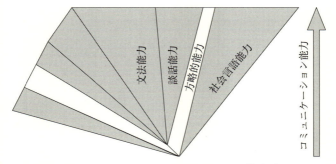

図1.2　Savignon (1997) の communicative competence の構成（サヴィニョン，2009，p. 60）

的能力」「社会言語学的能力」の4つ以外にも左側にさらに複数の空欄が示されている。これは十分に特定されているわけではないものの，コミュニケーション能力はこれら4つの構成要素以外からも成り立っていることが示されている[26]。また，図の矢印は communicative competence の向上にともなって，各構成要素がどう影響するのかを示したものである。コミュニケーション能力が十分でない段階（図の下方）では，方略的能力や社会言語学的能力の割合が大きく描かれている。上方に行くにしたがって，文法的能力が登場し，徐々にその割合を高めていく様子が分かる[27]。各能力の面積の割合に実証的根拠はないとしながらも，communicative competence は「文法能力よりも大きいものであり，‥‥文法能力の習得以前に，すでにある程度の社会言語能力と方略的能力が存在」（Savignon, 1997, p. 49）すると説明されている[28]。コミュニケーション能力を固定的に捉えるのではなく，発達段階に応じて，下位の構成要素がどのような重さで発揮されるかを提案したところ

---

[26] 例えば先述の Bachman (1990) では「心身協調メカニズム」などがあることを示していた。
[27] 母語の習得において実際にこのような現象がおきることが Bruner (1975) で既に示されているという（Savignon, 1997, p. 49）。Bruner (1975) については国語教育の視点から塚田 (1984) が解説を加えている。
[28] 訳はサヴィニョン（2009, p. 61）より。

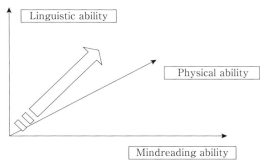

図1.3 言語コミュニケーション力の三次元的構造（柳瀬，2008, p. 80）

に特色がある[29]。

　柳瀬陽介は，ここまでみてきたような第二言語教育におけるコミュニケーション能力論を丁寧に検討したうえで「第二言語コミュニケーション力の構造的図式化」として整理する（柳瀬，2006）。さらに図1.3のような「言語コミュニケーション力の三次元的理解」として発展させる（柳瀬，2008）。「言語コミュニケーション力」（communicative language ability）とは，「読心力」（mindreading ability）と「身体力」（physical ability）と「言語力」（linguistic ability）との合力として表されているのである（図の白抜き矢印）。他者の心を読むことや身体性までもコミュニケーション能力として重視されていることが特徴である。特に身体性に関しては，ノンバーバル・コミュニケーションだけでなく，板書やパワーポイントなどを使う力まで含んでいる。視覚情報化ツールの活用がコミュニケーション能力の構成要素として考えられつつあるといえる。

---

[29] このほかコミュニケーション能力を「コンテクスト（context）に特定された能力」であり「絶対的でなく相対的なものであり，参加者すべての協力によって成立」（サヴィニョン，2009, pp. 18-19）するというように，一貫して「静的ではなく動的」なものとして捉えている。

1.1.3.2 認知心理学的アプローチ

　もう一つの認知的パースペクティブとして，ここでは認知心理学的アプローチを取り上げる[30]。心理学の田中敏はスピーチの生産過程の先行研究を概観する。1950年代にChomskyの影響を受けた統語論中心のモデル（Katz and Postal, 1964）から，意味論中心のモデル（Schlesinger, 1977）へ，さらには認知論的モデル（Butterworth, 1982）へ変遷してきたことが示されている（田中，1995）。しかし，田中は多くのモデルが意味部門と音韻部門を切り離してきたことを批判し，図1.4のようにスピーチの生産過程は意味の処理過程と同一であると主張する。つまり，人間は内言で意味を生み出してから，それをそのまま音声に乗せるのではなく，声を生み出すプロセスそのものにおいても，いいよどみや修正のように新たな意味が生み出されることがあると述べるのである。

　認知心理学的アプローチは国語教育においても取り込まれてきた。

　山元悦子は，図1.5のように認知科学と言語学の関連性理論をふまえ「対話行為の心理的過程モデル」を作成した（山元，1997a）。対話過程を，1 表意の理解，2 推意の理解，3 漠想の生成，4 言表化する，というプロセスからなるとし，これらの心理過程を適切かつ円滑に進める能力を「基本的対話

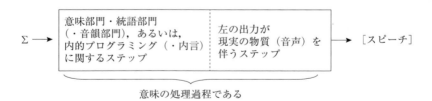

図1.4　スピーチ生産過程に関する考え方（田中，1995, p. 149）

---

[30] Rubin (1990) では認知的パースペクティブとして社会学の Habermas, J. が登場する。本書では「社会・対人パースペクティブ」で取り扱う。

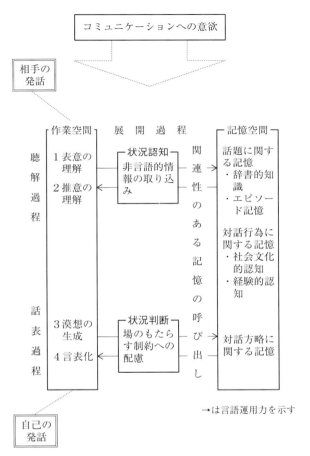

図1.5 対話行為の心理的過程モデル（山元, 1997a, p. 20）

能力」とする[31]。その構成要因を(1)対話に関する認識や方略的知識。(2)(1)から必要なものを適切に引き出す運用力。(3)それらを土台で支える，対話に対することへの意欲や積極的態度，とする。このモデルの特色は話すことと聞くことを同時に捉えモデル化した点にある[32]。

村松賢一は「コミュニケーション能力」を，「協働的態度」「対話能力」「コミュニケーション過程自体を管理するメタ管理能力」「人間関係維持力」「社会文化的能力」「コミュニケーションの本質に関する基本的認識」の総合された力だという（村松, 1998, pp. 41-44）。「メタ」といった用語からは認知科学を，「社会文化的能力」といった用語からは応用言語学を取り込んでいるようにみえる。

これら山元や村松の議論も踏まえ，若木常佳は「対話能力」の構造を「情意的側面」「技能的側面」「認知的側面」から整理する（若木, 2011, pp. 29-39）。そのうえで「対話能力」の中核は「認知的側面」であることを指摘し，特に「方略」「メタ認知」について実証的な研究を行っている。

以上のように国語教育での議論をみると，コミュニケーション能力を「知識」として捉えるだけでなく「運用力」や「意欲」まで含めて捉えていることが分かる[33]。しかし，国語教育では視覚情報化ツールに関してはほとんど

---

[31] なお国語教育において「対話」という概念は，コミュニケーション能力の対人関係構築に関わる機能を重視する場合に使われることが多い。対話はその形態から捉えれば，二者関係が基本だと思われがちである。しかし社会学の作田敬一は，社会学が二者関係を社会の基本的形態と捉えてきたことを問題視し，Girard (1961) の文芸批評や独自の分析をもとに「三者関係こそが社会の原型である」（作田, 1981, p. 7）と主張する。心理学のグループ・ダイナミックスでは，「二者関係」について「非権威的な相互関係を基礎にして働き合う可能性がある一方，それが必ずしも常にそのような平等で平面的で機能的な関わり合いがなされるとは，限らない」とし「二者関係というのは，われわれがそれによって活動する場合，グループの最も強いタイプであり，また最も弱いタイプであるという両方の可能性を備えたもの」と指摘する（ルーサー, 1996, pp. 51-53）。そのため通常グループアプローチでは4から8人以上で行われており，二者間はカウンセラーとクライアントの間のみであるという。これらは国語教育での対話概念やその指導に対する重要な指摘であろう。

[32] 山元（2006）では，これらのコミュニケーション能力の考え方を進化させ，より実践的な提案をしている。

[33] Hymes (1972, p. 283) では communicative competence の ability for use の中に動機や意欲が含まれているが，その後の第二言語教育のコミュニケーション能力モデルでは十分に取り上げ

考慮されてこなかった。

1.1.4 スキルパースペクティブ

1.1.4.1 コミュニケーションスキル研究

そもそも communication skills や skill learning といわれていたものが，1980年前後から social skills（社会的スキル）と呼ばれるようになってきたとされる（堀毛，1994）。大きく二つの流れがあるという。一つは Argyle や Trower などイギリスを中心とする社会心理学的研究であり，もう一つは Bellack や Hersen などによるアメリカ行動心理学者による研究である (Trower et al., 1978；Bellack and Hersen, 1979)。スキルの定義も論者によりさまざまであるが「社会心理学的な伝統は，スキルをある程度安定した能力とみなし，それに基づいて行動がつくりだされている過程を，認知的な側面を重視しつつ検討してきた。これに対して行動心理学的な伝統は，場面や課題による相違をふまえ，発話や視線行動など個別の行動の総体としてスキルを考えてきた」（堀毛，1990，p. 81）という[34]。ただし，近年では個人的な要因と状況的な要因それぞれの相互作用に注目する研究が増えているとされる。

菊池章夫・堀毛一也は，日本における社会的スキルを整理した[35]。具体的な100のスキルを「基本となるスキル」「感情処理のスキル」「攻撃に代わるスキル」「ストレスを処理するスキル」「計画のスキル」「援助のスキル」「異性とつきあうスキル」「年上・年下とつきあうスキル」「集団行動のスキル」「異文化接触のスキル」に分類している（菊池・堀毛，1994）。社会生活を営むためには極めて多くのスキルが実際には存在していることを明らかにしている。

られていないものと思われる。
[34] Argyle などの社会的スキルの諸定義をみると「スキル」と「コンピタンス」という用語がそれぞれ使われている（堀毛，1990，p. 80）。
[35] アメリカにおける具体的なスキルについては Hargie (1997) が参考となる。

1.1.4.2 国語教育におけるスキルとしてのコミュニケーション能力

　国語教育においては，コミュニケーション能力をスキルや態度の一覧表として示すことが多い[36]。さらに先述の社会的スキルと比較して限定的なスキルとなっていることも特徴である。例えば，安居總子は「自分の考えを相手に理解させる力，また理解させようとする態度」「相手の気持ちや意図を理解する力，また理解しようとする態度」など9個の能力と態度をリストアップしている（安居，1994, pp. 33-34）。中村敦雄はこのような先行研究を踏まえ，コミュニケーションスキルを「話すこと」「聞くこと」「話し合うこと」「音読・朗読・群読」の4領域に区分し，指導すべき学年を明示した一覧表を作成している（中村，1999）[37]。表1.2はその中の「話し合うことの能力表」を示したものである。

　これは国語教育におけるこれまで提案された話し合いのスキルを総合的に示したものとして高く評価できる。しかし，視覚情報化ツールに関わりそうなものはわずかしかない[38]。たとえば6「聞いた内容をメモに整理する」とは，あくまでも話を聞いた後に書き記すというニュアンスである。7「絵や掲示物などを活用して話す」も事前に用意した絵や掲示物を使うようであり，話し合いをリアルタイムで図示化するというものではない。33「聞きながらメモを取る」も皆で図示化しながら討議することはイメージしにくい。

　この表が作成された以降も様々なスキル表が作成されている[39]。しかし，

---

[36] Morreale and Backlund（2002）は近年のアメリカでの国語教育におけるコミュニケーションスキルを列挙しており参考となる。

[37] 昭和26年度版学習指導要領やそれ以降の指導要領，倉澤（1969, 1974）；森久保（1989a, b, c）；高橋（1994a, 1996）；安居（1994）；山元（1995）などを参考に作成したとされる。なお，作成にあたっては，発達心理学の成果を援用し「情意的な系列」である「態度や構え」と，「能力的な系列」である「聴く際に働かせる言語能力や行為に関する項目」の2系列を意識しているという。

[38] ただし，中村（1998）では話し合い指導において「ポスト・イット」などの付箋による視覚情報化ツールの活用を具体的に開発しており近年のツール使用の代表的実践といえる。詳しくは第3.3.2.2を参照。

[39] 例えば若木（2011）や山元（2004, pp.146-147）などが存在する。なお，若木（2011）は話し言葉指導のスキルを「受信過程」「検討過程」「発信過程」に分け一覧表を作成している。「受信過程」の「学習内容」には，「メモを取りながら聞く」「図式化できる」「分類整理する」が取り上

第1章　コミュニケーション能力研究における視覚情報化ツール　47

表1.2　話し合うことの能力表（中村，1999, p. 25）

		小学校			中学校		高校
		低	中	高	前	後	
1	相手の話を受け，話題に合わせて話す。	◎	○	○			
2	わからないことを尋ねながら聞く。		◎	○	○	○	○
3	伝えたい事柄を整理して話す。		○	○			
4	細部にわたる事柄について聞き分ける。			◎	○	○	
5	事柄相互の関係に注意して話す。		○	◎			
6	聞いた内容をメモに整理する。		○	○	◎	◎	○
7	絵や掲示物などを活用して話す。	○	○	○	◎	◎	○
8	司会（議長）の役割を理解する。			○			
9	グループで協力して，意見を組み立てる。			○			
10	事象と感想・意見との関係がわかりやすいように話す。			○	◎	◎	○
11	事象と感想・意見との関係を考えながら聞く。			○	◎	◎	○
12	全体としての意見をまとめる。			○	○		
13	根拠や例の言い方に注意して話す。			○	○		
14	話の内容と自分の生活や意見とを比較しながら聞く。			○	○		
15	主張とそれを支える根拠との関係を考えながら聞く。			○	○		
16	要旨が明確になるように，構成を工夫して話す。			○	◎		
17	話し合いの全体像をとらえる。			○	○		
18	全体の構成を考え，説明の精粗を考えて話す。				◎	◎	
19	話し手の意図を考えながら聞く。				◎	◎	
20	複数の発言の共通点と相違点とを区別して聞く。			◎	○		
21	司会（議長）として意見を整理する。				◎	◎	○
22	話の内容の不足している点を考えながら聞く。				◎	◎	
23	論理の展開を工夫して話す。				○	○	
24	使われていることばの定義を考えながら聞く。			○	○		
25	他の情報と比較しながら聞く。				○		
26	事実と意見を区別して話す。				○	◎	◎
27	主張の妥当性を考えながら聞く。				○	◎	
28	話の内容に対して，反論しながら聞く。					◎	
29	話し合いが有益になるように考える。				○	○	
30	対立する立場の意見をとらえ，反駁する。			○		◎	
31	主張を支える根拠の信頼性を考えながら聞く。				○	◎	
32	効果を考えて話の構成を工夫する。				◎	◎	◎
33	聞きながらメモを取る。		○	○	◎	◎	◎

（※引用者注：表中の○は重点事項，◎は最重点指導事項）

　　　げられている（若木, 2011, p. 185）。しかし，話し合いを文字化・図示化することについては必ずしも明瞭な言及がされているわけではない。ただし，「情報を視覚化し，視覚化した情報を目の前にして何度も関係を捉え直したり，分類をし直すという学習を行うことは，話し聞くという話し合いの場面や誰かの発話に対して情報を発信しなければならないという瞬間的な情報

視覚情報化ツールを真正面から取り上げられているものはほとんどない。このように国語教育では視覚情報化ツールの活用が話し合い指導として明瞭に位置づけられているとはまだ言い難いのである。

1.1.5　社会・対人パースペクティブ

1.1.5.1　コミュニケーション能力における社会的な視座

話し合いにおけるコミュニケーション能力の問題を考えるにあたって，社会という視点は欠かすことができない。社会・対人パースペクティブは，コミュニケーション能力の社会的な意味を重視したものである。この社会・対人パースペクティブを概観するにあたって，本研究では二つのアプローチを設定した[40]。一つは，社会心理学・社会学などの学問領域からのアプローチである。もう一つは，グローバル社会を見据えた政策動向に基づくアプローチである。以下，順に取り上げる。

1.1.5.2　社会心理学・社会学など学問領域からのアプローチ

社会心理学・社会学など学問領域からのアプローチとして，社会心理学のMead, G. H. を取り上げておく[41]。このアプローチでは視覚情報化ツールに

処理を支える学習として位置づけることができる。したがって，こうした「分類メモ」「図式（図解）表示」を，瞬間的な学習に向かう前の予備的準備的学習，あるいは並行して行う学習として活用したり，瞬間的な情報処理が十分でない学習者のための訓練学習として活用することを考慮すべき」（若木, 2011, pp. 311-312）という指摘はなされている。話し合いをリアルタイムで視覚情報化することを主眼としたものではないが，その訓練の重要性を指摘したものである。

[40] 〈新しい能力〉の先進国での広がりは1990年以降のため，Rubin (1990) ではこのような二つの下位区分は設定されておらず社会学のMead (1934)；Goffman (1963) などが取り上げられている。

[41] Rubin (1990) では社会学のHabermas, J. も登場するが「認知的パースペクティブ」の方で取り上げられている。中岡 (2003, p. 13) はHabermasの「コミュニケーション論的転回」について「同一ではない人格や利害をもった人間たちが，それでも相互に意志を疎通し，行為を調整し合うというごく地味な，しかし現実社会の悲惨さによって繰り返し裏切られてきた目標」を辛抱強く掲げているものだと指摘する。そのコミュニケーション能力について「社会言語学の場合のように経験的に測定することで捉えられる能力ではなく，むしろこうした経験的な知識を構成していくための前提となる普遍的な能力として考えられるものである」（森元, 1993）

ついて直接的に言及しているものはない。しかし，本ツールは他者と話し合うために活用されるものである。社会という視点からコミュニケーション能力の問題を検討することは避けて通れない。

　Mead は人間のコミュニケーション過程を「態度取得の生得的な能力に常に根拠づけられたもの」（後藤，1987，p. 173）とした[42]。言語など「意味」(meaning) が意識され共有されたものを「有意味シンボル」(significant symbol) と呼ぶ (Mead, 1934)。人間は有意味シンボルすなわち言語などによって，他者に呼び起こす反応を自分の中にも態度として呼び起こす。他者の「客観的な反応を学習し，組織化＝一般化していく過程が，「自我」形成の過程である。この過程で，有意味シンボルもその明確さと一般性を得る」（加藤，2008，p. 56）という[43]。自我 (self) は「I」と「me」からなり次のように説明される[44]。

　　人はまず共同体内の特殊な他者たちの役割を取得する。次に人は共同体の一般化された他者の役割を取得する。このとき人は，自らが属す共同体の成員となり，その成員にふさわしい行為をする。かくて人は一般化された他者＝「me」になる。逆に，共同体の諸成員が一般化された他者＝「me」の役割を取得することで，その共同体自体も成立する。こうして me＝一般化された他者＝共同体が成立すると，それを前提としそれに対するものとして「I」が登場する。（加藤，

とされる。尾関 (1995) は Habermas (1981) の「コミュニケーション的行為」が Mead の議論をどのように摂取し形成されたかを分かりやすく説明している。また長井 (1993) は Habermas (1981) の「コミュニケーション的行為」とコミュニケーション能力育成との関わりについて説明している。なお，Habermas との論争で有名な Luhman, N. は「コミュニケーションは，社会システムの最小の統一性＝単位である」（ルーマン，2009, p. 79）と考え，主体ではなくコミュニケーションから社会が成立していることを指摘した。両者のコミュニケーションに対する捉え方の差異はボルフ (2014) などに詳しい。

[42] 自我形成の過程がプレイとゲームの2段階で論じられ「態度取得」と「役割取得」の用語が使われる。「態度」が反応・行為の潜在的な構えであるのに対し，「役割」は潜在的でもあれば顕在的でもあるという（加藤，2008, pp. 56-57）。
[43] 長田 (2003d) ではこの点について相互作用という視点からスピーチなどのコミュニケーション教育のポイントについて解説している。
[44] 自我を形成する「I」と「me」はそれぞれ「主我」「客我」と訳されることもある。なお Mead の解釈は論者によって異なり，後藤 (1987)；河村 (2000) などが参考となる。Mead の話し言葉指導への示唆は長田 (2003d) も参照のこと。

2008, pp. 57-58)

　すなわち，自我や人格とは決して生得的で固定的なものではなく，社会における他者とのコミュニケーションの中で築きあげられ，常に変容しつづけているのである。コミュニケーション能力はその中で洗練されていく。そればかりでなく，個人の独自性や創造性としての「I」によって，共同体である社会も変容し続けるというのである[45]。社会学の船津衛はこの点を次のように説明する。人間は日常的な状況では「自動的，習慣的，ルーティン的な行動」（船津，1989, p. 147）を行っており，これが共同体や他者の期待に応えた「me」である。だが，何らかの問題にぶつかった場合にはこれまでとは異なる新たな行動をしなければならないため，内省による問題解決過程が必要になるという。

　　「問題的状況」において，人びとは「遅延した反応」を行い，自己を内省化して，内的世界の活動を活発化させる。そこにおいて，状況がイメージに描かれ，結果が予測され，問題点が明らかにされる。そして，解決のプランが練られ，新たな行為のリハーサルが行われる。このような内的過程の展開によって，「問題的状況」が克服され，新しい世界が生み出されることになる。人間の内省的思考の活動による社会の再構成がなされるようになる。（船津，1989, p. 133）

　ここでは，内省により社会を再構成する自我としての「I」が説明されている。Mead はコミュニケーション能力の獲得過程や，コミュニケーション能力の発揮について，自我や社会や他者との関わりから論じたといえる。すなわち，コミュニケーション能力によってこそ問題解決が図られ，社会が再構成されることを示しているのである。コミュニケーション能力が社会にとっていかに重要であるかを明らかにしている。

---

[45] 類似の議論として，ソシュールのラングとパロールの関係も「両者が相互依存の形を取りながら自らのコードを絶えず突き崩しのりこえていくという発展性を蔵している‥‥ラングによって規制されるパロールと，逆にパロールによって変革されるラングという弁証法を示唆している」（丸山，1985, p. 66）とされる。

1.1.5.3　グローバル社会を見据えた政策動向に基づくアプローチ

　次にグローバル社会を見据えた政策動向に基づくアプローチを取り上げる。教育学の佐藤学は，ポスト産業社会のリテラシーという視点から，日本でも今後は「批判的で反省的な思考力とコミュニケーション能力の教養」（佐藤，2003，p.8）が重要になると主張していた。リテラシーとはそもそも「（高度で優雅な）教養」のことであり，19世紀後半になって「読み書き能力」や「識字」の概念が加わってきたとされる[46]。しかし，1970年代から80年代のポスト産業社会への移行によって，従来のリテラシー概念は通用しなくなってきたという。そこで高度化し複合化し流動化する知識社会における基礎教養としての「ポスト産業社会のリテラシー」を措定することが必要であるというのである。佐藤はそのような動向を「リテラシー」から「コンピテンス」[47]への移行と説明し，このような試みの一つとして後述するOECD（経済協力開発機構）の「キー・コンピテンシー」をあげている[48]。

　こういった議論を具体的に行っているものを本研究では「グローバル社会を見据えた政策動向に基づくアプローチ」とした。その概略をみることで，コミュニケーション能力が社会においてどう位置づけられようとしているかについて確認していく。

　教育学の松下佳代は，多くの経済先進国で1980年代以降，特に1990年代に入ってから共通して教育目標として掲げられるようになった能力概念を「〈新しい能力〉」と総称している（松下，2010）[49]。先進諸国のこれらの能力として

---

[46] 佐藤（2003）は，アメリカでは文字言語による読み書き能力であるリテラシー（literacy）だけでなく，近年では音声言語によるオラリティー（orality）という概念が存在することを指摘する。なお安（2005）によれば，イギリスにおいてはoracyという概念が使用されているという。

[47] 松下（2010, p. 36）は，Rychen and Salganik（2001）；スペンサー・スペンサー（2001）をもとに，英語ではcompetenceとcompetencyの二つの語があることを指摘する。それぞれフランス語のcompétenceとドイツ語のkompetenzに対応するという。competenceは「総称的・理論的な概念」，competencyは「個別具体的な概念」として使い分けることが一般的だという。ただし日本では煩雑さをさけるため「コンピテンシー」で統一される傾向にあるという。

[48] DeSeCoプロジェクトでも「コンピテンス概念とリテラシーの概念を置き換えることで，国際調査に役立つ」（ライチェン・サルガニク，2006b，p. 75）と同様の指摘をしている。

[49] これら〈新しい能力〉の出発点となったのが，心理学者・人材マネジメント会社創設者の一人

generic skills, key competencies, graduate attributes, employability などがあげられている（松下，2010，p. 2）[50]。いずれの能力概念もその提案の背景として「グローバルな知識経済への対応の必要性」（松下，2010，p. 7）が，濃淡はありつつも明示されているという。また，各国いずれの能力も「認知的な能力から人格の深部にまでおよぶ人間の全体的な能力を含んでいること」や「そうした能力を教育目標や評価対象として位置づけていること」（松下，2010，pp. 2-3）が特徴だと述べられている。

　松下は，日本において紹介されたり開発されたりした概念を表1.3のように整理する。グローバル社会への対応を見据えているため，文科省だけでなく経済産業省や厚生労働省などからも提案されていることが分かる。先進諸国や日本でみられるこれらの能力概念は，おおよそ形式面では，3～5個程度のカテゴリーを持ちそれぞれのカテゴリーの中に数個の要素があるという。内容面では，基本的な認知能力（読み書き計算，基本的な知識・スキルなど），高次の認知能力（問題解決，創造性，意志決定，学習の仕方の学習など），対人関係能力（コミュニケーション，チームワーク，リーダーシップなど），人格特性（自尊心，責任感，忍耐力など）がほぼ共通して含まれているという（松下，2010，p. 2）[51]。この内容をみると，話し合いにおける問題解決のコミュニケーション能力と密接に関わるものが多くあげられていることが分かるだろう。

　そこで，〈新しい能力〉の一つとして注目を浴びている OECD の「キー・

であり，「コンピテンシー・アプローチの父」と呼ばれる McClelland, D の論文とされる（松下，2010，p. 11）。この McClelland (1973) は，従来のテストやその結果である学校の成績では，職務上の業績や人生における成功が予測できず，それらはマイノリティたちに不利でもあることを指摘し，「職業上の業績を予測でき，また，人種・性・社会経済階層によって不利をもたらすことの少ない変数とテスト手法を見つけようとした」（松下，2010，p. 12）という。その変数が「コンピテンス」(competence) である。

50) アメリカでは21st Century Skills（21世紀型スキル）と名付けられた概念が注目されており，これも含めた先進諸国の概念がグリフィン他（2014, p. 44）にも一覧されている。

51) 注意すべきは，こういった〈新しい能力〉には自己・政治・価値・文化・健康などに関するコンピテンスが登場しにくいことが懸念として示されていることである（サルガニク・スティーブン，2006, pp. 59-60）。

第1章 コミュニケーション能力研究における視覚情報化ツール　53

表1.3　我が国における〈新しい能力〉概念（松下，2010, p. 3）

名称	機関・プログラム	出典	年
【初等・中等教育】			
生きる力	文部科学省	中央教育審議会答申『21世紀を展望した我が国の教育の在り方について―子供に[生きる力]と[ゆとり]を―』	1996
リテラシー	OECD-PISA	国立教育政策研究所編『生きるための知識と技能』	2001 (2004・2007)
人間力	内閣府（経済財政諮問会議）	『人間力戦略研究会報告書』	2003
キー・コンピテンシー	OECD-DeSeCo	ライチェン&サルガニク『キー・コンピテンシー』	2006 (原著 2003)
【高等教育・職業教育】			
就職基礎能力	厚生労働省	『若年者就職基礎能力修得のための目安策定委員会報告書』	2004
社会人基礎力	経済産業省	『社会人基礎力に関する研究会「中間とりまとめ」報告書』	2006
学士力	文部科学省	中央教育審議会答申『学士課程教育の構築に向けて』	2008
【労働政策】			
エンプロイヤビリティ（雇用されうる能力）	日本経営者団体連盟（日経連）	『エンプロイヤビリティの確立をめざして―「従業員自律・企業支援型」の人材育成を―』	1999

コンピテンシー」（key competences）を取り上げ，その概略をみておくことにする。DeSeCo と呼ばれる「コンピテンシーの定義と選択：その理論的・概念的基礎」プロジェクト（Definition & Selection of Competencies ; Theoretical & Conceptual Foundations）が開始されたのは1997年である。その中核概念であるキー・コンピテンシーは「個人が成功的で責任ある人生を送り，また社会が現在と未来の課題に対応するために必要な能力はなにか」という問いに答えたものであるとされる[52]。その基礎的モデルの考え方は次のように述べられている。

　　包括的（ホリスティック）で動的なものである。その中では，複雑な需要，心理社会的に不可欠なもの（認知的で，動機づけとなり，倫理的で意志的，およ

---

[52] 詳細には次の3つの基準を満たすものとされる「全体的な人生の成功と正常に機能する社会という点から，個人および社会のレベルで高い価値をもつ結果に貢献する」「幅広い文脈において，重要で複雑な要求や課題に答えるために有用である」「すべての個人にとって重要である」（ライチェン，2006, pp. 88-89)。

び社会的な要素），高い実行能力を効果的な行動を可能にする複雑なシステムの中での文脈に組み合わせている。このように，コンピテンシーは行為と背景のそれぞれと個別には存在しない。そうではなく，コンピテンシーは需要との関わりの中で概念化され，また特定の場面における個人の行為（意志，理由，目標も含む）によって実現されていくものである。（ライチェン・サルガニク，2006b，p. 69）

すなわち，現在のグローバル社会の中で職業や生活を営むために必要とされる要求（需要）が中心となっており，実際に行動できるようになることが目指されているのである。また認知的要素だけでなく情意的要素も含まれており，文脈・環境との関わりがポイントになっている。この「要求志向型，および行動志向型」（ライチェン，2006, p. 103）のモデルによって，次のように領域を超えた共通する3つのカテゴリーを具体化していくのである。

・社会的に異質な集団での交流
・自律的に活動すること
・道具を相互作用的に活用すること

「社会的に異質な集団での交流」とは，他者との交流にポイントが置かれ，次のコンピテンシーが関わるとされる。それは「他者とうまく関わること」「協力すること」「紛争を処理し，解決すること」（ライチェン，2006, p. 106）である。話し合いとはまさにこの点に大きく関与する部分である。

「自律的に活動すること」とは，「社会的に異質な集団での交流」と補完し合う関係であると強調され，次のコンピテンシーが関わるとされる。それは「大きな展望，あるいは文脈の中で行動すること」「人生計画や個人的プロジェクトを設計し，実行すること」「自らの権利，利益，ニーズを守り，主張すること」（ライチェン，2006, pp. 111-112）である。話し合いにおいては協同性がどうしてもクローズアップされることになる。しかしそればかりでなく，個人の自律や主張，アイデンティティも重要なのである。

「道具を相互作用的に活用すること」とは，物理的道具だけでなく言語のような社会文化的道具まで含み，次のコンピテンシーが関わるとされる。それは「言語，シンボル，テクストを相互作用的に活用すること」[53]「知識や情報を相互作用的に活用すること」「技術を相互作用的に活用すること」（ライチェン，2006，p. 117）である。序章で示したようにツール（道具）には，「物理的側面」と「記号的側面」がある。物理的な道具だけでなく言語・シンボルの両面を取り上げている点は本研究のスタンスと重なり合う部分がある。ただし，キー・コンピテンシーではICTなど情報メディアや機器としての道具の側面に力点が置かれていると思われる。

なお，上記の3つのカテゴリーや下位の要素を理解するうえで重要なことは，それらを単独視しないということである。これは「コンスタレーション」（星座）の比喩を用いて次のように説明されている。

> 今日の世界における要求や社会的目標の複雑さは，一連のキー・コンピテンシーの動員を求めている。特定の能力だけでは不十分なのである。‥‥いかなる目標に到達するためにもコンスタレーション，つまり適応されるそれぞれの文脈や状況によって異なるキー・コンピテンシーの相互に関連し合った組み合わせを必要とする。（ライチェン，2006，p. 122）

つまり，今日の複雑な問題状況を念頭におけば，音声言語の論理的な能力のような特定の能力だけではとても対処しきれないことが示されている。キー・コンピテンシーとはあくまでもホリスティックなアプローチであり，能力の要素を分離してリスト化することが目的ではない。したがって，その育成方法も「統合された問題中心の学習を行わせること，差異や矛盾をはらむ「現代生活の複雑な要求に直面する反省的実践」を行わせる」（松下，2010，p. 29）ことが提案されている。

日本においてはPISA型リテラシーがこれまで影響を与えきた。だが，今

---

[53] OECD-PISAの「読解リテラシー」（reading literacy）はこのコンピテンシーに関わるとされる（ライチェン，2006，p. 117）。

後はキー・コンピテンシーが教育現場で注目されるようになっていくだろう[54]。DeSeCo も PISA のリテラシーの枠組みだけでは今日の世界の複雑な課題には不十分であると指摘する（ライチェン，2006, p. 122）。そのため，「リテラシー」から「コンピテンス」へ概念を置き換えていくべきことが提案されている（ライチェン・サルガニク，2006b, p. 75）[55]。

以上のように，キー・コンピテンシーをはじめとした〈新しい能力〉においては，コミュニケーションに関する能力は大変に重視されている。

では，現在の一般社会においてコミュニケーション能力はどのように論じられているのだろうか。コミュニケーション能力を重視する社会に何か問題は生じないのだろうか。この点について次に考えていく。

1.1.5.4 コミュニケーション重視社会の問題とその方策

1990年前後から日本の社会において「コミュニケーション不全症候群」（中島，1991）が話題にされ始めた。自分の知り合いしか他者として認めない風潮が問題視され，幅広い他者に対する想像力の欠如が指摘されたのである[56]。さらに近年では，インターネットや携帯電話などによって若者を取り巻くコミュニケーション環境はより劇的に変化し，新たな問題も生じつつある（東，2007；萱野，2008；原田，2010；山竹，2011）。対人関係という点からコミュニケーション能力の不足や変容が問題視され始めたといえる。

一方で，先述したグローバル経済社会の視点からは，複雑な問題解決のた

---

54) 国立教育政策研究所教育課程研究センター（2013, 2014）などをみれば，文科省はこの能力を「21世紀型能力」と呼ぶようになると予想される。
55) 日本では「PISA型読解力」が他のキー・コンピテンシーと切り離され「指標化された一部だけが，ある種の屈折を経て移入されている」（松下，2010, p. 23）という指摘がなされている。今後は文科省によって（日本独自の）キー・コンピテンシー全般が学校教育に導入されていくことになるだろう。この動向を示すのが国立教育政策研究所教育課程研究センター（2012, 2013, 2014）；育成すべき資質・能力を踏まえた教育目標・内容と評価の在り方に関する検討会（2014）と考えられる。
56) Mead のいう「一般化された他者」の役割取得ができなくなってきたとみることができるだろう。国語教育においてもこのような社会問題を視野に収めた考察が「他者」概念を用いて試みられつつある（高木，2001；難波，2008）。

めのコミュニケーション能力の育成が注目され始めている。従来の教育政策では，これからの社会に対応できないと危惧されるためである。このようなコミュニケーション能力への注視が先進諸国で共通してみられることは〈新しい能力〉で概観したとおりである。日本においても，例えば企業の大学新卒者の採用基準として「コミュニケーション能力」が10年連続で1位であることからもうかがえるだろう（日本経済団体連合会，2014）。今のところ，社会におけるコミュニケーション能力重視の傾向が衰える様子はみられない。

以上の1990年以降の動向を踏まえれば，今後もコミュニケーション能力がますます注目されていくことは間違いないだろう。しかし近年この傾向に懸念も示されつつある。そのような批判的な議論に着目することで，コミュニケーション能力についてさらに考察しておく。

教育社会学の本田由紀は1990年以降の日本社会が「ハイパー・メリトクラシー化」（超業績主義化）してきたと主張する[57]。標準化された知識内容の習得度や知的操作の速度といった従来の「近代型能力」に追加される形で，「意欲」「創造性」「コミュニケーション能力」などのより不定形な「ポスト近代型能力」（本田，2005, p. 243）が極めて重視される社会になってしまったというのである[58]。これは先述の〈新しい能力〉によるアプローチをまさに指摘したものといえる。

本田は，社会動向だけでなく高校生の間でも「対人能力」が重視され始めていることに注目する。「コミュニケーション能力」が極めて高い若者の登場と，これによりその能力の低さがかえってクローズアップされてしまう者

---

[57] そもそもYoung（1958）によるメリトクラシーとは貴族による統治と支配「アリストクラシー」ではなく，能力ある人々つまり「メリット」のある人々による統治と支配で成立している社会を意味する（本田，2005, p. 11）。メリトクラシーのもとでは，標準化された知識内容の習得度や知的操作の速度など「近代型能力」が重視される。日本におけるメリトクラシーの状況については竹内（1995）；苅谷（2001）；樋口（2010a）が参考となる。
[58] この点については大河原（2008, p. 19）のように，コミュニケーション能力については必ずしもポスト近代型能力ではなく，以前から実質的な基礎能力だったという反論もある。

が生じていることを指摘する[59]。注意すべきは，巷間いわれるような若者全般の「コミュニケーション能力」の低下を憂うのではない，という点である。むしろ格差の広がりにこそ問題を見出しているのである[60]。そのうえで「コミュニケーション能力」をはじめとするポスト近代型能力を重視する社会の問題点を次のように述べる。

> ハイパー・メリトクラシー下では，個々人の何もかもをむき出しにしようとする視線が社会に充満することになる。常に気を許すことはできない。個々人の一挙手一投足，微細な表情や気持ちの揺らぎまでが，不断に注目の対象となる。ちょっとした気遣いや，当意即妙のアドリブ的な言動が，個々人の「ポスト近代型能力」の指標とされる。その中で生き続けるためにはきわめて大きな精神的エネルギーを必要とする。(本田, 2005, p. 248)

つまり，人格全体が評価されてしまうのがポスト近代社会だと批判するのである[61]。ポスト近代型能力は格差が拡大しており「劣っている者は，誹られるか憐憫の対象とされるかに終わりがち」(本田, 2005, p. 249) だという。

本田は，社会的状況の変化すなわち日本のハイパー・メリトクラシー化は避けられないだろうと予測する。避けるのではなく，むしろそのような社会で生き抜くための「専門性」を学校教育で獲得させることに光明を見出している。その際のポイントの一つとして，異なる他者との共同のコミュニケー

---

[59] 調査結果から「学力」は高いけれども「対人能力」が低い者も歴然と存在しており，社会へ出たときに問題を抱えてしまうことを指摘する (本田, 2005, pp. 244-245)。なお，国立教育研究所 (1996, 1997) は小中学生の各教科におけるコミュニケーション能力を学習者や教師からの調査によって考察している。国語教育の視点からは田近 (2002) が小中高生のコミュニケーション意識を大規模にアンケート調査している。

[60] 類似の議論として，スタッキー (1995) がリテラシーについて，それが必ずしも中立の技術ではないことや，持つものと持たないものとの間に生じる差別を批判的に論じている。なお，リテラシー概念については樋口 (2010b) が端的な整理をしており参考となる。

[61] 〈新しい能力〉の特徴の一つとはまさに「認知的な能力から人格の深部にまでおよぶ人間の全体的な能力を含んでいること」(松下, 2010, pp. 2-3) にあった。ところで，1980年代までの日本の教育は人格や人間性が評価されず近代化能力のみがペーパーテストで測られていたことがむしろ批判されてきたはずである。本田 (2005) はこの過去の具体的問題をどう考えるかについては言及していない。

ション場面を豊富に盛り込むことをあげている[62]。もちろん，この提言だけでハイパー・メリトクラシー化への対応ができるとは思えない。だが，コミュニケーション能力を無批判に重視することへの危惧を示したことは間違いない。

　Spitzberg and Cupach も社会科学がこれまであまりにも「コミュニケーション能力」を賞賛しすぎたと批判する（Spitzberg and Cupach, 1998）[63]。現実には正直は嘘つきよりも時に破壊的であり，ユーモアは時に暴力的であり，協力と共感は搾取の対象となりやすく，明瞭さも時に最も機能的でないと述べるのである。このようなコミュニケーションの負の側面を「ダークサイド」（dark side）と呼び，対人関係の理解には不可欠であると指摘する[64]。近年でも社会学の貴戸理恵や哲学の萱野稔人・山竹伸二などが現在のコミュニケーション能力重視の日本社会に潜む問題を描き出している（貴戸，2011；萱野，2008；山竹，2011）[65]。さまざまな領域から，コミュニケーション能力を過度に重視する社会への警鐘が鳴らされつつあるのである[66]。

　このような状況の中で示唆的な議論をしたのが社会学の大河原麻衣である。これまでの「メディアリテラシー」や「コミュニケーション能力」を目的とするリテラシー教育は，マタイ効果のパラドクスにより袋小路に陥って

---

[62] 学校教育全体でのコミュニケーション能力の育成については，第2.2.1.2を参照のこと。なお桑原（2007）は同じクラスの水平的関係よりも，異学級や異学年や異学校の垂直的関係「異間コミュニケーション」の方が重要であると指摘する。

[63] 原著では，competence や competence in one's communication とされているが，訳書のスピッツバーグ・キューパック（2008）では「コミュニケーション能力」と訳されている。

[64] この要約はスピッツバーグ・キューパック（2008, p. 1）の訳出にもとづく。

[65] 例えば貴戸（2011）は，本来固定的なものでない他者との関係としての「コミュニケーション能力」が固定化されてしまう現代社会の問題点を指摘している。萱野（2008）は高校生より上の世代について「現在の格差は当事者たちにとって，経済的な困難よりはむしろ承認の不足や自己の不全感として生きられるようになる」（萱野，2008, pp. 46-47）と指摘する。

[66] アメリカでも「私たちは，外向型の人間を理想とする価値観のなかで暮らしている」（ケイン，2013, p. 7）と述べられ，社会が求める価値の偏りのため「内向型」が生きづらいことが問題視され始めている。また英語教育における類似の議論として，英語という言語を学ぶことが本当に良いことなのか，と英語重視の価値観に異を唱えた津田（2006）もある。「ことばの平等」や「コミュニケーションの平等」という視点から言語の暴力的な側面について考えさせられる。同様の視点をもつ大津（2009）も国語教育と英語教育を結びつけて考察するのに役立つ。

いると指摘する。マタイ効果とは「条件に恵まれた者は優れた成果をあげることでますます条件に恵まれるが，不利な条件下におかれた者は優れた功績をあげにくくなることでますます条件が不利になる」（大河原, 2008, p. 22）ことである。コミュニケーション能力を持つものはその能力をより向上させるが，持たないものは僅かに残るコミュニケーション能力ですら奪われる状況が生じているというのである[67]。その結果，コミュニケーションから「撤退」してしまう者たちのことを，大河原は「適応のための不適応」（中島, 1991）という概念を用いて説明する[68]。一見するとコミュニケーション不全は現代社会への不適応だと思われがちである。しかしそうではなく，コミュニケーション能力への注視から自らを守るために「不適応」という形で「適応した」にすぎないというのである。

このような社会的状況のなかでは，効率的で有能なコミュニケーターの育成を目指すのではなく，コミュニケーションとのつきあい方を考えさせる指導へ転換を果たした方がよいと大河原は提案する。メディアリテラシーが「メディアの使い方」と「メディアとのつきあい方」に大別できることを敷衍し，コミュニケーション能力もこのような区分を考えるべきだという。前者を「情報伝達における慣習的知識」，後者を「情報伝達における方略的見識」と呼ぶ。前者の「情報伝達における慣習的知識」とは，結局のところ大人の社会にとって都合がよく効率のよい，いわゆる「〈よい子〉」の一方通行的なコミュニケーション能力でしかなかったというのである[69]。大河原は，

---

[67] 類似の議論はメディアリテラシー研究の文脈においても論じられている。鈴木（2007, p. 201）は，メディアリテラシー教育が有効どころか逆の結果さえ生み出す恐れがあるという。社会問題となっている振込詐欺の手口の分析結果を広く市民に知らせても，被害の防止よりもむしろ詐欺犯の知識が向上してしまう可能性があると指摘するのである。メディアリテラシー教育を否定はしないがその効果は限定的だという。

[68] コミュニケーションからの撤退と類似する議論として，アメリカでは本や文字が「読めない」という「イリテラシー」（illiteracy）ではなく，「読もうとしない」という「アリテラシー」（aliteracy）が問題となっている（桑原, 1996a）。

[69] 英語教育の板場良久は「正しい受信と発信能力」や「モデルに近づけるような第二言語教育」は人間を機械と見立てた近代的な思想に乗っていると批判する。社会的で動態的なコンテクストと切り離せないコミュニケーション教育を目指すのであれば，「コミュニケーションに参加す

コミュニケーションの成立はそもそもある種の奇跡的な世界であり，その成立が当然であって効果的な手法を学べば身につけることができると考えるほうが不自然だと主張する。共感的理解というコミュニケーション能力のキーワードも「却って子供たちを相互行為から遠ざけるとさえ強弁したい」（大河原，2008, pp. 20-21）と述べている[70]。むしろ後者の「情報伝達における方略的見識」のほうがより大切だと主張するのである。コミュニケーションを上手にこなすよりも，何とかやりこなすことを重視しているとみてよい。そのうえで，さらに注目すべきは次の点である。

> 誰もが「個人」になり，「孤独」になったと感じるいまこそ，世界や時代や社会や，そして自分自身と向き合う気概をもつことができる絶好の機会だと考えている。（大河原，2008, p. 21）

大河原は，社会における他者との関わりがその本質であると思われがちなコミュニケーション能力に対して，他者とではなく一人で世界や自己を見つめることも重要だというのである。コミュニケーション能力論が抱えがちなウィークポイントを端的に指摘したものであるといえる[71]。

1.2 国語教育におけるコミュニケーション能力研究の課題

本節ではここまでの諸領域のコミュニケーション能力論を踏まえ，国語教

る個々人の，それぞれ複雑な状況における賢明なる判断力を養う」（板場，2000, p. 99）ことこそが重要だという。
[70] 劇作家の平田オリザは医療現場などにおいて「患者さんや障害者の気持ちに同一化することは難しい。同情なぞは，もってのほかだ。しかし，患者の痛みを，障害者の苦しみや寂しさを，何らかの形で共有することはできるはずだ。私たち一人ひとりの中にも，それに近い痛みや苦しみがきっとあるはずだから」（平田，2012, p. 198）という。他者の気持ちは簡単には分からないという点で大河原の主張と重なるが，自分の中の似たような気持ちと結びつけることはできるという点が特徴である。それには演劇的手法が有効であると主張する。
[71] 武長（2012）も「他人や社会に依存せずひとりになることができる力」（p. 34）を「孤独力」と呼び，現在の社会においてこのような視点が極めて重要であることを指摘する。先述のキー・コンピテンシーでも「自律的に活動すること」が三つの柱のうちの一つであった（ライチェン，2006, pp. 111-112）。

育における視覚情報化ツールの問題を明らかにする。まず，各パースペクティブからみた国語教育の問題を指摘する。次に，これらを踏まえコミュニケーション能力論からみた国語教育における視覚情報化ツールの問題を考察する。

1.2.1 各パースペクティブからみた国語教育におけるコミュニケーション能力論の課題

1.2.1.1 認知的パースペクティブからみた課題

認知的パースペクティブとして，応用言語学的アプローチと認知心理学的アプローチを概観してきた。いずれもコミュニケーション能力を厳格に定義し，その本質を探ろうと試みていた。認知的パースペクティブからみた国語教育におけるコミュニケーション能力論の課題は次の二つとなる。

第一に，応用言語学的な研究成果へのさらなる着目である。応用言語学的アプローチでは，コミュニケーション能力に関して「概念的な構成要素」「適切さ」「社会文化的規則」「ディスコースの規則」「方略的能力」「知識構造との関連」「心身協調メカニズム」「コミュニケーションの機能」などの議論が積み上げられてきた。そこではコミュニケーションの「正確さや流暢さ」ではなく，「適切さ」や「方略」に注目が集まりつつあった。「方略」という視点からは身体性など周りのものを使うことまで考えられていた。これらの点は日本の国語教育でも重要と思われるが十分な検討はなされてこなかった。もちろん「能力」（competence）概念などの検討不足などは，生成文法の影響をほとんど受けなかったためであり必ずしも問題とはいえない。だが，こういった点も含めてコミュニケーション能力とは何かを本質的に検討することが重要である。特に「何とかやりこなす」ための「方略」に注目していく必要があるだろう。このように応用言語学的アプローチの動向からは多くの示唆を得ることができるはずである。

第二に，認知能力に対する新たな視点の導入が必要である。従来のコミュ

ニケーション能力概念では，コミュニケーション能力を個人の頭の中に閉じ込めて想定することが多かった。認知心理学的アプローチでは，声を実際に出す行為における意味生成過程が究明されていた[72]。応用言語学的アプローチでも上述のように周りの物を使う能力に言及されていた。これらはコミュニケーション能力における身体性の重視といえる[73]。また社会・文化パースペクティブのキー・コンピテンシーにおいても「道具」の使用は重視されていた。本研究で提案する話し合いにおける視覚情報化ツールの活用がコミュニケーション能力として欠かすことができないことが示されつつあるといえる。

1.2.1.2 スキルパースペクティブからみた課題

スキルパースペクティブでは，具体的なコミュニケーションスキルが列挙されてきた。国語教育においては，コミュニケーション能力をより具体的な下位スキルの集合体とみなす傾向がある。しかも，心理学におけるコミュニケーションスキルと比較して，かなり限定されたものとなっているのである[74]。また視覚情報化ツールを活用するためのスキルにもほとんど目が向けられてこなかった。スキルパースペクティブからみた国語教育におけるコミュニケーション能力論の課題は次の三つである。

第一に，包括的なコミュニケーション能力モデルの措定が必要である。国語教育においては，コミュニケーション能力を具体的な下位スキルの集合体とみなす傾向がある。そのため，コミュニケーション能力総体の本質的な究明が十分になされない傾向がある。認知的パースペクティブの研究（第1.1.3

---

[72] 詳しくは第1.3節で述べていく。
[73] 高橋（1993）や難波（2008, p. 327）など国語教育の議論において近年この身体性が重視されている。また文法研究においても外的な行為が重視されつつある（串田他, 2005）。
[74] 国語教育におけるコミュニケーションのスキルは，論理的なコミュニケーションスキルと対人関係を重視したコミュニケーションスキルの二つから論じられやすい。目標論がこういった二極で語られやすいことは第2.1節で論じている。実践レベルでも，一方の極のコミュニケーションスキルを強調した提案が多くなる傾向がある。

項)にも注目していく必要があるだろう。

　第二に，スキル表の充実が必要である。スキル表は，教師にとっては指導目標を具体的に記述するのに役立つ。しかし実際のコミュニケーション場面においては，顕在化しやすいスキルと，そうでないスキルがある。見えにくいスキルこそがコミュニケーション能力にとっては重要なことも多い。また国語教育におけるスキル表は教師の経験に基づくものが多い（甲斐・長田，2002, p.98）。教室場面のフィールドワークなどによる丁寧な調査を踏まえたうえで，豊かなスキル表を作り上げていく必要があるだろう。特に話し合いにおける視覚情報化ツールのスキルは十分に考えられていない状況である。話し合い指導を改善するためにも音声言語にとらわれずスキルを特定していく必要があるだろう。本研究ではこの問題意識のもとに話し合いの実態を調査していくことになる（第5章）。

　第三に，指導方法の問題である。単にスキルだけを取り上げて訓練的にトレーニングしてもなかなか身につかないことが指摘される。そのため国語教育では場や目的を重視した単元学習なども提唱されてきた[75]。学習者が日常生活や将来にわたって活用できるような指導方法を考える必要がある[76]。なお，本研究では，話し合い指導における目標（第2.1節）・内容（第2.2節）・指導方法（第3章）の点から，このことについて考察していくことになる。

1.2.1.3　社会・対人パースペクティブからみた課題

　社会・対人パースペクティブは，コミュニケーション能力を社会や他者との関わりから追求したものであるといえる。Meadの議論からは，社会や他者を抜きにしてコミュニケーション能力を考えることはできないが，同時に，我々のコミュニケーションによって社会も形成されていたことが示され

---

[75] 詳しくは第2.2.1.2を参照のこと。
[76] 第二言語教育においても，文を作り出すドリルや練習問題では「たとえ言語技能が習得されたとしても，その結果として，その言語におけるコミュニケーションのための言語能力の習得までは保証されない」（ウィドウソン，1991, p.85）と指摘される。

た。コミュニケーションによって社会は再構成されているのである。「他者と共同で問題解決を図る」ことの個人的・社会的な意味が明らかになったといえるだろう。だが一方で，情報化社会やグローバル社会の進展によって，コミュニケーション能力への過度な注目が問題となりつつある点もあわせて指摘した。このような社会・対人パースペクティブからみた国語教育におけるコミュニケーション能力論の課題は次の三つである。

　第一に，コミュニケーション能力を社会や他者との関係で幅広く豊かに捉えることである。〈新しい〉能力での着目など，コミュニケーション能力の向上は誰にとっても望ましいものとして捉えられがちである。しかし他者への過度な気遣いや，過度な表現力が求められる社会の息苦しさが危惧され始めた。学習者を取り巻くコミュニケーションメディアの様態も大きく変容し続けている。コミュニケーション能力の負の側面も踏まえて，豊かなコミュニケーション能力観を養っておくことは，学習者一人一人に対応する実践場面においては極めて重要になるだろう。国語教育における目標としてのコミュニケーション能力も固定的に捉えてはいけないのである。学習者の状況や時代によって求められるものは変化する[77]。

　第二に，コミュニケーション能力とのつきあい方を考えさせる指導をどうするかである。コミュニケーション不全は，コミュニケーション能力の不足の問題だと短絡的に決めつけることはできない。他者の存在を受け止める側の問題でもあることが述べられていた。コミュニケーションスキルを自覚的に身につけた者は，それを身につけていない者の努力不足を責めがちにな

---

[77] 企業でのコミュニケーション教育に従事する岸英光は「相手の目を見ましょう」「うなずきましょう」などのスキルが社会的に知れ渡れば，この説得の技術を打ち破るための技術が逆に生まれると強調する。近年のアメリカでは「相手に伝達し，相手を操作しようとするためのコミュニケーションの技術は，すでに機能しなくなりつつあります」（岸，2003, p. 21）という。そもそもコミュニケーションスキルや言語技術の本来の目的は，社会において他者と信頼関係を築き，互いに友好的な理解をもたらすことにある。しかし，手段が目的と化せば，一時的に効果はあがってもやがて意味をなさなくなることが示唆されている。このような反応傾向の個人的・社会的な変化はMeadが論じた点とも重なり合う。

る[78]。このような現象は個人レベルだけではなく，社会レベルでも生じていることが示されていた。コミュニケーション能力に対する社会的な寛容度の問題が根底にあると指摘されているのである。では，他者のコミュニケーションをどう受け止めればよいのか。またコミュニケーション能力とどのようにつきあえばよいのだろうか。学習者がこのような点を考えていくためには，日常のコミュニケーションの観察や内省，社会におけるコミュニケーションの有様を考える機会が重要となる[79]。その際のポイントはMeadの自我論でいう「me」と「I」の関係性の問題である。もちろん，大人の期待に応えたルーティンなコミュニケーション能力の重要性も否定はできない（me）。だが，自分にふさわしいコミュニケーション能力を自分なりに習得していく支援をどうするかが問われる（I）。そのためには自分を見つめ，他者を知り，社会におけるコミュニケーションの意味や役割を考察していくことが必要になるだろう[80]。また両者のバランスをどう取るのかが課題になろう。

　第三に，「何とかやりこなす」ための能力が重視される必要がある。必ずしもスピーディで流暢なやりとりが交わされなくてもよい。なんとかコミュニケーションし合うことや，なんとかコミュニケーションしている相手を受け止めることが大切である。心理学の浜田寿美男は「どんなに未熟な子どもも，そのときの手持ちの力を使ってコミュニケーションしようとする。コミュニケーションの力がレベルアップしていくのはむしろその結果である」

---

[78] 平田オリザも「社会的弱者は，何らかの理由で，理路整然と気持ちを伝えることができないケースが多い。…社会的弱者と言語的弱者は，ほぼ等しい。私は，自分が担当する学生たちには，論理的に喋る能力を身につけるよりも，論理的に喋れない立場の人びとの気持ちをくみ取れる人間になってもらいたいと願っている」（平田，2012, p. 183）という。

[79] 小川（1996, 2001, 2003）は，西尾実を踏まえ「内的言語活動」の重要性を論じている。表現力の育成には，学習者一人一人の自我や内面と向き合うことが重要だと一貫して主張する。学習者に寄り添い，支えていく教師の存在がいかに大きいかを豊富な具体例で示している。

[80] その際，学習者だけでなく教師も意識を変える点が重要である。多くの若者にインタビューを行ってきた原田曜平がいうように「「若者を知りたい」と思った原点に立ち戻り，これほどまでに社会から違和感を感じられてしまっている今の若者の姿を，客観的・中立的に把握」（原田，2010, p. 252）しようとすることである。いたずらに学習者のコミュニケーション能力の低下を憂うだけではいけない。今の学習者を知りたい，学習者を通して今の社会を知りたいという視点を持つことが必須となるだろう。

（浜田，2004，p.5）と指摘する。そのためにはコミュニケーションを促進する道具の使用があってもよいだろう。本研究に即せば，参加者同士がツールを使ってゆっくりと書きながら話すような話し合いであっても，各自が協力し意見を率直に出し合えることが望ましい。参加者の議論を丁寧に踏まえたうえで，お互いにコミュニケーションし合うことこそが重要なポイントになる。

1.2.2　コミュニケーション能力論における視覚情報化ツールの問題

　様々な領域におけるコミュニケーション能力研究を概観してきた。コミュニケーション能力を捉えるための枠組みとして「認知的」「スキル」「社会・対人」パースペクティブを援用し，国語教育における課題を考察した。コミュニケーションは，スキルだけでなく，それぞれの人格や個性，価値観やものの見方，知識や教養なども関わりながら相互にやりとりされている。コミュニケーション能力とは，あくまでも潜在的な能力であるため「目的・話題・相手・場・文化的背景・これまでの経緯・そのときの気分や状況等が絡み合い」（長田，2015a，p.72）ながら発揮されるものである。したがって，コミュニケーション能力さえあれば常にコミュニケーションが上手にできるわけではない。ただし，そのようなコミュニケーション能力を拡張し，支援するものとして，視覚情報化ツールが注目されつつあった。

　認知的パースペクティブでは，道具を使うことや身体性などがコミュニケーション能力として考えられつつある状況を明らかにした。視覚情報化ツールを使いこなすことも話し合いにおけるコミュニケーション能力として認められていく必要がある。

　スキルパースペクティブでは，国語教育での話し合いスキルを数多くみてきた。しかし，視覚情報化ツールに関するものはほとんどなかったことを明らかにしてきた。

　社会・対人パースペクティブでは，コミュニケーション能力こそが人間社

会の基盤であり極めて重要であることが示されていた。一方で，情報化社会やグローバル社会の進展により，コミュニケーション能力への過度なプレッシャーがかけられている状況が描き出されていた。そのような中で，それぞれの子どもにふさわしいコミュニケーション能力，特に何とかこなす能力を大切にする立場へ転換する必要があることを指摘した。そのための意欲と具体的な手段を学習者に獲得させていくことが必要になるのである。本研究ではその一助として視覚情報化ツールを活用する話し合い指導を提案していくことになる。

以上のように，複数の領域において，視覚情報化ツールの活用がコミュニケーション能力の一部として注目されつつあることを明らかにした。だが，コミュニケーション能力として視覚情報化ツールの活用が前面に押し出された形で理論化がなされているわけではない。そこで次に，視覚情報化ツールの基盤となるコミュニケーション能力論を整備していく。

1.3 状況的認知論に基づくコミュニケーション能力観の拡張

本節ではコミュニケーション能力として視覚情報化ツールを位置づけるための理論的基盤を新たに整備していく。まず，基盤となる状況的認知論の考え方を明らかにする。次に，状況的認知によって視覚情報化ツールをどのように位置づけることができるのかについて明らかにする。

1.3.1 新しいコミュニケーション能力観の基盤となる状況的認知論

本研究では新しいコミュニケーション能力観の基盤として状況的認知論を援用する。Brown らの名付けた「状況的認知」(situated cognition) の具体的な研究として，比較文化的認知研究やヴィゴツキー学派，生態学的知覚論（アフォーダンス理論）や文化人類学や社会学の認知研究，エスノメソドロジー，活動理論，社会的分散認知，マルクス主義社会理論，シカゴ学派社会学

の一部の研究などがあげられている（高木，1996；上野，2001）。状況的認知論の特色は「知的行為が人と人の間，および人と道具の間に分散して個人を超えた1つのシステムとして機能している」（高木，1996, p. 38）と捉える点にある。心理学の高木光太郎は，航海用計算尺を使った船員達の操船行為の分析（Hutchins, 1993）をもとに次のように説明する。

> 航海用計算尺を用いるということは，人間が特定のしかたでこの道具を操作するとき，「結果として」，他の方法よりも素早く確実に速度情報が得られるということにつきる。航海用計算尺と人間の認知過程が1つのユニットとなって計算という知的行為を達成しているのである。速度情報は計算尺の中にも人間の中にもない。両者が関係するときに生み出されるのだ。（高木，1996, p. 41）

人間は常に他者や道具との相互作用を行っている。それは話し合いにおいても例外ではない。例えば授業中の話し合いでは黒板などの道具が活用されている。黒板に書くことで「結果として」話し合いがうまく進展することがあるのである。これは黒板と人間の認知過程が一つのユニットになり知的行為を遂行しているとみなすことができる。話し合いとは，音声言語ばかりでなく，道具を使って論点や意見を書いたり見たりする複合的な言語活動によっても行われているのである。

上野直樹は「認知，学習といったものを頭の中に何かができあがることといったことに還元せずに，実践や相互行為，道具の組織化としてみていこうとする」（上野，2001, p. i）ことが重要だという。話し合いという行為を捉えるにあたっては，話し合いの実践，他者との相互行為，そこで使われる道具との関連を丁寧にみていくことが必要になるだろう。

このように状況的認知論に立つことで，話し合いの主体と視覚情報化ツールとの相互作用を一体化して考察できるようになるはずである。話し合いにおける「言語活動の全体性」を捉えるのに状況的認知論は極めて有効性が高いといえる。そこで，この状況的認知論を基盤としてコミュニケーション能

力について考察を進めていく。

　Cole, M. は，Vygotsky, L. S. や Luria, A. R. における媒介物の概念を踏まえてコミュニケーション能力の獲得について次の説明をする[81]。ホモ・サピエンスの基礎的特質として「外界に変化を与え，その変化を取り入れて，自分の体に関することや他の人々との関係を調整する能力」（コール，1985, p. 101）があることをまずあげる。話し言葉しか持たなかった原始時代に，木にちょっと傷をつけて印を残しておくことができるようになることは，時間や空間を超えて「私はここにいましたよ」「あとで私に会えますよ」と他者に知らせることができるようになることである。これこそが媒介物による基本的な活動の始まりだという。ホモ・サピエンスの進化とともに，こういった「道具使用」「言語」「文化」という「媒体による人間活動」（mediated human activity）の能力が進化することで，「ものごとを統合する原理，すなわち私たちは新しいコミュニケーション形態と呼ぶものを身につけ」（コール，1985, p. 102）たと述べる。

　ここでいう媒介物というのはVygotskyらの基本的概念であり，分かりやすく示したものが図1.6である。Sは外界からの刺激であり，それに対する反応がRである。ポイントは，刺激Sに対して常に一対一で反応Rが返ってくるわけではなく，xという媒介物が両者の間に存在していることである。Vygotskyらの媒介物の概念は，従来の刺激反応理論に対置されている。外界の刺激に対して，SとRが直接結びつかないxを媒介とした反応が起きるという点が重要なのである。Coleは「外の世界や事物を部分的に取り込み，同時に自分の行動もそれに従わせる」（コール，1985, p. 102）という媒介物xにこそ人間行動の基本をみる。そのxの代表格として「言語」が挙げられているのである。つまり，人間の思考や認知活動は，外部からの

---

[81] なお，人間のコミュニケーションの起源としては，トマセロ（2013）では「指さし」「物まね」が指摘されている。また，コーバリス（2008）では言語の起源として「身振り」も指摘されている。

第 1 章　コミュニケーション能力研究における視覚情報化ツール　71

図1.6　刺激・反応・媒介の関係図（コール，1985, p. 102）

刺激により反射的に引き起こされるわけではなく，言語といった媒介物によって統制されているといえる。

　Cole は以上の概念を踏まえ，話し言葉と書き言葉にみる媒介物の発展と特徴を次のように説明する。そもそも人間は，話し言葉である音声言語を媒介物として交流していた。しかし，ある時から，図や文字を書くことを文化的に習得した。遠く離れた相手に伝達が可能になり，時を隔てて記録を残すことも可能になった。つまり書き言葉の能力とは，話し言葉の能力が空間と時間を超えられるように拡張されたものと考えるのである[82]。注目すべきは，音声言語や文字言語という媒介のタイプによって交流や統制の仕方が異なってくる点であろう。Cole は，媒介物こそが人間相互の交流を創り出したり，統制したりするとみている[83]。

---

[82] 心理学の茂呂雄二は，人間の進化の過程で認知能力が飛躍的に増大した契機が書きことばの獲得にあると主張する「大分水嶺理論」（Great Divide Theory）（Finnegan, 1973；Goody, 1977；Scribner and Cole, 1978）を批判する（茂呂・汐見，1988, p. 46）。茂呂は，文字言語だけに特権的な地位を与えるのではなく「読み書きの実際の使用は書きことばと話しことばが入りくんで"連続"」（茂呂・汐見，1988, p. 60）していることを強調する。本書は進化における認知能力については論じるものではないため「大分水嶺理論」についてはこれ以上言及はしない。だが，実際の言語使用の場面を文字言語や音声言語などに分けずに捉えていく茂呂のスタンスは本書とも通底している。なお，国語教育においては島村（2012）が「大分水嶺理論」を批判的に検討し，「声の文化」（orality）と「文字の文化」（literacy）の相互作用をダイナミックに捉えるべきと主張する。この問題はオング（1991）も参照のこと。

[83] Cole (1996) はコミュニケーションを産み出す媒介物について，Vygotsky の「媒介」の概念を拡張し「人工物」（artifact）と名付けている。なお，視覚情報化ツールは参加者相互の交流を産み出す人工物である。ここでの Cole を踏まえれば，それが音声言語なのか文字言語なのかによって話し合いにおけるコミュニケーションが異なってくる可能性が示唆される。

```
    3 4 3
  × 8 2 2
  ─────────
    6 8 6
    6 8 6
  2 7 4 4
  ─────────
  2 8 1 9 4 6
```

図1.7　筆算の例（ワーチ, 2002, p. 30）

このような媒介物について，Wertsch, J. V. は「物理的媒介物」と「記号的媒介物」の2種類があることを示した（Wertsch, 1998）[84]。前者は高跳びの選手が高く跳ぶために使う棒などであり，後者は言語などの記号である。Wertsch は「343×822」のかけ算を頭の中だけで行えるだろうかと問う。暗算の名手でない限り図1.7のような筆算を行うはずであるという。そのうえで「問題を解いたのは本当にあなた（孤立した行為者）なのですか」（ワーチ, 2002, p. 30）と問いかける。計算できたのは，物理的媒介物である紙の上に，記号的媒介物である筆算の計算式を記したためである。視覚的な記号を紙に書くことで，我々は個人の頭の中だけでは行えなかった計算能力を拡張することができたのだと Wertsch は説明する。すなわち，筆算というシステムすら，社会的・文化的・歴史的に形成された記号的な道具，つまり媒介物だというのである。

このように状況論的アプローチの本質は，人間の認知行為を個人の頭の中に閉じこめて想定するのではなく，他者や環境にある道具との相互作用によるものとみなす点にある（美馬, 2001）。なお，この場合の道具とは「一般の道具から言語や数学までも含めて，認知を支援するために人間が「人工的

---

[84] Cole も Wertsch も，Vygotsky の「媒介」概念の拡張を試みたことで知られている。Cole は「媒介」を記号だけでなく物理的道具や事物にまで概念を拡張した。一方，Wertsch は記号を学校的な教育場面だけでなくより多様な社会的文脈で生じるものにまで対応できるように拡張したとされる（高木, 2010, p. 416）。OECD のキー・コンピテンシーでも「道具」には，物理的な道具と言語・情報・知識などの社会文化的な道具の2種類が想定されている（ライチェン, 2006, p. 116）。

に」生み出したすべて」(美馬, 2001, p. 134) を指すと考えられている。筆算の例で示したとおり「物理的道具」だけでなく言語などの「記号的道具」も含まれているのである。

1.3.2　視覚情報化ツールによる話し合い能力の拡張

　序章で確認したように，話し合いとは「主として音声によって媒介され複数の人間が共同で思考するもの」であった。しかし，音声という即時的に表れては消えてしまう媒体の特性が，共同で思考する話し合いの指導方法の開発に当たって問題を生じさせてきた。音声言語は即時的に消失してしまうために，どのような発言や論点があったかが思い出せず，話し合いの全体像を把握しにくいのである。共同による作業のため，作文のように自分一人のペースで進めることもできない。論点や他者の発言が個人内で曖昧に蓄積され，参加者間で共有性を持ちにくくなってしまう。そもそも話し合いとは，思考によって新たな解を見出すことに取り組む行為である。したがって，過去の経験や知識はそのままでは使えず，練習や事前準備が一般的には難しい。そもそも話し合いには困難さが内包されているのである。そこで，これを少しでも解消するために本研究では視覚情報化ツールを活用し，論点や意見を共同で文字化や図示化していくことを提案する。

　話し合い指導における視覚情報化ツールの活用を状況的認知論の視点から捉えれば次のようになる。

　第一に，視覚情報化ツールは人間の話し合いの能力を拡張することができる。筆算とは，個人の計算能力を物理的・記号的な媒介物を使って拡張したものであった。話し合いの場合，困難さの中心的な問題は音声言語の特質から生じるといえ，即時的に消えていく思考を積み上げにくいのである。だが，視覚情報化ツールによって文字化や図示化できれば，筆算と同様に話し合いを物理的・記号的に媒介することが可能になる。参加者の事中の話し合い能力が拡張され，効果的に話し合えるようになるのである。

第二に，視覚情報化ツールは時間と空間を超えて活用することができる。Cole に倣えば，音声言語の欠点は時間と空間を超えられないという点だといえる。だが，話し合いを文字化や図示化で媒介することによって，時間と空間を超えることができるようになる。あとから別の場所に移動して反省（内省）もできるなど，事後の活動を物理的・記号的にも媒介できるのである。

　以上のように，話し合い指導における視覚情報化ツールとは，話し合いの能力を物理的・記号的に拡張するものであり，また時間と空間を超えるものであるといえる。

　ところで，第1.1.5.3で取り上げた OECD のキー・コンピテンシーにおいても状況的認知論を背景として道具（ツール）の使用が次のように重視されていた。

> 個人が知識やスキルを作りだし，採用することが期待されている世界において，道具を使う技術的なスキルをもっている（たとえば，文書を読む，コンピューター・マウスを使うなど）だけではもはや十分ではない。道具を相互作用的に使うためには，道具そのものになじんでいることや道具が世界との相互作用のやり方をどのように変化させ，また道具を使ってより大きな目標をどのように達成するのかについての理解が前提となる。「道具」は単なる受け身的な媒介物ではなく，「個人と環境の能動的な対話」に欠かせない部分である（Haste, 2001, p. 96）。文字どおり人間の心身を拡張したものなのである。（ライチェン，2006, p. 116）

　ここでも道具が人間の能力を拡張するものであることが示されている。「他者と共同で問題解決を図る」ためには非言語の駆使はもちろんのこと，人間の能力を拡張した道具を使って効果的に文字化・図示化する能力も含まれると考えるべきである。話し合いの能力を音声言語の面だけで捉えてはいけないのである。さらにキー・コンピテンシーの議論で注目すべきは，道具が単に使えるだけでなく，道具を使ってどうやり方を変化させるのか，どう

問題解決するのかを知ることが重要だとされている点である。道具に関するメタ認知の重要性が指摘されており，視覚情報化ツールの実践化に際しては貴重な示唆となる。

以上ここまでみてきたように，話し合いにおける視覚情報化ツールの活用は特別な考え方ではなく，コミュニケーション能力の点からみても極めて自然であることを明らかにしてきた。文字化や図示化といった音声以外の能力も話し合いの能力として正当に位置づけることが重要になるはずである。話し合いとはいえ音声言語だけに頼る必要はない。人間の能力を拡張するツールとして物理的媒介物や記号的媒介物が存在する。話し合いの能力を個人内に閉じた形で内在化して考えるのではなく，道具・環境・他者の相互行為として一体化して捉える必要があるといえる。

〈本章のまとめ〉

第1章では，コミュニケーション能力という点から視覚情報化ツールの理論的基盤について考察した。第1.1節では，諸領域のコミュニケーション能力論を「認知的」「スキル」「社会・対人」パースペクティブから検討した。第1.2節では，国語教育におけるコミュニケーション能力研究の課題について，視覚情報化ツールとの関わりから考察した。第1.3節では，視覚情報化ツールを活用するための状況的認知論を基盤としたコミュニケーション能力観を考察した。これらの考察の結果，話し合いの能力とは音声言語だけでなく複合的な能力であり，主体・道具・環境の相互行為として捉える必要があることを明らかにした。

次章は，国語教育における話し言葉指導の目標論と内容論を検討していく。

第2章
話し言葉指導における目標および内容の問題点
―話し合い指導の開発に求められる要件―

　本章では，話し合い指導を開発する際の要件を明らかにするため，話し言葉指導における目標論と内容論に関する先行研究を検討する。視覚情報化ツールの活用が従来の目標論や内容が抱える課題にどう応えるのかを考察していく。具体的に以下の課題を設定した。
　1．話し言葉指導における目標論の問題は何か。
　2．話し言葉指導における内容論の問題は何か。
　3．目標論および内容論からみた話し合い指導開発の要件は何か。

2.1 話し言葉指導における目標論の問題点

本節では話し言葉指導の目標論の問題について明らかにする。まず，話し言葉指導の目標論を捉えるために「課題領域」と「社会的情緒領域」の二極を設定する。次に，「課題領域」をより重視した目標論の問題を検討する。さらに，「社会的情緒領域」をより重視した目標論の問題も検討する。最後に，「課題領域」と「社会的情緒領域」の目標を統合的に取り扱うためのポイントについて考察する。

2.1.1 「課題領域」と「社会的情緒領域」

安居總子は国語教育で指導すべき話し言葉のジャンルについて表2.1のように整理した（安居，1994，p. 37）。話し合いとは一対多の「会話」の中に含まれ，「バズセッション」や「討議」（ディベート，シンポジウム，パネルディスカッション，フォーラム）などが該当する[1]。さまざまな形態の話し合いは，話し言葉指導の下位ジャンルである。そこで話し合い指導を開発する要件を考察するために，その基盤にある話し言葉指導の目標論を検討していくこと

表2.1 話し言葉のジャンル（安居，1994，p. 37）

成立条件	ジャンル
独話（一対衆）	指示，紹介，説明，解説，報告，報道，発表，あいさつ，スピーチ，演説，談話，創作
対話（一対一）	問答，インタビュー，交渉，あいづち，返事，応対，相談，あいさつ，対談（鼎談）
会話（一対多）	話し合い，会議，バズセッション，討議（ディベート，シンポジウム，パネルディスカッション，フォーラム）

---

[1] 西尾実の「独話」「対話」「会話」などの談話形態はその発表年によって異なることがある。こういった談話形態の体系化は，1943年に始まり1957年に一応の完成を見るとされるが，その後も引き続き考究され続けていることが指摘されている（杉，2004）。桑原（1998）や安（1996）もこの変遷について詳しい。

にする。

　これまでの国語教育における話し言葉指導の目標論のレビューは，時系列に沿って概観されたものが多い（近藤，1979；野地，1980；青木，1981；近藤，1981；高橋，1981；高森，1982；甲斐，1991，1992；有働，1994；高橋，1994b；増田，1994；高橋，1999；山元，2000；中村，2001；有働，2011）[2]。これら時系列による概観のほかにも甲斐雄一郎は「形式」「内容」「思考」「コミュニケーション」の枠組みを設定し，1980年代までをレビューしている（甲斐，1990a）。長田は，甲斐の「思考」と「コミュニケーション」の枠組みを用い1990年代の目標論について概観を行っている（長田，1999）[3]。また藤森裕治は人間形成に関する三つの柱を立てた上で1980年代から90年代の動向を把握している。森美智代も近年の目標論の変遷について詳しい検討をおこなっている（藤森，2002；森，2011）。

　だが，これまでの話し言葉指導の目標論に関するレビューでは，目標のみに焦点化して論じるものが多かった。このような論じ方では，話し言葉指導の目標・内容・指導方法の相互関係を浮き彫りにすることは難しい。話し言葉指導において，どのような目標に立脚したときに，どのような教育内容が編成され，どのような指導がなされるのだろうか。こういった点について考察することが目標論の主要な課題となる必要があるだろう。また，目標論が教育的な視点からのみ論じられる傾向が強かったことも指摘しておく必要がある。話し言葉は人間によるコミュニケーションそのものである。相互作用というコミュニケーションの本質を踏まえたうえでの目標論の検討が重要になるはずであるが，この点での検討は不十分であった。そこで話し言葉指導の目標論の課題を明瞭に描き出すために，その中核にあるコミュニケーションにおける相互作用の特質に着目する。

---

[2] 安（2005）はイギリス，西本（2006）はアメリカの話し言葉指導の目標について言及しており，諸外国の動向を把握するのに参考となる。

[3] 本節は，長田（1999）を基盤としつつも，戦後から2010年前後までの目標論の問題状況を教育内容の編成や指導方法なども含めて総合的に捉えることを目的としている。

コミュニケーションにおける相互作用を詳しく分析した一人にBales, R. F. がいる。人間のコミュニケーションを「課題領域」と「社会的情緒領域」とに区別した点に特色があり,「相互作用分析」(IPA: Interaction Process Analysis) と呼ばれている (Bales, 1950)。前者の「課題領域」とは話題そのものの議論に関する行為であり,「意見を与える」「示唆,方向を示す」や,対照的な「意見を求める」「示唆を求める」などがある。後者の「社会的情緒領域」とは人間関係の調整に関わる行為であり,肯定的・否定的の両面がある。肯定的なものとしては,例えば「連帯性を示す」「緊張緩和を示す」などがある。逆に,否定的なものとしては「敵対心を示す」「緊張を示す」といったものがある[4]。Balesは話題そのものに関する発話だけでなく,人間関係を調整する発話もなされることで,コミュニケーションの均衡が保たれている様子を見出した。

このようなコミュニケーションの機能を二分する枠組みは,これまでも多く提案されてきている[5]。例えば,Tannen, Dは社会言語学の立場から会話を「リポートトーク」(report talk) と「ラポールトーク」(rapport talk) とに区別した (Tannen, 1990)。前者は知識や技術や情報を相手に見せるものであり,男性が多く用いるという。後者は相手に似たような経験や考えを話すことを通じて居心地のいい親近感を作り出すものであり,女性が多く用いるという。Watzlawick, Bavelas and Jacksonの「コミュニケーションの公理」(axioms of communication) では,コミュニケーションの「内容レベル」(content levels) と「関係レベル」(relationship levels) から説明されている。内容レベルとは情報内容であり,関係レベルとはコミュニケーション参加者間の関係を表す。コミュニケーションの受け手と送り手が間接的に結ぶ

---

[4] IPAについては第4章と第5章で詳しく取り上げる。
[5] 言語の機能を三つ以上のカテゴリーで把握する枠組みも存在する。Halliday and Hasan (1985) はこのような枠組みを整理した代表的な研究である。国語教育の視点からは湊 (1987) がそれらの枠組みを詳しく解説している。ただしいずれにおいても「課題領域」と「社会的情緒領域」に該当する概念は必ず含まれている。この両者の枠組みは話し合い指導におけるコミュニケーションを捉える基本的な枠組みとみてよいだろう。

メッセージが内容を形成するのに対して，受け手と送り手を直接結ぶのが関係レベルであるというのである（Watzlawick et al., 1967, pp. 51-54）[6]。

こういったコミュニケーションの機能について，教育学の立場から重要な指摘をするのが岡田敬司である。発達心理学の知見などを踏まえ，子供から大人へのコミュニケーションの形成過程を追っている。岡田は「人間形成のコミュニケーションはすべて気持ちの分かち合いと事柄における一致を並行して成し遂げなければならないし，また，成し遂げることができる」（岡田，1998, p. 255）という。「気持ちの分かち合い」とは「行為的世界」であり逐一相手によって受け入れられないと安定しないが「生活的概念」でもあり経験的に正誤が決まるという。一方，「事柄における一致」とは「科学的概念」であり演繹的に正誤が決まるという。前者は「社会的情緒領域」，後者は「課題領域」に関するものだといえる。

以上のコミュニケーションに関する様々な議論を踏まえれば，相互行為のコミュニケーションにおいては，情報内容に焦点を当てた「課題領域」の極と，他者との人間関係に焦点を当てた「社会的情緒領域」の極がある。しかも，両者とも相互作用のコミュニケーションの中に含まれており本来は切り離して考えることはできないはずである[7]。

しかし，ここで注目すべきは岡田が両者の一致をあえて強調している点である。岡田は近代の教育において「客観的な事柄の描写のほうだけが肥大し，気持ちの分かち合いのほうが欠落していった」（岡田，1998, p. 255）と指摘する。コミュニケーションにおいては両者は常に含み込まれていても，教育という文脈においては両者の力点が異なることに問題を見いだしているの

---

[6] この箇所の要約はワツラヴィック他（2007）を参考にした。
[7] Watzlawick et al.（1967）もこの二つの機能が一つの発話において切り離されずに同時に存在していることを強調している。また海保博之も認知心理学の視点から「知的機能」と「感情的機能」がクロスオーバーする「温かい認知」に着目する必要を述べる（海保，1997）。国語教育では，長田（2009c）がグループ討議の調査結果をもとにこの二つの機能が話し合いにおけるコミュニケーションには不可欠であることを示している。間瀬・守田（2011）も論理的思考を支える「人間関係の調整」が話し合いにおいて重要であることを調査をもとに指摘する。

表2.2 話し言葉指導における代表的な二極の設定（長田，2011c, p. 30）

	課題領域	社会的情緒領域
西尾実（1947）	特殊形態（知的）	一般形態（生活的）
倉澤栄吉（1970）	論理性（事物認識）	倫理性（相手意識）
甲斐雄一郎（1990）	思考	コミュニケーション
有元秀文（1996）	問題解決のコミュニケーション	対話のコミュニケーション
山元悦子（1997）	思考・認識を深めるための対話 （文化生活）	情報交換のための対話 （社会生活）

である[8]。

　話し言葉指導においても，目標論の二区分としてこの「課題領域」と「社会的情緒領域」はさまざまな形で言及されてきた。国語教育における話し言葉指導の代表的な区分を示したものが表2.2である。

　西尾実のいう「一般形態」とは，生活的であり話題がそれからそれへと，連想のままにたえず移っていくとされる。一方，「特殊形態」とは知的であり問題の解決，または真理の発見に向かってなされるものとされる。「一般形態」は「社会的情緒領域」，「特殊形態」は「課題領域」とみなすことができるだろう。倉澤栄吉は，話し言葉指導における「内部指向的に事物認識，理性的な認識の能力」と「ことばの持っているひとつの倫理性」の二つに着目する（倉澤・青年国語研究会，1970, p. 69）。「論理性」や「事物認識」とは「課題領域」であり，「倫理性」とは「社会的情緒領域」とみなすことができる。甲斐雄一郎は，「思考」と「コミュニケーション」の極を提案する（甲斐，1990a）。内言として思考法の教育が可能な「思考」の極と，実際のコミュニケーション場面において外言としての「コミュニケーション」の極を設定している。有元秀文は，「相互交流のコミュニケーション」をめざすために「問題解決のコミュニケーション」と「対話のコミュニケーション」に分けている（有元，1996）。前者は「人と人が言葉によって交流することによっ

---

[8] 状況的認知論の視点から生田（1999）も，現在の教育では「知識教育」と他者との関係性についての自覚を促す「心の教育」とが分離されてしまっていると指摘する。

て，相互理解を達成する」ものであり，後者は「人と人が心の交流によって相互交流する」ものである[9]。山元悦子は，「思考・認識を深めるための対話」と「情報交換や社会生活のための対話」に分けている（山元, 1997a, pp. 45-46）。

このように，話し言葉指導の目標論は大きく「課題領域」と「社会的情緒領域」の二極から把握されてきたといえる[10]。以下，両者の特徴的な議論をみたうえで目標論の問題を考察する。

2.1.2 「課題領域」重視の問題

課題領域の重視とは，話し言葉指導における論理性や思考力をより重くみた立場である。甲斐雄一郎は，輿水実・大久保忠利・石黒修・日本話しコトバ教育研究会（話教研）をこのような立場として捉えている（甲斐, 1990a）。また有働玲子は，批判的思考の系譜として望月久貴・輿水実・森岡健二・井上尚美らに注目している（有働, 2000）[11]。このほか，1990年代のディベート指導の契機となった岡本明人の議論，レトリックを国語教育に導入した香西秀信，論破を重視した討論指導の野口芳宏などを，課題領域を重視した立場としてあげることができるだろう（岡本, 1992；香西, 1995；野口, 1990）。

このような課題領域を重視した原点とされる話教研による討論は「今日のディベートをめぐる議論の原型をなしたという評価が可能なほど高い水準に達している」（甲斐, 1997, p. 5）とされる。そこで，話教研をリードし，早くからディベート指導を確立してきた大久保忠利の議論を取り上げて検討してみる。大久保は話し言葉指導の目標について次のようにいう。

---

[9] なお有元は，この二種類のコミュニケーションが話し言葉指導だけではなく，読むことや書くことの指導に不可欠であることも指摘している。
[10] 長田（1999）は両極の分離の問題を国語教育の視点から検討している。
[11] ただし昭和40年前後あたりから森岡（1972）；輿水（1963）は国語科から話し言葉指導を外し，学校教育全体で指導したほうがよいと主張し始める。この考え方については第2.2.3項で大きな問題があることを指摘する。

日本語を正しく身につけさせ，よくつかいこなせるようにする⇄正しく考える力を育てる。それによって現実を正しく認識し・認識を通達し受けとり・それにもとづいて正しく行動し，現実を変化させる力を身につけさせる，ということに帰着します。（大久保・小林, 1961, p. 13）

大久保の議論のポイントは，正しい言葉を身につけ使いこなすことで，正しい思考力や認識力が育成できるという点である。これらの能力によって現実世界を変革することまでも見据えている[12]。

ではこういった課題領域をより重視した目標にはどのような問題があるのだろうか。思考力や論理力といった「課題領域」を重視した典型的な話し合い実践がディベートであった。そのメリットについては多くの文献で既に論じられている（松本, 1982；岡本, 1992；川本, 1993）。ここではディベートに関する問題点を概観することで，課題領域を重視した場合の問題を考察していく。ディベートに関する主な問題点は次のようになる[13]。

1．課題領域そのものに関する問題
  （a）特定の思考形式のみに従事する問題
  （b）課題を深めにくい問題
  （c）実際の討議とは乖離している問題
  （d）適切な話題は何かという問題
2．課題領域と社会的情緒領域の統合に関する問題
  （e）課題領域のコミュニケーションが突出する問題

（a）は特定の思考形式のみに従事する問題である。高橋俊三は，賛成か反対かという二者択一の論理であることに問題を見出している（高橋, 1993, p. 58）。この「二値的考え方」（two-valued orientation）[14]とコミュニケーショ

---

[12] 中村（1990）は大久保理論の特質について詳しく検討しており参考となる。
[13] あくまでも一般的に想定されるものであり，こういった問題点をあらかじめ考慮したディベート実践も数多くある。
[14] 「二値的考え方」（two-valued orientation）は，「一般意味論」（General Semantics）のKorzybski, A. が作り出した用語だというがもともとは否定的なニュアンスは含んでいないとい

ンの問題についてもっとも端的な指摘をしたのが Hayakawa, S. I. であり，現実の問題を解決するためには，二値以上あるいは中間的な思考が必要であることを指摘する（ハヤカワ，1974, p. 236）。

　(b) は課題を深めにくい問題である。Hayakawa はディベートのような「二値的考え方」について「闘争心を増大させるが，世界を正確に評価する能力をひどく弱める」（ハヤカワ，1974, p. 234）とも指摘する。上記の (a) のような二値的な思考を基盤としたディベートや討論では，論破や勝敗といった闘争に関心が向きがちになる。その結果，課題内容の追求が深まらないというのである。ディベートのような二値的な議論は本質的に闘争や勝敗に焦点化しがちであり，話題そのものを深める視点が薄くなりがちになるのである。類似の議論として甲斐雄一郎は，話教研の大久保らのディベート指導が論理的思考力を強調していたにもかかわらず議論が深められていなかったことを指摘する。その原因を「論じ方や論破の仕方に比べて論じる対象への関心が希薄」（甲斐，1990c, p. 75）だったためという。「二値的考え方」ではどうしても「対象」より話し合いの「仕方」に関心が向きがちになってしまうというのである。

　(c) は実際の話し合いとは乖離している問題である。宇佐美寛は，ディベートとは「かなり人工的な条件設定の枠内で計画された，比較的やさしい討論にすぎない」（宇佐美，2009, p. 87）と指摘する。進行が予め決まっており「協働で筋を構築する点では，学習者はその一部を担っているに過ぎない」（長田，2009c, pp. 54-55）のである。決められた時間になれば「立論」から「尋問」や「反駁」へ移行するため，納得や合意をしなくとも話し合いを進行し終えることができる。意見を整理しつつ，どう次の論点に移るのかについては十分に経験できないのである。最も困難な当事者同士の「合意」もする必要がなく，第三者の審判に「判定」してもらえば終了となる。このようにディベートは限定された形式であるため，厳密なルールが定まっていない

う（ハヤカワ，1974, p. 13）。

通常の話し合いの方がかえって難しいのである。

　また，三浦和尚は肯定・否定に無理やり分けられた生徒たちが，本当の意見を言わせてくれと申し出た事例をあげている。本来なら，表情，身振り手振りや熱意なども含めた全体的な表現で話し合われなければならないのに，ディベートでは「ゲームとして肯定・否定に分かれるという枠を崩せないため‥‥そういった表現の全体性を保証することは難しい」（三浦，2002，p.50）と指摘している。また Scardamalia and Bereiter は，近年の学習科学の知見を踏まえ「根拠を示すことや説得することが強調されているのは重要なことではあるが，それだけでは問題について理解を共有するという解決へは進まない」（Scardamalia and Bereiter, 2009, p. 84）と指摘する。実際の問題解決には，フォーマルで公的な議論の場と同時に，私的な場での話し合いが必要だという[15]。

　以上のように，ディベートは，普通の話し合いとの差異が大きいため，それだけを鍛えても問題解決のための話し合いの力を育成しにくいといえる[16]。もちろん，この限定性こそが思考力の教育に重点化しやすく，むしろ有効であるという指摘もある（香西，2003）。またこの限定性のおかげで一時的にではあるが学校教育に広く普及したともいえるだろう。だが，(a)で述べたように思考のパターンが限られていることや，一般的な話し合いとは乖離していることは押さえておく必要がある。

　(d)は適切な話題は何かという問題である。話題によっては国語科で実施することが適切なのか否かが問われてしまうことがあった。もちろん，国語教育として育まれる言葉の力が明瞭でありさえすれば，原理的には，話題についてはどんなものでもよいはずである。しかし，数多くの話し合いを指導してきた大村はまは，教師自身が指導できる範囲の話題を選定しないとうま

---

[15] この指摘は必ずしもディベートに限定された問題ではないが，フォーマルな討議の機能やその限界性を論じたものであるといえよう。

[16] このような点をフォローするために，ディベート後にさらにパネルディスカッションを行ったり意見文を書いたりする「アフターディベート」が用いられることもある（池田，1995）。

くいかないことを指摘する（大村，1982，pp. 56-57）。また甲斐は，学習者の視点から，現実の場における共同の問題探求・問題解決者となれるような話題こそが重要だと述べる（甲斐，1990b，p. 12）。このように話題によっては，話し合いの力が十分に身につかない可能性があることが指摘されている。だが，話し言葉の指導としての適切な話題については十分に解明されているわけではない。

（e）は課題領域のコミュニケーションが突出する問題である。甲斐によれば戦前からすでに「討論は口先だけの子どもを育てる」「討論すればするほど人間関係が悪くなる」（甲斐，1997，p. 5）ことが提起されていたという[17]。藤森裕治は，中学でディベートに慣れた女子生徒が先鋭的な物言いで他者を論破したときに，周囲から奇異な印象を持たれ気まずい雰囲気になってしまったことを指摘する。その原因について，女子生徒は「ディベートの特性を踏まえて「ものの言い方」を工夫していたのに対し，他の多くの学習者は，あくまでも個々の言語感覚を基準にして彼女のことばをとらえていた」（藤森，1995，p. 128）からだと説明している。このように課題領域のコミュニケーションを重視する場合であっても，社会的情緒領域のコミュニケーションとの兼ね合いが問われるのである。

以上の（a）（b）（c）は主としてディベート固有の問題である。（d）の言語学習として適切な話題は何かという問題については，後述するように社会的情緒領域を重視した場合にも同様の問題が生じることになる。一方，（e）のように課題領域と社会的情緒領域の統合に関する問題は，ディベートに限らず論理的思考力を強調した話し合いに生じやすい根本的な問題である。このように課題領域を重視した目標が抱える大きな問題とは，課題領域と社会的情緒領域の統合に関するものといえる。

---

[17] 甲斐（1997）は，戦前の代表的な議論として木下（1923）をあげているが，戦後になっても同様の指摘が頻出しているという。

2.1.3 「社会的情緒領域」重視の問題

　社会的情緒領域の重視とは，実際の言語生活や他者との関係性を重くみるものである。甲斐雄一郎は「言語生活にもとづく音声言語教育のたちば」（甲斐，1990a）として，大村はまや安居総子の単元学習をあげている（大村，1983b；安居，1982）。近年ではこのほかにも，他者や関係性をより重視するものも数多く登場している（高橋，1993；井上・福沢，1995；山元，1997a；村松，1998；長田，1999；森，2001；高木，2001；小川，2001，2003，2006；井上，2003）。国語教育以外でも医療や心理カウンセリング（ソーシャル・スキル・トレーニング（SST），グループ・エンカウンターなど）が応用された実践が数多く登場している（子どものコミュニケーション研究会，2003；佐藤・相川，2005）。

　倉澤栄吉は，課題領域としての思考が重要だとしつつも，社会的情緒領域について次のようにいう。

> 共鳴・感銘ということが対話関係の元にある。筋の通った論理がふたりの間に存在しているだけでなく，電波のようなもの，一種のムードのようなものがあるのである。この感覚を深めることを対話者が指向していなくては，相手に発言権を許すとか，相手の言っていることが自分とぴったりするとか，相手を寛容に認めるとかの微妙な態度はとれない。（倉澤・青年国語研究会，1970, p. 138）

　倉澤は「一種のムードのようなもの」という表現で社会的情緒領域コミュニケーションの重要性について言及する。話すことだけでなく，他者を受容し互いに響き合う受け手の重要性を指摘しているのである。安居總子もコミュニケーションという視点から「人間どうしのコミュニケーションを通して，相互に相手を理解し，共通の広場をみつけて，一つの目的のために協力する，また協力しようとする人間を育てることが話し言葉指導なのである」（安居，1994, p. 32）という。山元悦子も「異質な考え方を持つ者同士が，立

場を越えて相互に助け合い共存を図る，共生時代を支える能力」（山元，1997a, p. 21）を目指すべきだと主張する。これらは他者理解や共同性を重視しているといえる。話し言葉の実践を通して教室内のコミュニケーションを豊かにし，人間関係を構築しながら言語能力を育成する立場である。

こういった社会的情緒領域をより重視した立場の問題点をあげれば次のようになる。

　　1．社会的情緒領域そのものに関する問題
　　　（f）関係性や社会性をどう教えるのかの問題
　　2．社会的情緒領域と課題領域との統合に関する問題
　　　（g）他者に配慮するだけでよいのかという問題

（f）は関係性や社会性をどう教えるのかの問題である。森岡健二は，話し言葉指導において「理くつだけを教えても全く意味はない」（森岡，1972, p. 28）と主張した。国語科における「お芝居的な言語練習」（森岡，1972, p. 29）で関係性や社会性を身につけられるのかと疑問視するのである。森岡は，国語科で生活習慣となるまで指導を徹底させるのは「能率が上がらないばかりか不可能でさえある」（森岡，1972, pp. 28-29）といい，国語科は読むこと，書くことに特化すべきだと結論づけた[18]。これは，他者への配慮や対話的なコミュニケーションをどのように指導するのか，生活全般に関わるコミュニケーションの問題を国語科が担うべきなのか，といった問題である。この点については国語科において当然担うべきであるという反論がこれまでも多くなされてきた（倉澤・青年国語研究会，1970；大久保・小林，1961；本堂，1999）[19]。第1.1.5.1項でみてきたように，コミュニケーションが社会問題化する現在では，むしろ積極的に取り組むべきだという意見が広がりつつある。

（g）は他者に配慮するだけでよいのかという問題である。岡田敬司は次の

---

[18] 輿水（1963, 1975b）などもほぼ同様の指摘をしている。
[19] 詳しくは第2.2.3項で論じる。

ようにいう。

> あまりに柔軟で聞き分けが良いとき，つまり自分の論拠，自分の立場の「良い理由」をぎりぎりのところまで防衛せず，安易に，早々に投げ捨てて，相手の立場に同調してしまうとき，認知的葛藤は深まりようもなく，したがって自己の変容も表面的なものになってしまう。自分の論拠と相手の論拠をぎりぎりのところまでつきつめて対決させる討論であることが必要である。（岡田，1998，p. 240）

　ここには社会的情緒領域が優先されすぎた場合の問題点が指摘されている。確かに，他者や相手に配慮する社会的情緒領域を重視するコミュニケーションは重要である。しかし「相手（にとって自明の規則）を理解すること，相手を尊重することは，必ず相手との合意に行き着くというわけではないし，逆に，相手との合意が必ず相手の理解を含んでいたり，それをもたらしたりするわけでもない」（岡田，1998，p. 236）のである。他者に配慮するコミュニケーションと，問題解決に向かうコミュニケーションとをどのように統合していくかが重要な論点として指摘されている[20]。

　この（g）の問題こそが最も重要な話し言葉指導の目標論の問題だといえる。

2.1.4 「課題領域」と「社会的情緒領域」を統合する話し言葉指導の「内容」と「方法」

　ここまでの議論を整理すれば次のようになろう。話し言葉指導の目標を検討するために，課題領域と社会的情緒領域の両極を設定した。課題領域をより重視する場合では，その極だけを突出させることなく社会的情緒領域の極をどのように含み込むかが問題であった。一方，社会的情緒領域をより重視した場合でも他者に配慮するだけで問題解決に向かうのか，つまり課題領域

---

[20] 倉澤は「討議に発展すると，複数の相手意識がなければならないし，時間の制約，制限の意識も必要となる。また，解決すべき事実関係の八割ぐらいのところで妥協するような政治性，社交性なども問題となる」（倉澤・青年国語研究会，1970，p. 42）と述べる。論理的な問題解決における他者との関係性の問題を早くから指摘していた。

との統合が問題であった。

　このような問題状況を早くから鮮明に描き出したのが倉澤栄吉である。

> 内部指向的に事物認識，理性的な認識の能力を高めるということと，ことばの持っているひとつの倫理性というものをだいじにして，相手を相手として尊重していく。そうしながら相手というものと，いつもいっしょになって，社会をよりよくしていこうという，ことばの持つ倫理性と論理性というものの実は両立しなければならない矛盾する面の問題について，教育をするというのが，国語科から追求する話しことばの研究ではなかろうか。（倉澤・青年国語研究会，1970，p. 69）

　倉澤は，話し言葉指導における「課題領域」と「社会的情緒領域」が「両立しなければならない矛盾する面」であって，この本質に迫る必要があることを主張する。だが，この問題はその後も十分な解決には至らず，引き続き主張され続けている（甲斐，1989；岡田，1998；村松，2001）。

　こういった両極の統合に関しては，二つの解決の方向が考えられる。一つは，両極のコミュニケーションを同時に指導できるような実践を試みることである。つまり，話し言葉指導の「方法」による解決といえる。もう一つは，それぞれの極を重視した実践を学校での教育課程にバランス良く設定するものである。つまり，話し言葉指導の「内容」の編成による解決といえる。

　話し言葉指導の「方法」による解決とは次のようなものである。岡田敬司は「人間形成のコミュニケーションはすべて気持ちの分かち合いと事柄における一致を並行して成し遂げなければならないし，また，成し遂げることができる」（岡田，1998，p. 235）と主張していた。つまり，両極の目標を同時に達成できるような指導実践とは，話し言葉の実践を通して教室内のコミュニケーションを豊かにし，人間関係を構築しながら言語能力を育成する立場だといえる。寺井正憲は，西尾実のいう「主体の社会意識」（西尾，1975，p. 42）を踏まえ「ぜひ将来の日本の社会を対立のない調和に満ちた物にしたいし，

そのためには西尾の考えるような社会意識が育まれるコミュニケーション教育が探求され実践されていかなければならない」(寺井・青木, 2001, p. 29) として，ストーリーテリングや語りの授業を提案する。寺井らは，ストーリーテリングや語りの授業実践において，語り手と聞き手の心の交流や一体化がなされることを示している（寺井・青木, 2001；寺井, 2007a, b, 2009）。社会的情緒領域が深まった要因が，話を覚えて語るといういわば課題領域を徹底したことによるものであることは注目すべき点である。岡田のいう「心の分かち合い」と「事柄の一致」とが同時に実現した事例だとみることができる。両極の一致を一つの実践上でねらうことは十分に可能なのである。ただし，その際のポイントは二つあるだろう。

　第一に，他者の存在である。高木まさきは「論理はそれ自体で完結するのではなく，「他者」との対話性に支えられている」（高木, 2001, p.144）と指摘する。河野順子も説明的文章における他者とのコミュニケーションがいかに論理的思考力を育むかを理論的にも実践的にも明らかにしている（河野, 2006）。論理的思考といった課題領域においても「他者」が極めて重要となることが指摘されているのである。また国語教育における話し合いの調査からも，話題そのものに対しての論理的な発話だけでなく，人間関係の調整のための発話も同時に行われ両者によって均衡が保たれていることが明らかにされつつある（長田, 2002a；間瀬・守田, 2011）[21]。倉澤栄吉は早くから課題領域と社会的情緒領域は「両立しなければならない矛盾する面」（倉澤・青年国語研究会, 1970, p. 69）と主張していたが，上述のようにその矛盾は「他者」という概念から止揚できる可能性が生まれつつある[22]。

　第二に，言語への認識や言語感覚への着目である。中島国太郎は話し言葉指導の目標として，課題領域と社会的情緒領域のほかに「話しことばへの関

---

[21] 詳しくは第4.1.1項を参照。
[22] 認知科学では「社会的認知」「対人スキーマ」「他者スキーマ」などが「他者」概念の究明に役立つことが期待されている（大島, 1987）。

心を高めて言語感覚をみがき，話しことばの改善に努めること」(中島，1981, p. 195)をあげている。コミュニケーションにおける話題内容や他者だけでなく，それらをつなぐ言語に対する感覚や認識は極めて重要となる(湊，1989；藤森，1995)[23]。

このような二点を意識した指導方法を開発していく必要がある。なお，話し合いに焦点化した具体的な指導方法の検討は第3章で行う。次に，もう一つの方向である話し言葉指導の「内容」の編成について詳しく検討していく。

2.2 話し言葉指導における教育内容編成の問題点

本節では話し言葉指導における内容論の問題点を明らかにする。まず，教育内容を編成する視点として「特設」と「融合」があることを示す。次に，「特設」と「融合」による多様な教育内容の編成が行われてきたアメリカでの議論を検討し問題点を提示する。最後に，これらを踏まえて「内容」の編成という視点から「課題領域」と「社会的情緒領域」の統合の問題を考察していく。

2.2.1 「特設」と「融合」による教育内容の編成

教育内容の編成による両極の統合的な取り扱いとは，「課題領域」と「社会的情緒領域」のそれぞれを重視した実践を教育課程に組み込むものである。学校全体や年間の教育課程の中で両極の統合を試みる方法といえる。

安直哉は話し言葉指導における教育内容の編成に関して，大きく二つの立場が対立的に存在してきたことを指摘する(安，1988)。一方は「特設」であ

---

[23] 国語教育における言語感覚については浅田(2002)のレビューが参考となる。なお，藤森(2011)ではコミュニケーション能力の向上において，言語に対する意識だけでなく善悪などの「道徳観」も重要であると述べる。言語の領域を超えた認識や感覚がコミュニケーションにとって大切なことを指摘している。

り，国語科の中に話し言葉指導の時間を明確に設けるものである。もう一方は「融合」であり，国語科内の他領域や他教科の学習指導を通して話し言葉の指導を行おうとするものである[24]。また数々の話し合い指導を積み重ねてきた大村はまも次のようにいう。

> 実際の教室で「話し合い」の行われているとき，一見，生徒のしていることに変わりはないようでも，指導者としては，はっきりと，次のうちのどちらであるか，決めていなくてはならないと思う。
>   A　話し合いの力をつけるために，話し合いをさせている。
>   B　他の目標—たとえば，文学作品を味わうということをめあてとして，その方法に「話し合い」という方法をとっている。
> （中略）このような態度が，はっきりしていないことが多く，Aの立場かBの立場か確認せずに，あいまいな態度で授業を進めるために，よく非難されるような話しことばの指導上の問題が出てくるのであると思う。（大村，1983b, pp. 176-177）

これらの議論を分かりやすく示したものが図2.1である。話し言葉指導には，国語科の中での「特設」としての取り立てた指導（A）と，読むことや書くこととの中での「融合」的な指導（B）とがある。読むことを主眼とする授業の中においても，文学作品を討論するための話し合い指導は行われて

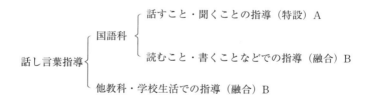

図2.1　教育内容の編成における「特設」と「融合」（長田，2009a, p. 22 改）

---

24) 野地（1980）；増田（1994）も戦前からの「特設」と「融合」に関する教育内容編成に関する議論が分かりやすい。

いる。しかも国語科だけでなく，他教科や学校生活全体でも「融合」的に指導されているのである。例えば，社会科において江戸幕府について討議する目的は，江戸幕府に関する社会科固有の知識を得ることにある。だがその際に必要であれば話し合いの仕方も指導されることだろう[25]。

このように話し言葉指導における教育内容の編成については「特設」と「融合」というやり方がある。それぞれを順に検討していくことにする。

2.2.1.1 「特設」における両極の重視

「特設」とは，教育課程において意図的・計画的に話し言葉指導を配置するものである[26]。課題領域をより重視した立場であった大久保忠利や，社会的情緒領域までも重視した倉澤栄吉はいずれも国語科での「特設」による話し言葉指導の必要性について言及している（大久保・小林，1961；倉澤，1994）。近年でも本堂寛が，「融合」による教育内容の編成では話し言葉指導が付随的になり系統性にも欠けがちであることを指摘し「限られた国語の時間の中で最大限の効果をあげるためには，特に音声言語だけを取り上げた指導の工夫がどうしても必要になってくる」（本堂，1999，p. 51）という。話し言葉指導を「特設」すべきことは現在では十分に認められていると考えてよいだろう。

では，課題領域と社会的情緒領域の両極の目標を達成するためにどのように教育内容を編成すべきなのだろうか。両極の統合を具体的に探ったものが，福岡教育大学国語科と附属（福岡・小倉・久留米）中学校における試み

---

[25] 近年では社会科や算数科でも話し合い指導やコミュニケーション能力の向上が重視されている（金本，1998；市川，1997）。また，平成20年度版学習指導要領の改訂において，各教科等における「言語活動の充実」が強く打ち出され，他教科でも話し合いの指導が意識されるようになってきている。詳しくは第2.2.1.2を参照のこと。

[26] ここでいう「特設」とは話し言葉の指導を国語科で取り立てて行うような教育課程の編成である。「特設」の具体的な指導方法としては，話し言葉のスキルを取り出してトレーニングするものや，切実な目的や場の中を設定しつつも話し言葉指導を主眼とした言語活動を行う国語科単元学習的なものがある。

である (福岡教育大学国語科, 1997)。話し言葉指導の目標を対話能力の向上におき,「異質な考え方を持つ者同士が, 立場を越えて相互に助け合い共存を図る, 共生時代を支える能力」(山元, 1997a, p. 21) の向上を目指すとされている。この基本認識のもとで, 第一段階として「対話の価値を知る」, 第二段階として「相互融和的な対話への指導」, 第三段階として「相互啓発的な対話への指導」を構想している[27]。第二段階の社会的情緒領域から, 第三段階の課題領域へと段階的に配置することで, 両極の統合を目指しているといえる[28]。「特設」とはこのような形で, 課題領域と社会的情緒領域という異なる目標をもつ実践を教育課程にバランスよく配置できるものだといえる。

ただし, 両極を単に配置するだけでは問題は十分に解決できないだろう。甲斐雄一郎は, 加藤秀俊の「つきあい」「おつきあい」の概念を援用したうえで, 共同探求に値するような論題を話し合うための「つきあい」と, 共生を楽しむための「おつきあい」の両方の実践が必要だという[29]。「つきあい」とは課題領域を,「おつきあい」とは社会的情緒領域を重視した実践とみることができる。甲斐は, 学習者がこの両極を重視したコミュニケーションをメタレベルで認識し, 駆使できるようになることが極めて重要であると指摘

---

[27] なお, 一般的な人間関係の発展に関する研究としては, 狩俣 (1994, pp. 104-109) が Barker (1987) の5段階 (1. 関係の開始, 2. 経験, 3. 強化, 4. 統合, 5. 結合) などをあげている。このほかに有名なものとしてロジャーズ (1973) の15段階 (1. 模索, 2. 個人的表現または探求に対する抵抗, 3. 過去感情の述懐, 4. 否定的感情の表明, 5. 個人的に意味のある事柄の表明と探求, 6. グループ内における瞬時的対人感情の表明, 7. グループ内の治癒力の発展, 8. 自己受容と変化の芽生え, 9. 仮面の剥奪, 10. フィードバック, 11. 対決, 12. グループセッション外での援助的関係の出現, 13. 基本的出会い, 14. 肯定的感情と親密さの表明, 15. グループ内での行動の変化) などがある。
[28] ただし同書では一つの学校でこの三段階に応じた実践をすることはできず, 第一の実践を附属小倉中, 第二の実践を附属久留米中, 第三の実践を附属福岡中に分担して実施したとされる (山元, 1997a, p. 47)。
[29] 加藤は「つきあい」については「ときにはげしい議論をたたかわせることもあろうし, 場合によっては, ケンカすることもあろう。しかし, 友人というのは, つねに人間を変えてくれる」(加藤, 1966, p. 56) ものでありその本質を「相互学習」だとみる。「おつきあい」については「共通項を, たくみな社交術によって「さがす」。そして, そのお互いの手持ちの共通項のうえで, いっこうに進歩をふくまない関係が作られ, その一種の足踏み状態がいつまでもつづく」(加藤, 1966, p. 56) ものだと説明する。

する。教育課程に両極の実践が単に配置されているだけでは，両極のコミュニケーションの差異を自覚するのは難しい。教育課程の中で，学習者自身が両極やその中間にある様々なコミュニケーションの目的や意味を自分なりに考えていく必要がある。それがコミュニケーションの目的をメタレベルで認識することにつながっていくはずである[30]。

ここまでは課題領域と社会的情緒領域を重視した実践を教育課程にバランス良く配置するために，国語科における「特設」すなわち話し言葉の取り立て指導が重要であることを指摘した。次に，「融合」による編成について検討する。

2.2.1.2 「融合」による教育内容の編成

安直哉はイギリスの事例から，「特設」だけでは量的な面において不足するため「融合」の立場での話し言葉指導が不可欠だと主張する。質的な面においても「本物」（genuine）の音声言語生活場面を経験させることが大切であり「特設の立場での指導がこの点で弱い面を持つことは確かである」（安，1988, p. 23）と指摘する。

桑原隆は，学校教育における言語の役割について Halliday, M. A. K. やアメリカでのホールランゲージ（Whole language）の考えを引きつつ次のようにいう。

> 言語はあらゆる場面，あらゆる領域，すなわちすべての教科において使われているものである。すべての教科を通して，言語がそこに使われているのである。したがって言語は学校教育の中核に位置するものであり，それは各教科と並列的にあるのではなくして，各教科を貫いて言語が存在しているのである。（桑原，1992b, pp. 116–117）

このように学校における言語の位置づけを明らかにしたうえで，「二重カ

---

[30] その際には，コミュニケーション機能や話題の選定やスキルの配列ばかりでなく，話し言葉の形態や参加者のタイプなども踏まえることが重要である（甲斐・長田, 2002）。

リキュラム」(dual curriculum)の考え方を紹介している。二重カリキュラムとは,「言語を土台にして, 教科内容とを統合していく」(桑原, 1992a, p. 87) ものであり, 代表的な実践形態として「テーマ単元」(thematic unit)があげられている[31]。これは言語の学習と, 教科内容の学習の二重性や相補性をよく表す概念だといえる。

寺井正憲は, 現在の国語科と他教科とのあり方について「国語科では目的, 相手や場が求められており, 合科的総合的な特色の授業も生み出されやすい。生活科では国語科との関連が示され, 小中学校の社会科, 中学校理科では「表現」活動が強調される」(寺井, 2001, p. 142)と述べる。つまり, 国語科においても他教科との関連を踏まえる契機が増え, 他教科においても表現力などに関わる言語の学習が重視されつつあるのである[32]。こういった「融合」的な発想で話し言葉指導を位置づけた実践は近年増えつつある(卯月・首藤, 1999;堀・研究集団ことのは, 2002;鶴田・松本, 2002;井上, 2008)。しかし, 日本では学校教育全体を貫く教育内容として話し言葉指導が理論的にも実践的にも十分に積み重ねられてきたとは言い難い(甲斐・長田, 2002)。

2.2.2 アメリカにみる教育内容編成の問題点

2.2.2.1 アメリカにおける話し言葉指導

話し言葉指導の教育内容編成における「特設」と「融合」の問題をより鮮明にするために, 多様なカリキュラムが実際に運用されてきたアメリカでの

---

[31] 桑原 (1992a, 1996b);黒谷 (1998, 1999) はアメリカのホールランゲージについて詳しい。有沢 (1992) は, イギリスにおける類似の学習形態である「トピック学習」(Topic work) や「プロジェクト」(Project) について詳しい。
[32] 平成20年度版学習指導要領の改訂において, 各教科等における「言語活動の充実」が打ち出されるようになった。例えば小学校学習指導要領では「各教科等の指導に当たっては, 児童の思考力, 判断力, 表現力等をはぐくむ観点から, 基礎的・基本的な知識及び技能の活用を図る学習活動を重視するとともに, 言語に対する関心や理解を深め, 言語に関する能力の育成を図る上で必要な言語環境を整え, 児童の言語環境を充実すること」(文部科学省, 2009)となっている。

事例を取り上げ，検討してみることにする。

　アメリカでは1990年代に入り，連邦政府によるトップダウンの教育改革が進められてきた。ただし憲法の規定により，国家ではなく各州が教育主体としての権限を持っている。そのため話し言葉指導の州における実態は様々である。極論すれば，同一国内において50州分もの話し言葉指導の多様なカリキュラムが実施されているとみることもできる。1990年代に入り，それらの開発経緯や結果，および残された課題が検討されるようになってきた。特に教育内容の編成に関して注目すべき議論が行われ始めている。こういったアメリカの動向からは，話し言葉指導における教育内容編成の問題を考えるうえで有益な示唆を得ることが期待できる。そこで，アメリカにおける1990年代のさまざまな議論を踏まえることで，日本における教育内容の編成について考察していく。

　アメリカに関する話し言葉指導の研究としては興水実や西本喜久子による1930〜70年代までを対象としたものがある（興水，1975a，b；西本，1988，1992，2006）。長田は1970〜80年代の機能的コミュニケーション論（Functional Communication）[33] と，これを採用した州カリキュラムの関係について分析している（長田，2000，2001，2005b）。また話し言葉指導だけに限定したものではないが，堀江祐爾は1990年代の国家レベルのナショナルスタンダードと，ウィスコンシン州およびその地区レベルのランゲージアーツカリキュラムとの関係について検討している（堀江，2002）。しかし，州による独自性が強いアメリカの全米状況を把握することは容易ではない。特に1990年代の全体的な状況は十分に明らかにされていないのである。そこで，1990年代の動向を捉えるために話し言葉教育にとって大きな転機を迎える1980年前後の状況をまず確認しておく。

　1970年代までは，初等教育段階では話し言葉教育が軽視されていた。中等教育でも，スピーチ・コースは主に言語治療目的か政治家や弁護士などのエ

---

[33] 第1.1.3項で言及した。

リート養成が目的とだったのである (Mitzel et al., 1982；西本, 1992)[34]。しかし，1978年に初等中等教育法 (Elementary and Secondary Act of 1965) 第2項が改正され，国家レベルの政策として全ての児童生徒に対する話し言葉指導が明示された。話し言葉指導が，初等中等教育段階でのベーシック・スキル (basic skills) として公式に認められるのである。これが後に各州のカリキュラムに話し言葉指導が導入される要因になった (Backlund, 1990, p. 2)。1983年になると「危機に立つ国家」(*A Nation at Risk*) が発表される (The National Commission on Excellence in Education, 1983)[35]。この影響で全米で州主体の教育改革が開始されるようになり，各州がカリキュラム改造を一斉に始めていくのである。その中で州カリキュラムに話し言葉指導が組み込まれるようになっていく (Litterst et al., 1994)[36]。

では，1990年代の状況はどうなったのであろうか。1989年にブッシュ大統領 (George H. W. Bush) が史上初の「教育サミット」を各州の知事を集めて開催した。これが80年代の州主導の改革から，90年代の国家と州が手を結んだ教育改革へ変化する契機となった (佐藤, 1997, p. 163)。1991年に全米教育目標会議 (NEGP: National Education Goals Panel) によって「2000年のアメリカ—教育戦略—」(*America 2000: An Educational Strategy*) が発表されると，アメリカでは多くの州が教育スタンダード作成や教育評価システムの構築などを行っていくようになる[37]。そこに掲げられた6つの全米教育目標は

---

[34] このような状況を示すデータが Book and Pappas (1981) である。それによれば1977〜79年までの全米15州をサンプル調査した結果，中等学校4341校のうち78％においてスピーチ・コースが最低一つは設置されていた。しかしその中で32％しか卒業要件とはされていなかった。しかもこの数値はあくまで平均値であり，州によって必修率は2.2％〜58.9％もの幅があった。

[35] これは「教育の優秀性に関する全米審議会」(National Commission on Excellence in Education) による報告書である。

[36] 詳しくは長田 (2005a, b) を参照。

[37] もちろん国家レベルの動向は，日本のように完全に州レベルの教育政策をコントロールするものではない。しかし，91年の「2000年のアメリカ」以降，多くの州が教育スタンダード作成や教育評価システムの構築などを行っていく。さらに94年の「2000年の目標—アメリカ教育法—」では，各州が独自のスタンダードを設定しこれに準拠した学力評価を実施することが補助金交付条件として盛り込まれた (岸本, 1998, pp. 22-24)。

第2章　話し言葉指導における目標および内容の問題点　101

次の通りである（The National Education Goals Panel, 1991）[38]。

1．すべての子どもは，小学校への就学までに学習の用意ができる。
2．ハイスクールの卒業率を，少なくとも90％まで高める。
3．児童・生徒は，4，8，12学年において英語，数学，理科，歴史，地理の一定水準の学力を習得して進級させる。
4．アメリカの児童・生徒は，数学と理科で世界一の学力を持つ。
5．アメリカのすべての成人は，世界規模での経済で競争し，市民としての権利と義務を行使できるだけの知識・技能を持った識字者になる。
6．すべての学校は麻薬と暴力を追放し，学習できる規律のある環境を提供する。

　これらの6目標は，それぞれ複数の下位目標から構成されている。話し言葉教育にとって重要な点の一つは，1992年に改訂が発表されたこの第2版にある。そこでは目標5を構成する下位目標の5番目に「大学卒業時までに，批判的思考・効果的なコミュニケーション・問題解決ができる割合が実質的に向上すること」（Lancaster and Lawrence, 1993, p. 13）が明記された。高等教育の研究者たちが，初等中等教育から高等教育まで一貫した話し言葉教育を考える契機になったと指摘されるのである（Berko et al., 1998, pp. 174-175）。また目標3において各教科の専門団体が，教育内容と学力に関するスタンダードを作成することも要請された[39]。

　1991年には，「2000年のアメリカ―教育戦略―」を踏まえたある報告書が

---

[38] 目標の訳出は佐藤（1997, pp. 99-100）を引用したが目標番号1～6は引用者が付した。なお，NEGPは American Education Goals Panelと名称を変え，2002年のNCLB法（落ちこぼれを作らない法律）まで活動を続けた（小池, 2011, p. 16）。
[39] スタンダードとは教育内容についての目標であり，またその到達度を判断する基準である。州によっては curriculum framework や essential skill などとも呼ばれている。なお，全米教育目標を策定するにあたっての調査研究は，DeSeCoのキー・コンピテンシーを確定するための重要な資料となったとされる（サルガニク・スティーブン, 2006, p. 54）。

出される。それは「必要なスキルの習得に関する労働長官の諮問委員会」(Secretary's Commission on Achieving Necessary Skills) によって作成された通称 SCANS レポートである。高校卒業者が学んできたことと職場で要求されるスキルとのギャップが大きいことが問題視され，両者を連続させる方策についてレポートされている（橋爪，1992, p. 322）。その目標は「全てのアメリカの高校生は，生産的で充実し，満ち足りた生活を楽しむために，新しい一連の能力と基礎スキルを発展させなければならない」(Department of Labor and Secretary's Commission on Achieving Necessary Skills, 1991, p. vi) とされた。特筆すべきは，その基礎スキルとして「話すこと，聞くこと」が「読むこと，書くこと，計算，数学」と同列に取り上げられた点にある。大学卒業時だけでなく，高校卒業時までの話し言葉教育の重要性が改めて明示されたのである。

さらに1994年の「2000年の目標―アメリカ教育法―」(Goals 2000: Educate America Act)[40] では，各州が独自のスタンダードを設定しこれに準拠した学力評価を実施することが補助金交付条件として盛り込まれた（岸本，1998, pp. 22-24）。その結果，1990年代後半には州スタンダードに基づく学力評価の動きが強まることになる[41]。

このような中で，1990年代は州カリキュラムにおける話し言葉指導の設定

---

[40] 先ほどの6目標を基本的に踏襲したうえで，「教員の能力開発・専門性の発展」および「学校への親の関与」の二つの目標が新たに追加されている。「2000年のアメリカ―教育戦略―」(92年改訂版) で明記された大学卒業時までの「効果的なコミュニケーション」に関する記述は，この法案にそのまま引き継がれた。ただし「2000年のアメリカ」で新たに目標4として「教員の能力開発」が挿入されたため，目標5は目標6に番号がずれた。

[41] 州カリキュラムだけでなく学会によるスタンダードも開発されている。1996年に作成された全米国語教師協議会（NCTE）と国際読書学会（IRA）などの共同作業によるスタンダードでは，「リテラシーに関わる教師と研究者は，イングリッシュランゲージアーツの時間における，読む・書く・話す・見る・ヴィジュアルプレゼンテーションについて研究すべきである」(National Council of Teachers of English and International Reading Association, 1996, p. 1) と明記されている。Witkin et al. (1996, p. 51) は，話し言葉指導の重要性と役割が NCTE に認められたことを評価している。ただし，Rubin and Hampton (1998)；Backlund and Backlund (1997) のように，その割合が読むことや書くことに比べて圧倒的に少なく，重視されているとは言い難いという指摘もなされている。

第2章　話し言葉指導における目標および内容の問題点　103

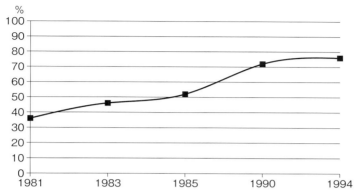

図2.2　話し言葉指導をカリキュラムに設定する州（Litterst et al.（1994）から作成）

が全米レベルで一気に普及する。Litterst et al. による1981〜94年までの50州の調査をもとに，その様子をグラフ化したのが図2.2である[42]。81年以降一貫して，話し言葉指導をカリキュラムに設定する州の割合は上昇している。1990年では72％を超え，94年段階では76％の州にまで及んでいる（Litterst et al., 1994）[43]。

　このような状況の中で国語科[44]で話し言葉指導が「必修」とされている州はどれくらいだろうか。Hall らの調査によれば，1998年において必修として設定される州は小学校68％，中学校64％，高校で65％となっている。一方，話し言葉指導を設定しつつも，国語科からは分離すると明確に宣言しているのはケンタッキー州，ワシントン州などごく限られた州のみだった

---

[42] 州カリキュラムにおいて話し言葉指導に関する「スキルの特定」「教材選定」「評価手続きの開発」の一つでもなされている州の割合を示している。必修でなくても何らかの形で設定されていればここに含まれる。

[43] 「2000年のアメリカ」（92年改訂版）などにおける国家レベルでの話し言葉指導への意思表示が，さまざまな関係者にとって大きなインパクトを与えてきたという指摘は重要である。しかし，これだけが1990年代の州カリキュラムにおける話し言葉指導の設定率を押し上げたわけではないことにも注意する必要がある。図2.2からも90年代の州カリキュラムへの導入は，1980年前後の州主導のカリキュラム改革から続く一連の動きの中で花開いたものとみるべきである。

[44] 科目名としては reading, language arts, English などである。

(Hall et al., 1999, p. 142)。つまり，話し言葉指導は70年代までの選択制のスピーチ・コースから，多くの州で必修化が図られるようになり，カリキュラム上では国語科での指導が展開されつつあるのである。

では，国語科での話し言葉指導の内容はどうなっているのだろうか。この調査で回答があった45州のうち「話すことのスキル」「聞くことのスキル」は，小中高いずれにおいても90％以上の州で言及されていた。「メディアリテラシー」（media literacy）や「ヴィジュアルリテラシー」（visual literacy）は70％以上の州で言及されていた。また「説得」については小学校46％，中学校55％，高校で60％の割合で，「ディベート」については小学校9％，中学校12％，高校18％である。この他「テクノロジーとコミュニケーション」は小学校64％，中学校73％，高校で71％もの高い割合となっている（Hall et al., 1999, p. 143)[45]。

このように1990年代は，話すことや聞くことのスキルを中心としつつも，メディアリテラシーやヴィジュアルリテラシーなどの新たな概念がカリキュラムに取り込まれてきたことがうかがえる[46]。また話す・聞くだけでなく，見ることなども含めて提案されている。このような提案が日本においてもなされていけば，話し合いを書いたり見たりする視覚情報化ツールも国語科に

---

[45] 類似の調査として Witkin et al. (1996) は38州のカリキュラムを調査している。これによれば，ランゲージアーツ（language arts）の概念として38州全てで，読むこと（reading）・書くこと（writing）・話すこと（speaking）・聞くこと（listening）が含まれている。ただし，いくつかの州では，考えること（thinking）・口頭表現（oral expression）・見ること（viewing）・ヴィジュアルリテラシー（visual literacy）・コンポージング（composing）・理解（comprehending）・言語（language）・文学（literature）・コンポジション（composition）が含まれている。なお3州では，聞くことと見ることを関連させている。2州は speaking の代わりに talking を使用しているという。

[46] 一方で，そのようなアメリカでの言語技能を重視した教育を批判的に論じているのが Hirsch (1987) である。1980年代におけるアメリカの若者のコミュニケーション能力やリテラシー（読み書き能力）が欠如した要因を，文化常識（cultural literacy）の不足にあるとし「共同体が共有する特定の情報を積みかさねることによってのみ，児童は共同体の他の人たちと複雑な協同活動に加わることを学ぶ」（ハーシュ, 1989, p. 12）と主張した。基礎的教養や語彙の充実が豊かなコミュニケーションを生み出すことを示唆している。話題内容としての知識の重要性は第1.1.3項で Bachman (1990) も指摘していた。ただし Hirsch (1987) の議論には批判も多い（樋口, 2010）。

明瞭に位置づけやすくなるだろう[47]。

2.2.2.2 アメリカにおける教育内容編成の論議

アメリカでは話し言葉指導における教育内容編成の問題は，どのように議論されてきたのだろうか。Witkin, Lovern and Lundsteen らは，1990～95年の間に新たに作成された州カリキュラムでは，以前に比べ「特設」された話し言葉指導が少なくなる傾向がみられたという。そのうえで，調査した38州のカリキュラムを次の7つのパターンに分類して説明する（Witkin et al., 1996, p.44）[48]。

1. 分離ストランド（Separate strands）　話すことと聞くことをそれぞれ分離した領域として取り扱う。アラスカ州など15州で採用。
2. 学年レベル（Grade levels）　学年レベルや学年スパンによって，話し言葉教育を組織化する。目標や副目標が学年や学年スパンに応じて明確に示されるものが一般的である。話し言葉教育は分離した領域としては示されない。サウスカロライナ州など5州で採用。
3. 相互作用（Interactive）　話す・聞くは，読む・書くなど他の言語スキルスタンダードから分離されている。ただし，他の言語スキルとの相互作用が十分に重視されている。ニューヨーク州など3州で採用。
4. 学習の共通の中核（Common core of learning）　学校教育全体の中核として必修の「熟達のための共通の中核コース」が設定されている。話し言葉教育のこの中での取り扱いは，話すことと聞くことそれぞれ一つの一般目標が明示されるのみである。各学年における教

---

[47] 中村（2003a）はメディア論の McLuhan, H. M. による議論を踏まえ，メディアリテラシーには情報機器のほかにも，身振り，手振り，音声言語，文字言語が含まれることを強調している。メディアリテラシーと国語教育の「見ること」については中村（2002c）；藤森（2002）も詳しい。
[48] 長田（2005b）に州別のデータなどを分かりやすく記載している。

材や素材が詳しく説明されることはない。学校教育の中核であるため必ずしも国語科とはいえない。コネチカット州など8州で採用。
5．統合（Integrated）　ホールランゲージなど全ての言語技能が高度に統合化された州を指す。3州で採用。ただし，カリフォルニア州・ペンシルベニア州では，統合化が進みすぎ，話し言葉教育に特化した目標を見出すことは難しい。一方，アイオワ州では高度に統合化されながらも，話すこと・聞くことが明示される。
6．複合モデル（Mixed model）　初等学校と中等学校で，異なったパターンの組織化をする。アイダホ州とユタ州で採用。
7．転換期（Transitional）　分離ストランドや学年レベルの組織化を用いながらも，以前のパターンから大胆な転換を行っているものである。フロリダ州とワシントン州の2州で採用。

　Witkin, Lovern and Lundsteen らは，これらのカリキュラムパターンについて，Farrell（1991, pp. 65-81）のいう「習得モデル」（mastery model）と「過程モデル」（process model）の概念を用い次のような議論を展開する。

　「習得モデル」とは，指導上の目標・基礎スキル学習・能力の評価に力点が置かれるものである。「1. 分離ストランド」「2. 学年レベル」パターンがこれに該当する。いわば伝統的なカリキュラム作成のパターンであり，州カリキュラムの大多数を占める。読む・書くと同様に話す・聞くというオーラル・コミュニケーション・スキルがカリキュラム上で強調される（Witkin et al., 1996, pp. 52-55）。

　「過程モデル」とは，読む・書く・話す・聞くといった言語活動の統合化を重視しようとするものである。「3．相互作用」「4．学習の共通の中核」「5．統合」パターンが主に該当する。創造的でより流暢な言語使用を奨励しており，スキルを育成するためには適切な発達段階での言語活動こそが重要であるとしている。特定のテーマや文学を中心として統合化することなど

も行われている[49]。この両者の枠組みを踏まえ，90年前後を比較してどのような違いがあるかを検証している。その結果，90～95年の間に新たに作成された州カリキュラムでは，以前に比べ習得モデルが少なくなる傾向があるという。過程モデルの14州はこの時期に半数が作成されているのである。そのうえでWitkinらは，2000年までには習得モデルのような特定のコミュニケーション目標やスキルを断片的に明示したものよりも，過程モデルが増えていくだろうと予測している。ただし，習得モデルの15州のうち，9州のものは1990年以降に新たに作成されたものである。スキル重視の習得モデルも依然として人気が高いことが示唆されている (Witkin et al., 1996, p. 55)。

ここまでみてきたように，Witkinらの「習得モデル」は「特設」に，「過程モデル」は「融合」に相当するといえる。90年代におけるアメリカでのカリキュラムの変遷からは，特定のテーマや文学を中心として統合化する「融合」による編成が広がりつつあることが分かる。活動上の実際の場の保証という観点から「融合」の立場が重視されているのである。すなわち，国語科における話し言葉の取り立て指導だけでは，話すこと・聞くことの絶対量や切実な目的や多様な場は十分に確保できない。そこで，読むことや書くことの指導との「融合」や，他教科や学校生活全体の中での連携を考える必要性が生じたのである[50]。しかし，そこには大きく二つの問題が論じられている。

一つは，国語科として話し言葉指導をどう取り扱うのかという問題である。教育内容の編成における「特設」から「融合」への移行において，多くの州で言語活動の統合化が図られた。しかし，話し言葉指導はかえって軽視される結果になったというのである (Witkin et al., 1996, pp. 52-53)。例えば，カリフォルニア州では，話し言葉指導に関する言及はストーリー・テリングとオーディオ・テープの使用以外はほとんどみられない。ペンシルベニ

---

49) 話し言葉教育を重視した過程モデルとしてアイオワ州などが具体的にあげられている。過程モデルの言語学習上の有効性はBarnes and Hayes (1995) などでも指摘されている。
50) Barnes and Hayes (1995) などでも，融合における話し言葉指導の有効性が指摘されている。

ア州では、オーラル・コミュニケーション活動が読むことや書くことの目標を達成するための補助的な目標になってしまったという。つまり、理念においては言語活動の統合が目指されていても、実際のカリキュラムでは読むことや書くことが中心になってしまうというのである。Witkinらは1995年段階においてスキルを明瞭に示した「特設」（習得モデル）が、依然として高い割合で採用されていることを指摘していた。これは「融合」（過程モデル）による編成が抱える問題を危惧した結果とみることもできるだろう。

　もう一つは、担当教師やその養成の問題である。1990年代になると話し言葉指導はスピーチ・コースではなく国語科に設定されることが多くなった。従来のスピーチ・コースは大学の専門課程で養成されたスピーチ教師が担当した。しかし、多くの州で国語科[51]の教師による指導が想定されるようになってきたにもかかわらず、学校現場や教員養成段階への支援が十分になされていないのである（Goulden, 1998, pp. 204-207）。また大学のコミュニケーション研究者の関心が初等中等レベルに向いておらず、この段階への研究や支援が圧倒的に不足していることも問題視されている（Backlund and Backlund, 1997, p. 206）。これらの点は教員養成に使用される教科書においてオーラル・コミュニケーションに関する記述がわずかしかないことからもうかがえるという（Backlund and Backlund, 1997, p. 69）。また、言語活動が高度に統合化された「融合」（過程モデル）は「話し言葉指導についてほとんど背景知識のない初等中等学校の教師に対しては要求水準が高すぎる」（Witkin et al., 1996, p. 53）ともいわれている[52]。

　以上のアメリカでの議論を踏まえ、次に日本の話し言葉指導における教育内容編成の問題について考察していく。

---

[51] 科目名としては reading, language arts, English などである。
[52] Barnes and Hayes (1995) は、カリフォルニア州での具体的な状況を明らかにしている。この問題については安（1988）もイギリスの事例を踏まえ、国語教員だけでない現職教育用プログラムの開発の必要性を早くから提起する。

2.2.3 教育内容の編成における「特設」と「融合」の相補性

話し言葉指導における教育内容の編成については,「特設」と「融合」の発想があった(第2.2.1項)。ここまでの議論を踏まえ「特設」と「融合」による教育内容編成の問題について検討していく。

「特設」による編成のメリットは,話し言葉指導を意図的,計画的に国語科に設定できることである。そのため課題領域や社会的情緒領域という異なった目標をもつ実践をバランスよく配置できるようになる。一方,デメリットは「特設」による取り立て指導だけでは,話し言葉指導の絶対量や多様な場が十分に確保できないことである。

「融合」による編成のメリットは,話題や目的がはっきりした場面で話し合えることである。例えば,読むことの指導においてある作品の解釈を話し合うことなどが典型である。また国語科以外であっても,その教科固有の目標を達成するために話し合いの指導がなされることはあるだろう。「融合」によって様々な場面での話し合いをすることで,その経験を増やすことができるのである。一方,デメリットは読むことや書くことなどの安定した領域とは異なり,話し言葉指導は埋没しやすい。アメリカでの議論からは「融合」では,読むことや書くことが中心になってしまいがちであることが示唆された。同様の問題は昭和30年代において読解指導と融合された日本においてもみられたことが指摘されている(有働, 1999, p. 374)[53]。また,学校全体で「融合」がおこなわれると,どの科目でどのような指導がなされているかを把握することも難しくなる。国語科の教師によってコントロール可能な「特設」とは異なり,課題領域と社会的情緒領域の実践をバランスよく行っているのかが不明確になってしまうのである。

---

[53]「指導のしやすさということを主たる理由として,昭和三〇年代には読解指導との結合が強まり,音声言語の指導そのものが次第に弱体化していく。学習指導要領における扱いの変化,すなわち軽視化の傾向が,それに拍車をかけていった。」(有働, 1999, p. 374)とされる。第3.1.1項でも言及する。

以上を踏まえれば，「特設」と「融合」による編成はどちらがよいのかではなく，両者ともにメリットやデメリットがあることが分かるだろう。西尾実は「国語教育における，いわゆる四分節の孤立学習を改めて，話し・聞き・書き・読む四作業の独立学習と，それの徹底による関連学習の確立が期せられなくてはならぬ」(西尾, 1950, p. 64) として，早くから「特設」と「融合」の関連が重要であることを示唆していた。

　では具体的に「特設」と「融合」の関係はどのように捉えたらよいのだろうか。国語教育の視点から大村はまは次のように述べていた (大村, 1983b, p. 176)。まずは，話し合い指導を考えるうえで「特設」と「融合」の立場をはっきりと意識することが大切だという。これらを意識せずに混同するから，話し言葉指導にもかかわらずその目標も指導方法も考えないようなただの話し合いがおこなわれたり，逆に読むことの指導において無理におこなわれ授業を壊してしまったりすることがあるというのである。また，「特設」での学習が進みある程度の実力をつけないと読むことや書くこととの「融合」による授業は難しいとも述べる。「融合」を実施したうえで，課題となった点は次の「特設」による国語の授業に織り込むことが重要だと指摘するのである。このように大村は，国語科の指導において「特設」と「融合」を往復させることがポイントになるとみている。

　また，学校教育全体での試みとしては次の実践も同様のことを論じている。茨城大学教育学部附属中学校では，総合的な学習の時間を「Webbing学習」と「コミュニケーション学習」から構想し，学校教育課程全体を見直すことを試みた (茨城大学教育学部附属中学校, 2000)。前者の「Webbing学習」は「他との積極的な関わりを通して，よりよい問題解決能力を育む」ことを目的とする「豊かなコミュニケーション」が前提となっている。この学習で必要とされる多様なコミュニケーション能力を育成する場面を予測し計画的に提供するのが後者の「コミュニケーション学習」である[54]。前者は

---

[54] たとえば国語科における7時間の表現活動が「コミュニケーション学習」に移行されるなど，

「融合」であり，後者は「特設」であるといえるだろう。監修者の新井孝喜によれば，この実践における課題の一つは「特設」と「融合」の関係であったという。本来コミュニケーション能力はWebbing学習全体で育成するので「特設」の時間は不要という主張があった。一方で，どうしても意図的な育成の時間が必要だという主張もあった。そのため「特設」によるコミュニケーション学習を「教育全体を補完する意味を持つ」とみなし総合的な学習の時間に位置づけてみたという。しかし，「特設」でのコミュニケーション学習は教師主導で設定されることが多く，学習者の学びに出発するという総合的な学習の理念と整合性が保てなくなる可能性が懸念された。そこで「単独で取り出しうるコミュニケーションスキルの学習を意図的に組織しながら，実践の展開に応じてWebbing学習の過程に吸収する活動とそうでない活動を峻別して」（新井，2000, p. 155）いったと述べている。この議論は，学校教育全体の教育課程の編成について論じたものであるが，先述の大村はまの主張と本質的には同じといえるだろう。

以上を踏まえれば，教育内容の編成において「特設」と「融合」の両者が必要であり，それらを往復させる発想が必要だということが分かる。「特設」か「融合」かという二者択一ではないのである[55]。両者は相互に補われて効果を発揮するとみてよい[56]。

ところで，アメリカの議論では「見ること」も国語科に位置づけられつつ

教育課程の上からも国語・道徳，特別活動・総合的な学習の時間が組み合わされている。内容的にも従来の国語科での指導内容だけでなく，道徳・特別活動で行われていた構成的グループエンカウンターなどを含めて実施されている。

[55] 第2.1.3項で指摘したように，昭和40年前後から興水や森岡は国語科からは話し言葉指導を外して学校教育全体で行う方がよいと主張し始める（森岡，1972；興水，1963）。だが，ここまで述べてきたように，国語科から「特設」の話し言葉の指導を排除する議論には大きな問題があるのである。なお森岡論の問題点についてはこれまでも批判的な検討がなされている（倉澤，1968；倉澤・青年国語研究会，1970；甲斐，1990a）。

[56] 福村（2003）では小学校1年生の国語科・算数科・生活科における教科別指導案や全体での教育課程などが掲載されている。声とことばの会（2002）なども小学校における「融合」的な教育課程がある。また「総合的な学習の時間」を見据えた上での話すこと・聞くことの指導として，小学校では高橋（2000a, b, c），中学校では高橋（2000d）；堀・研究集団ことのは（2002）；鶴田・松本（2002），高等学校では井上（2008）などがある。

あったことが明らかになった。日本の国語教育においてもメディアリテラシーの文脈で注目を集めているものである。視覚情報化ツールの活用という点からも「見ること」を国語科の教育課程に明瞭に位置づけることが必要である。

2.3 目標論と内容論からみた話し合い指導開発の要件

本節ではここまでの議論をもとに，話し合い指導を開発していくための要件について明らかにする。まず，話し言葉指導における目標・内容・指導方法の相互関係について検討する。次に，話し言葉指導の目標論と内容論を踏まえ，今後の話し合い指導を開発するための要件について考察する。

2.3.1 話し言葉指導における目標・内容・指導方法の相互関係

話し言葉指導における目標・内容・方法の関係を整理すれば図2.3のようになる。ポイントは，話し言葉指導の「目標」が，「内容」と「方法」を規定し，さらにそれらは相互に関連し合うことである。

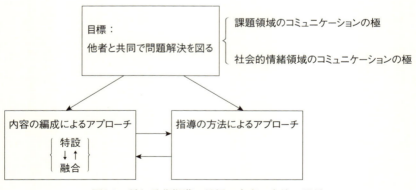

図2.3　話し言葉指導の目標・内容・方法の関係

話し言葉指導の目標を考えるにあたっては「課題領域」と「社会的情緒領域」の二極が重要であることを指摘した（第2.1節）。他者と共同で問題解決を図るためには，この二つのコミュニケーションの機能が必要なのである。だが，「課題領域」重視の目標に関しては「社会的情緒領域」の極をどのように含み込むかが問題であった。一方，「社会的情緒領域」重視の目標でも課題領域との統合が問題であった。この問題の解決策として二つの方向性があることを明らかにした（第2.1.4項）。一つの方向は，両極を同時に実現させるという指導の「方法」によるものである。もう一つの方向は，両極のそれぞれを重視した実践を教育課程に設定するという「内容」の編成によるものである。このように「目標」が「内容」と「方法」を規定しているのである。

　その「内容」の編成については「特設」と「融合」によるものが存在した（第2.2節）。「特設」による編成のメリットとは，話し言葉指導を意図的，計画的に国語科に設定しやすいことである。「課題領域」と「社会的情緒領域」という異なった目標の指導をバランスよく配置しやすくなる。一方の「融合」による編成のメリットとは，話し合いの多様な場が確保され，その絶対量を増やすことができることにあった。しかし，どの科目でどのような指導がなされているかという全体像が把握しにくく，両極の実践をバランスよく配置できるかどうかは不明確となりがちである。そこで「特設」と「融合」の両者を往復させることが必要になる。

　もちろん，「特設」で行うのか「融合」で行うのかによって，指導方法も大きな影響を受ける。話し合いのみに焦点化する場合と，読むことや書くことも合わせて融合的に行う場合とで，その指導の力点が異なってくるのは当然であろう。目標・内容・方法は相互に影響し合うといえる。話し合いの指導方法を考える際には，目標や内容を考慮せざるをえないのである。

2.3.2　話し合い指導開発の要件

　これらの教育目標と内容に関する議論から，今後の話し合い指導の方法を開発するための要件を考察すれば次の二つとなる。

　第一に，人間形成を目指すために課題領域と社会的情緒領域の両極を重視できることである。目標論の検討からは，論理性だけでなく，対人関係の面も指導がなされなくてはならないことが分かった。このような指導が可能となる話し合い指導を開発することが必要になる。

　第二に，あらゆる教科で比較的簡単に使える話し合いの方法を目指すことである。教育内容編成の検討からは，「特設」と「融合」を往復することがポイントであった。国語科だけでなく他教科や学校生活全般で話し合いを活用できるようにすることが重要なのである。そのためには国語科での「特設」だけでなく他教科などにおける「融合」においても活用できる方法を開発することが望まれる。

　本研究では，これら二つの要件を満たす具体的な指導方法として視覚情報化ツールの活用を提案していくことになる。話し合い指導の「方法」だけを突出させて論じるのではなく，こういった「目標」や「内容」などの教育課程に関する議論も十分に踏まえ指導方法の開発を進めていくことが重要である。

〈本章のまとめ〉

　第2章では，話し合い指導を開発する際の要件を明らかにするために，話し言葉指導の目標論と教育内容の編成論を検討した。第2.1節の目標論の検討からは「他者と共同で問題解決する」ためには情報内容に焦点を当てた「課題領域」と，他者との人間関係に焦点を当てた「社会的情緒領域」という両極のコミュニケーションを統合していくことが重要なことを示した。第2.2節の教育内容の編成に関する議論からは，「特設」と「融合」の関係が重

要なポイントとなることを明らかにした。第2.3節では，話し言葉指導の「目標」「内容」「方法」は相互に関連し合うことを明らかにした。これらをふまえ今後の話し合い指導の開発に際して求められる要件として「人間形成を目指すために課題領域と社会的情緒領域の両極を重視できること」「あらゆる教科で比較的簡単に使えること」をあげた。

　次章においては，話し合い指導の「方法」について具体的に検討する。

第3章
話し合いにおける指導方法の成果と課題
―視覚情報化ツールの可能性―

　本章では，これまでの話し合いの指導方法の成果と課題を明らかにしたうえで，視覚情報化ツールの利点と課題を明らかにする。話し合い指導の開発にとって指導の「方法」を考察することは極めて重要である。従来の指導方法を体系的に整理したうえで，視覚情報化ツールの活用を国語教育の中に明瞭に位置づけることを試みる。具体的に以下の課題を設定した。
　1．話し合い指導は歴史的にどのように行われてきたのだろうか。
　2．話し合いの指導方法を体系化すればどのようになるのか。
　3．視覚情報化ツールの実践事例にはどのようなものがあるか。
　4．視覚情報化ツールの利点とその課題は何か。

3.1 戦後の話し合い指導史の概観

　本節では日本の学校教育における話し合い指導の歴史的経緯を概観する。第2章で結論づけたように，話し合い指導を考える上では他教科や学校生活全般との融合的な関わりが重要になる。ここではそのような問題認識から，国語科だけでなく他教科・学校生活まで視野を広げて話し合い指導について歴史的に整理していく。なお，増田信一は国語教育における話し言葉指導の歴史区分について「経験主義の音声言語教育の時代」（昭和中期）と「音声言語教育が軽視された時代」（昭和後期）と「音声言語教育の新展開をめざす平成時代」に分けている（増田，1994）。国語教育での歴史区分ではあるものの各時代の特徴を捉えやすい。そこで，この区分に従って視覚情報化ツールとの関わりを押さえつつ，戦後の学校教育における歴史的経緯を概観していくことにする[1]。

　概観にあたっては，話し合いに関する指導を二つのアプローチから捉えていく。一つは「話し合い」から発想するアプローチであり，もう一つは「グループ」から発想するアプローチである。必ずしも判然と分けられない部分もあるが，前者は話し合いそのものの指導や話し合いの教育的な効果に注目するものである。後者はグループ（小集団）の教育的効果に注目するため，必然的にそこでの話し合いにも関心を寄せるものである。つまり，主に話し合うという行為に着目するのか，グループという形態に着目するのかの違いである。

---

[1] このほかにも国語教育における話し言葉指導の歴史区分としては，野地（1980）；有働（2011）によるものがある。

3.1.1　昭和中期の話し合い指導―昭和20年代―

3.1.1.1　「話し合い」からのアプローチ

「話し合い」から発想するアプローチは次の通りである。戦後の昭和20年代には，GHQ四大教育改革指令[2]や『米国教育使節団報告書』[3]や『新教育指針』[4]などによって，民主主義社会の形成を図るための教育改革として，話し合いを活用した「討議法」（ディスカッション・メソッド，ディスカッション法，討論法）による授業が理想とされた（中村，2002a）[5]。制度面では，そのために昭和22年度・26年度版学習指導要領で国語科における話し合いが明記された[6]。国語科だけでなく「特別活動」においても話し合いが学習指導要領に明記されていくのである（北岡，2005）[7]。

国語教育の理論面においても，西尾実による「言語生活論」（西尾，1947a，b，1950）によって，話し合いは国語科に明瞭に位置づけられていった（山元，1990，1991；安，1996；有働，1999）。このような状況を受け，実践面においてもその指導が試みられていく。中でも大村はまは，話し合いの「手引き」や，助言を書いて渡す「カード」など文字言語を活用した指導方法をこの時期すでに提案していた（大村，1950）[8]。中学校・高等学校の教師向けに刊

---

[2]　「修身科・国史科・地理科の中止についての指令」（1945年）の「別表B」に「教室内で論じ合ふ方法によつて教へよ」と書かれている（文部省，1946，p.11）。
[3]　第1次報告書（1946年）の第1章「教育の目標」に「討論」を用いることが勧められている（米国教育使節団，1947，p.22）。
[4]　第2部（1947年）には，第四章「討議法について」や付録一「討議法の実際」などがある（文部省，1947，pp.125-146）。
[5]　中村（2002a，2003b）；坂口（2009）；内田（2009）は国語教育の視点から考察しており参考となる。大橋（1981）には国語教育の視点からみた当時の「討議法」の様子が描かれている。
[6]　昭和22年度版の小学校国語科では「話しあい」，昭和26年度版では「話合いや討論」「会議」などの文言がみられる。当時の国語科の学習指導要領の作成過程については小久保（2002）；西本（2006）；坂口（2009）などが詳しい。この時期以降も濃淡はあるものの平成元年度版を除き，小学校学習指導要領の国語科には話し合いに関する文言が明記されている。
[7]　昭和22年度版の「特別活動」では「話し合い」「討議・討論」があり，昭和33年度版からは「話し合い」のみになる。なお，昭和43年度版までの「特別活動」は，「自由研究」「教科以外の活動」「特別教育活動」と名称が変遷した（北岡，2005）。
[8]　山元（1990，1991）はこの時期の大村実践について詳しく検討している。

行された『中学校高等学校学習指導法　国語科編』にも「手引き」や「カード」を活用した話し合い指導の方法が示された（文部省, 1954）[9]。

3.1.1.2 「グループ」からのアプローチ

「グループ」からのアプローチは次の通りである。先述の『新教育指針』には「グループ学習」による授業があわせて推奨された[10]。これは「分団学習」や「小集団学習」とも呼ばれる（杉江, 1999, p. 70）[11]。一斉指導にはない学習効果や協同学習という点から，グループ討議における話し合いが注目されたのである。しかしこの時期，グループ討議の指導が十分に開発され学校現場に広く普及したわけではなかった。

3.1.1.3 昭和中期のまとめ

昭和20年代は，民主主義社会の構築を目指すために「討議法」による話し合いが学校教育全体で注目された。様々な授業で話し合いを活用することが理想とされたのである。しかも，アメリカからの影響ばかりでなく，国語教育においても日本独自の「言語生活論」などから話し合い指導が位置づけられた点は注目すべきである（近藤, 1981）。戦前の話し言葉指導は「独話」，戦中は「話しことばそのものの精錬」であったが，戦後は「討議」から出発したとされるのはこれらの理由による（中西, 1981）。しかし，学力低下論などによる経験主義的な教育の退潮とも相まって，「討議法」や「グループ学習」への熱意もすぐに薄れていった。国語教育においても，読むことや書くことが重視され，話し言葉指導への注目が下がっていくことになる。その最大の要因は，教室で実施できる話し合いの指導方法が開発されておらず，十分な教育効果を発揮できなかったことにあるだろう。そのような中で，大村

---

[9] 大村はまも作成者の一人である。
[10] 第2部（1947年）の第3章「（三）協同学習」の項に記載される。
[11] 戦前においても，及川（1912）；木下（1926）といったグループ学習の先駆的な試みがあるが，必ずしも一般に広がったわけではなかった（杉江, 1999, p. 68）。

はまによって「手引き」や「カード」など，文字言語を活用した話し合い指導が提案されていたことは特筆に値する。視覚情報化ツールの萌芽とみてよいだろう。

3.1.2　昭和後期の話し合い指導—昭和30年～60年代—

3.1.2.1　「話し合い」からのアプローチ

「話し合い」から発想するアプローチは，次の通りである。制度面では，昭和33年度版の国語科の学習指導要領において話し言葉指導の位置づけがやや後退した[12]。話し言葉指導を軽視する傾向は，昭和52年度版の学習指導要領まで続くことになる。実践面においても，国語科での話し合いは「指導のしやすさ」（高橋，1994b，p. 211）という理由から読解指導において融合的になされる傾向が強まってくる。つまり，話し合いは実施されるものの相対的にその位置づけは低下していくのである。もちろん昭和30年代以降においても，話し合い指導に独自に力を入れていた実践も存在した。鶴田清司はこのような民間教育団体などによる実践を広範に整理している（鶴田，1998）。取り上げられているのは「島小の授業」，「仮説実験授業」，「話教研（日本話しコトバ教育研究会）の授業」，「大西忠治氏（読み研）の授業」，「向山洋一氏（分析批評）の授業」，「野口芳宏氏の「論破」の授業」などである[13]。

「島小の授業」では様々な教科における話し合いがなされた（斎藤，1960）。理科の授業では「仮説実験授業」において話し合いが活用された（板倉，1974）[14]。

---

[12] この状況について「今まで言語活動の花形であった話しことばが，次第にその主座を読書・作文本位の文字言語の教育の方に返上しようという傾向が示されている」（中西，1981，p. 117）と説明される。甲斐（1990a）；増田（1994）では昭和30年以降の指導要領での後退の要因とその問題点を詳しく考察している。

[13] このほか鶴田は「ディベート」もあげているが，平成以降のものであるため後述する。また上條（2000）は「仮説実験授業」「大西忠治」「向山洋一」「野口芳弘」のほかにも，「築地久子」（落合・築地，1993）の実践を取り上げている。なお，両者が取り上げてはいない「大村はま」の話し合い指導は昭和20年代から一貫して積み上げられていくが，これについては後述する。

[14] 話し合いの後で実験し導き出した仮説の正否を確認することに特徴がある。

「大西忠治氏（読み研）の授業」は国語科での読解指導である（大西・授業技術研究所，1986）[15]。「向山洋一氏（分析批評）の授業」や「野口芳宏氏の「論破」の授業」も同様に読解指導における話し合いである（向山，1989；野口，1990）[16]。これらは話し合いの能力を育成するための指導に力点が置かれつつも，あくまでも「話すことを手段とした言語教育」（甲斐，1990a, p. 5）であった。その形態は，グループ討議を取り入れるものもあるが，クラス討議を最終的な成果とするものが多かった。一方，大久保忠利を中心とする「話教研（日本話しコトバ教育研究会）の授業」は，昭和30年代から思考力を重視した話し合い指導を積み重ねていく（大久保・小林，1967）。読解指導のための話し合いではなく，形態としては「ディベート」を用いるものであった[17]。そこではカードを用いて主張を検討したり，全員の意見を板書したりしていた。話し合いを視覚情報化することが試みられていたのである。また録音した話し合いを事後に振り返ったりするなどの指導方法も早くから提案されていた（大久保・小林，1967）[18]。しかし，このような大久保らの実践も広く共有されるまでには至らなかった（甲斐，1990b, c）[19]。

3.1.2.2 「グループ」からのアプローチ

「グループ」からのアプローチは次の通りである。杉江修治は戦後のグループを中心にした指導実践として以下のものを取り上げている（杉江，1999）。塩田芳久らによる「バズ学習」（塩田・阿部，1962），末吉悌次らによ

---

[15] 鶴田は，「科学的読みの研究会」（読み研）以外の「班・核・討議つくり」（大西，1989）の話し合い指導も詳述している。こちらはグループから発想するアプローチとみることができる。
[16] 向山らの教育技術法則化の運動による話し合い指導の到達点が石黒（1988）といえる。分析批評による読解指導での話し合いだけでなく，さまざまな教科で使えるクラス討議の手法が提案された。一方，野口は読解指導だけでなく，甲斐（1990a, p. 1）がいう「音声言語による（学習）生活指導・教師の話術」の側面も強く打ち出している。
[17] 話教研と姉妹団体である児童言語研究会は「一読総合法」による読解指導も開発しており，そこでも話し合いが重視されていた。林・横浜児童言語研究会（1979）はその成果だといえる。
[18] 中村（1990）は昭和30年代の大久保らの話し合い指導について詳しい。
[19] 話教研のディベート指導の問題点は「論じ方や論破の仕方に比べて論じる対象への関心が希薄」（甲斐，1990c, p. 75）だったと指摘される。

第3章 話し合いにおける指導方法の成果と課題　123

る「集団学習」（末吉, 1959），全国生活指導研究協議会の「班・核・討議つくり」（全生研常任委員会, 1971），「生活綴方」（国分・滑川, 1962），野瀬寛顕・高柳孝太郎・石川勤らによる「学び方学習」（石川, 1982；近藤・授業技術研究所, 1984）などである[20]。いずれも「集団」をその発想の基盤としており，協同性を重視したグループでの話し合いが組み込まれている[21]。ただし，これらは話し合いの能力そのものの育成が主眼ではなく，生活指導としての学級集団づくりや，授業における学習集団づくりが主目的であった。またこれらの中には個人を必ずしも尊重したものではなかった実践も存在した（杉江, 1999, p. 91）。

3.1.2.3　昭和後期のまとめ

　昭和30年代から50年代は「音声言語教育の冬の時代」（増田, 1994, p. 202）とみられている[22]。「言語生活にもとづく音声言語教育の立場」（甲斐, 1990a, p. 7）としての話し合い指導は全体的には低調だったのである。ただし，民間教育団体などによって読解指導などにおける話し合いは実践が積み上げられていく。このような状況下において倉澤栄吉が論理的な思考力だけでなく，国語科でも話し合いによる他者との関係性を重視すべきと早くから主張していたことは注目すべきである（倉澤・青年国語研究会, 1970）[23]。

　また様々な教科においても話し合いそのものは取り入れられていく（東井他, 1985）。さらに，グループからのアプローチでは，集団づくりのための話

---

[20] 杉江は，このほか「仮説実験授業」（板倉, 1974）や「一読総合法」（林・横浜児童言語研究会, 1979）での読解指導などもあげている。
[21] 「バズ学習」は心理学の「グループ・ダイナミックス」などからの影響を受けており，「班・核・討議づくり」や「生活綴方」はマカレンコなどの「集団主義教育」からの影響をうけたとされる（杉江, 1999）。「集団主義教育」での話し合いの問題点については片岡（1975）が詳しい。また国語教育の視点からは広島文芸教育研究会（1987）や鳴島（2008）などにその問題点の指摘がある。
[22] 国語教育における話し言葉指導の文献が昭和44～61年（1969～1986年）の間に，毎年40件以下に落ち込んだとされる（増田, 1994, p. 203）。
[23] 第2.1.4項で取り上げた。

し合い指導も積み重ねられていく。このように，学校生活や授業の中で何らかの形で話し合いを活用することは定着してきたとみてよい（里野他，1985）[24]。だが，音声言語教育を主目的とするのではなく，あくまでも効果的な授業の方法として話し合いは学校教育に取り込まれてきたのである。

話し合いの視覚情報化という点からは，大久保忠利らの実践にその試みがあったとみることができる。だが，この時期に学習者自身がリアルタイムで話し合いを文字化する手法は十分に開発されてはいなかった。

3.1.3　平成以降の話し合い指導

3.1.3.1　「話し合い」からのアプローチ

「話し合い」から発想するアプローチは次の通りである。昭和60年代になると，話し言葉指導の重要性が再び注目されるようになった。その要因として「子どもたちの声が小さい，響かない」ということと「国際化する社会に子どもたちが主体的に対応していく」ことが必要とされたためである（高橋，1994b, p. 212）。教育現場におけるコミュニケーションの問題や，国際社会で他者と交渉できる人材の育成が問題になったといってよい。前述の倉澤が指摘した「他者との関係」と「論理性」のそれぞれの面から話し言葉指導が期待されたのである[25]。

制度面では，それを受けるかのように平成元年度版の国語科の学習指導要領によって話し言葉の指導が重視された[26]。平成10年度版の学習指導要領に

---

[24] 梶田他（1980）による愛知県での調査では何らかの形で小集団活動を組み入れた授業は小学校で54.1％，中学校で58.8％であったという（杉江，1999, p. 85）。
[25] ただし，倉澤はこの矛盾する両面の問題を統一的に考えていく必要性を指摘していた（倉澤・青年国語研究会，1970）。
[26] 小学校の「指導計画の作成と各学年にわたる内容の取扱い」には「音声言語に関する指導については，文字言語の指導との関連を図るとともに，日常生活の中に話題を求め，意図的，計画的に指導する機会が得られるようにすること。その際，音声言語のための教材を開発したり活用したりするなどして，指導の効果を高めるよう工夫すること。」とされた。ただし，「話し合い」という文言は学習指導要領には記載されなかった。一方，中学校では「話合い」が明記された。

なると話し言葉指導はいっそう重視され，国語科の学年目標にも「話し合う」や「話合い」という用語が明示された。さらに論理性だけでなく，他者との関係性も重要になることが国語教育において強調されるようになってきた（岡田，1998；河野，2006；長田，2009c；間瀬・守田，2011；長田，2012b）。また，学習観の転換や「総合的な学習の時間」を含むあらゆる教科での言語活動の重視によって，国語科以外でも話し合いが重視されるようになっていった（金本，1998；市川，1997）。

実践面でも，平成元年度以降は話し言葉指導に関する書籍が数多く出版され始めた。特に注目されたのは「群読」[27]と「ディベート」である。競技ディベートではなく，学校教育における教育効果をねらった「教室ディベート」が開発され，社会科や国語科など多くの教室で実施された（岡本，1992；花田，1994）[28]。しかし，思考力に特化したディベートによる弊害も指摘されるようになる[29]。そのため，国語科では二値的な話し合いではない「パネル・ディスカッション」なども注目を浴びていくことになる（高橋，1994a，2001）。また大村はまが昭和20年代から積み上げていた実践群が刊行されたことで，その指導方法が広く共有されるようにもなってきた（大村，1982，1983b，1994a，など）。文字言語を活用した大村の話し合いの「手引き」に関する研究は，この時期以降に本格的に始まるといってよい（甲斐，1991；山元，1993；甲斐，1994a；楢原，2001；若木，2001；長田，2002b；若木，2007；甲斐，2014；長田，2014b，など）[30]。

さらに平成10年前後からは，視覚情報化ツールの活用が本格的にみられるようになる。中村敦雄は，「ポスト・イット」という視覚情報化ツールを活

---

[27] 群読でも作品をどう集団で朗読するかについて検討するために話し合いが活用される（高橋，1990）。
[28] ビジネス界では松本（1982）などの影響によってディベートが注目された。このような社会の動向も教育界に影響した。
[29] ディベートの問題点については，第2.1.2項で詳しく取り上げた。
[30] 大村から1995年に寄贈された2000冊以上の学習者のノートが「鳴門教育大学附属図書館大村はま文庫」によって公開されるようになった。橋本（2001）にはその資料目録が掲載されている。

用した国語科での話し合い指導を提案する（中村, 1998）[31]。藤森裕治は国語科での読解指導において「バタフライ・マップ」と名付けた視覚情報化ツールの活用を試みている（藤森, 2007）[32]。若木常佳は，大村はまによって提案された文字言語による「話し合いの手引き」を活用し中学校国語科での実践を積み上げた（若木, 2001, 2011）。いずれの手法もクラス討議だけでなくグループでも活用できることが示されており，国語科でもグループ討議の指導が本格的に視野に収められてきた時期だといえる。しかし，実際の現場での話し合い指導は困難であることが相変わらず指摘されている（日本国語教育学会, 2007）[33]。昭和20年代に多くみられた話し合い指導に対する認識は依然として続いているといえる。

　このような状況の中で長田は，話し合い指導における文字言語の使用（視覚情報化ツール）が今後は鍵となることを理論的に主張した（長田, 2005c, 2008a, b, 2009d, 2012b）。平成20年を過ぎた頃から，企業や社会参画のための話し合いである「ファシリテーション・グラフィック」[34]が，学校教育向けにアレンジされ実践されるようになってきた（藤原, 2011；菊池, 2011；峰本, 2013）。視覚情報化ツールを活用した話し合い指導が本格的に学校教育に導入されるようになってきたのである。さらに，視覚情報化ツールの活用に関する調査研究も始まるようになった（長田, 2007, 2009b, 2010a, 2011a, 2012a）。

3.1.3.2　「グループ」からのアプローチ

　「グループ」からのアプローチは次の通りである。「構成的グループ・エンカウンター」などの心理カウンセリングを応用したものが学校教育に導入さ

---

[31] 詳しくは第3.3.2.2で検討する。
[32] 詳しくは第3.3.2.3で検討する。
[33] 2006年に実施した日本国語教育学会の会員に対する調査で「話し合うこと」が「うまくいっている」「だいたいうまくいっている」と回答した割合はわずか28.4%であった。
[34] 浅海・伊藤（1998）；堀・加藤（2006）などが日本において刊行された。

れ始める（國分，1992）[35]。ゲーム的な活動を通して，グループで話し合い（シェアリング）を行うものである。活動にあたっては，ワークシートに記入させるといった書く活動が多く取り入れられている。グループ活動の前に各自の意見を事前に視覚化させるのである。グループ・エンカウンターは，自己理解や他者理解など教室での関係改善に役立つとして，学校現場への普及が進んでいく[36]。カウンセリングを基盤とした手法のため，活動はグループで行っても，個人が極めて大切にされていることが特徴である。

さらに近年では，構成主義に基づく学習や認知科学を基盤とした "collaborative learning" や "cooperative learning"（「協調学習」「協働学習」「協同学習」「共同学習」）の視点から，グループ討議への関心も高まってきている（ジョンソン他，1998：シャラン・シャラン，2001）[37]。

3.1.3.3　平成以降のまとめ

平成に入ってから特筆すべきことは，話し合いに対する注目が再び高まったことである。読解指導のための融合的な指導ではなく，特設された話し合い指導の時間が国語科でも行われるようになってくる。また「言語生活にもとづく音声言語教育の立場」（甲斐，1990a, p. 7）から，大村はまの話し合い指導も注目を浴びるようになり，文字化された教材である話し合いの「手引き」が広く活用され始めるのである。特に平成10年以降は，話し合いに関する具体的な指導方法が数多く提案された。視覚情報化ツールに関する提案も急速に増えていく。さらに国語教育においてもグループ討議が注目されるようになってきた。関係構築のためのカウンセリングを基盤とした話し合いも

---

[35] 縫部・鳥取大学教育学部附属中学校（1986）などが小中高への導入の契機になったとされる。
[36] 自己表現力という点では同じとされつつも，国語教育では，適切だったか，心をこめて話せたかなどの「自己評価」があるのが特徴だという。一方，構成的グループ・エンカウンターでは「感情の吐露のような自己開示行動」や「人として在りたいように在るための主張行動」や「人としての尊厳や人権を自分で護るための主張行動」が特徴だという（國分・片野，2001, p. 15）。
[37] 両者の概念の定義や訳出はまだ明瞭ではないが，関田・安永（2005）：坂本（2008）ではその違いについて詳しく検討を試みている。

広がりつつある。そのような中で，ファシリテーション・グラフィックを始めとする様々な視覚情報化ツールが学校現場に登場し，本格的に普及が始まろうとしている時期だといえる。

3.1.4 戦後の話し合い指導における視覚情報化ツール

ここまで戦後の話し合い指導の動向について主要なものを概観した。話し合い指導は様々な工夫や実践が積み重ねられてきていた。中でも視覚情報化ツールは，昭和20年代からわずかではあるがその萌芽がみられていた。日本独自の視覚情報化の試みはさまざまな形で存在していたのである（第3.3.2項で具体的に検討する）。

だが，それらが十分に継承され発展させられてきたわけではなかった。視覚情報化ツールの理論的な検討や実証的な調査は十分とはいえないのである。

3.2 国語教育における話し合い指導の方法

本節では国語教育における話し合い指導の方法を体系的に整理する。話し合いの指導方法はこれまでも検討されてきた（甲斐, 1989, 1990a；牧戸, 1993；鶴田, 1998；上條, 2000；中村, 2002b）。しかし，特徴的な手法が個別的に紹介されるものであり，それらが整理されたり体系化されたりするまでには至っていない。

そこで，状況的認知論を応用し，体系化のための「指導時期」と「指導媒体」という二つの枠組みを提案する。次に，その枠組みをもとに話し合い指導の方法を体系的に整理する。最後に，話し合い指導方法の効果的な活用のポイントについて確認する。

3.2.1 指導時期の枠組み

佐伯胖によれば，教育の方法について主に二つのやり方が対立的に論じられてきたとされる（佐伯・三宅，1991）。一つは注入主義であり，もう一つは構成主義である。話し合い指導に沿っていえば，事前指導におけるスキルの提示やトレーニングが注入主義だといえる。一方，事後指導において話し合いを内省させるのが構成主義だといえる。この二つを止揚する可能性を持つものが，状況的認知論である（佐伯・三宅，1991）。

この状況的認知論には大きく二つの方向性がある。一つは他者をより意識した Vygotsky, L. S. などのアプローチである。もう一つは物理的な道具をより重視した Norman, D. A. のアプローチである。視覚情報化ツールという人間の外部環境にある道具の使用について考えるためには，後者の Norman の議論が参考となる。

状況論的アプローチに立ち極めて説得的な議論を展開した Norman は，学習にとって大切な認知として「体験的認知」（experimental cognition）と「内省的認知」（reflective cognition）に着目する（Norman, 1993）。

前者の体験モードの認知とは「情報のパターンが知覚され，同化され，そして適切な反応が何の努力もなしに瞬時に生成される」（ノーマン，1996，p. 28）ものだという。学習者が蓄積した経験や知識によって，自動的に処理し適切な反応を瞬時に起こせるようになるための認知であり「効率的行動のキーとなる要素」（ノーマン，1996，p. 20）である。Norman は，このような体験モードの認知こそが熟達行動の本質だと指摘する。

後者の内省モードの認知とは，比較対照や意思決定などであり「このモードにより新しいアイデア，新たな行動がもたらされる」（ノーマン，1996，p. 20）ものである[38]。一時的な結果を蓄えておく能力，蓄えられた知識から推

---

[38] 認知心理学（第1.1.3項）における「メタ認知」や，社会学（第1.1.5項）における Mead の「I」「me」の関係に類似する概念といえる。

論する能力，見込みがあると思った筋がうまくいかないときに推論過程を前向きや後向きに辿る能力などが具体的に必要になるという。しかし，内省モードには処理が遅く即応できないという重大な欠点があり，記憶を保持するための何らかの道具と，じっくりと考える静かな時間が必要になると指摘される。また，他者からの適切なアドバイスが重要であることも指摘される。

　この二つの認知モードを活用し，学習における「蓄積」「調整」「再構造化」が行われるという。次に要約する（ノーマン，1996, pp. 36-39）。

　「蓄積」とは，知識の蓄積である。蓄積においては，体験モードが極めて重要であることが指摘される。適切な概念的枠組みを持っていれば知識の蓄積は容易であるが，持たない場合はそれが難しいという。

　「調整」とは，スキルを調整することである。そもそも知識は，小さな行動の単位を何千も集めたような形で構造化されている。体験モードによってそれらの知識を調整し構造化していくのである。その結果，初期段階では意識的な内省を要したスキルが，体験モードでもやがて意識せず自動的に使えるようになるのである。ただし，そのような調整ができるには時間がかかるという。

　「再構造化」とは，新たに適切な概念構造を形成することである。「蓄積」と「調整」は主に体験モードであった。しかし，再構造化は内省モードの認知である。学習の中でもこの再構造化は難しく，内省を助ける道具が重要になってくるという。

　このように「蓄積」「調整」「再構造化」は，「体験モード」と「内省モード」の認知から説明されている。ただし，内省モードと体験モードという枠組みは必ずしも明確に分けられるわけではない。Normanは次のようにいう。

> 思考とは多様な要素とそれに対する操作からなる複雑な活動である。私が示した思考モードの二分法は多少簡略化してあるということを覚えておいてほしい。この二つが思考のすべてを捉えているわけでもないし，お互いに完全に独立のもの

第 3 章　話し合いにおける指導方法の成果と課題　131

表3.1　話し合いの指導時期ごとのねらい

時期	ねらい	困難さ
事前指導	体験モードへの準備。蓄積と再構造化	「モデル提示」「発話内容・形式の準備」「振り返り」
事中指導	体験モードに集中。蓄積と調整	「理解」「表現」「関係」
事後指導	内省モードに集中。再構造化	「振り返り」

でもない。体験モードに浸りながらそれについて内省する，というようにこれらを同時に行うことも可能である。認知の大部分は両方の要素をもっている。…実用的な面からは体験的思考と内省的思考との違いを考える値打ちがある。（ノーマン，1996, pp. 32-33）

　話し合いにおいても，このような両者のモードが実際には混在しているはずである。だが指導上の問題を考えるにあたってとりあえず両者を分けて論じるのが分かりやすい。

　表3.1は両者のモードを踏まえ，話し合いの指導時期ごとのねらいとその困難さを示したものである。これに沿って以下説明していく。

3.2.1.1　事前指導のねらいと困難さ

　事前指導の最大のねらいは，事中指導での体験モードの認知が有効に機能するよう準備させることである。学習者は，事前に話し合いを遂行するための知識を「蓄積」しなくてはならない。話し合いの手引きなどで発言の型を覚えることは知識の蓄積である。これにより話し合いの体験モードに入るための準備を行っている。その際，話し合いの目的を理解することが重要になる。目的が意識されれば話し合いに関して何を「蓄積」すべきかそのポイントを理解しやすくなるだろう。一方，これまでの話し合いを振り返らせることもある。内省モードの認知を行わせることで，それまでに得た知識の再構造化を図り，次の話し合いに向けて準備をするのである。しかし，事前指導

においては三つの困難さが生じる。

第一に「モデル提示」の困難さである。体験モードに入るためには話し合いの具体的なイメージを持つことが重要である。だが作文のように一目で分かるモデルを提示することは難しい。他者の話し合いをみることはできるが即時的に進行していくため、そのポイントを理解することはなかなか困難である。ビデオを見ることにも同様の問題があるといえるが、途中で再生をストップしたり巻き戻したりして学習すればある程度は可能である。文字で書かれた話し合いの台本風の手引きもあるが、あくまでも文字言語のため音声面の特質を把握することには難点がある。

第二に「発話内容・形式の準備」の困難さである。話す内容を準備させ、あわせてその際の言い方（形式）も準備させる必要がある。しかし、話し合いは複数の人間による即時的な思考プロセスのため、どのような内容や形式が必要なのかを事前に想定することは難しい[39]。指導者にとっても同様に難しいため教材や指導の準備が困難となる。この点がスピーチのように、事前に発話内容・形式を準備させやすいものとは異なる。

第三に「振り返り」の困難さである。内省モードに入らせたくても、それまで体験した話し合いを的確に思い出すことは意外と難しい。

3.2.1.2 事中指導のねらいと困難さ

事中指導のねらいは、学習者を体験モードに集中させることである。体験モードとは、Normanによればスキルの「蓄積」と「調整」である。実際

---

[39] 思考の困難さは、思考がそもそも新たなものを生み出すという非反復性から生じる。認知心理学の視点から思考は「内的表象の変換過程」（藤田, 2006, p. 31）と説明されている。内的表象とは人間などの高度な神経系を持つ生き物による情報の内的表現だという。試行錯誤のような外部刺激から最初に作られる内的表象を一次表象とすれば、思考とは一次表象を変形したり、他と関連づけたりする二次表象が繰り返されてできる高次表象である。そのため藤田は単純な条件反射や無駄の多い試行錯誤は思考とは呼べないことを強調する。これを話し合いに当てはめれば、結論を反射的に出せたり、実際に試行錯誤したりすれば良い場合には話し合いとは呼べないことになる。そこには思考、すなわち内的表象の変換過程がないためである。話し合いとは、答えが分からない問題に対して自動的に解答ができないため行われるものといえる。

に話し合うことでスキルを使い調整していくのである。有効だと実感したスキルは蓄積も容易であり，実際の話し合いの場で使えるようになっていくことだろう。しかし，事中指導においては主に三つの困難さが生じる。

　第一に「理解」の困難さである。個々の発話を理解することはもちろんのこと，それらを踏まえ話し合いの論点・結論などの全体像を理解することは難しい。なぜなら，音声の特質により発話は即時的に消えてしまうのである。論点なども意識的に言語化されていない限りそもそも見えないものである。見えにくいものを認知させる指導は想像以上に困難である。論点や意見が個人内で曖昧に蓄積されてしまえば，話し合いの全体像を参加者全員が捉えづらくなる。そのため直前の発話のみに引きずられてしまうといった事態が起きやすく話題からの逸れも生じやすい。このような理由で話し合いがうまく進行できなくなるのである。

　第二に「表現」の困難さである。複数の人間が発話する中でタイミングを捉え，思考した内容を適切に表現することは難しい。また「発話のブロッキング」（Diehl and Stroebe, 1987, 1991）によって，思いついたアイデアを適切な時期に発言できないこともある。常に一人しか話せないということは，せっかく思いついたアイデアを言う前に忘れてしまったり機を逸してしまったりする可能性があるのである。実際に発言を積み重ねることができなければ，話し合いスキルの蓄積・調整は難しい。

　第三に「関係」の困難さである。日常の教室での関係性が持ち込まれるため，話し合いのコミュニティを形成させることが難しい場合がある。学級内のそれまでの生活が話し合いの学習にも持ち込まれることになる。集団づくりの部分で問題が生じると学習者は集中して体験モードに入ることができないだろう。さらに「社会的ジレンマ」（山岸，1990）の問題もある。学校教育における話し合いでは，参加者全員が協力し合うことが重要な教育的意義である。だが，集団になれば全員が頑張らなくても解決できてしまうことが起きる。逆にメンバー構成や話題によってはじっくりと協力する間もなく問題

解決できてしまい，話し合いの練習にならないこともある．

3.2.1.3 事後指導のねらいと困難さ

事後指導のねらいは，学習者を内省モードにさせることである．話し合いの直後に，具体的でリアルな体験を内省させ，「他者」「コミュニケーション」「話し合い」に対する認知を「再構造化」させるのである．豊かな内省モードで獲得されたこれらの知見が，次の機会に実施されるであろう話し合いの遂行には欠かせない．その意味では，事後指導は次の話し合いの事前指導とみることもできるだろう[40]．

しかし，事後指導においてはこの「振り返り」において困難さが生じる．実施したばかりの話し合いであっても，その詳細を的確に思い出し内省することはなかなか難しい．教室内の人間関係によっては率直な振り返りを話すことができない場合もある．仮に内省がうまくいったとしても，それを次の話し合いにつなげるための意識化，つまり知識の再構造化を図ることは意外と困難である．例えば作文指導では，推敲という内省とその後の書き直しによって知識の再構造化を図っている．だが，話し合い指導では，もう一度，同じ話し合いをやり直させる指導は行われにくい．仮にやり直したとしても同じ経緯の話し合いになるかどうかが分からず，問題となった箇所が再び登場する保障はない．また，話し合いのある箇所だけをもう一度話し合わせて修正することも難しい．このように再構造化の指導は話し合い指導では実施されにくい．

3.2.2 指導媒体の枠組み

次に指導媒体の枠組みを確認する．状況論的アプローチは，人間の認知行為を個人の頭の中に閉じこめて想定せず，他者や環境にある道具との相互作用によるものであるとみなす（第1.3節）．認知を支援するために人間が「人

---
[40] 事前指導と事後指導の関係は第3.2.3.4で改めて説明する．

第3章 話し合いにおける指導方法の成果と課題　135

表3.2　話し合いにおける指導媒体

	音声	映像	文字
特徴	生の音声（記号的道具）を活用	物理的道具を活用	記号的道具・物理的道具を活用
メリット	直接的なモデル	話し合いの記録や再現	話し合いの視覚化
デメリット	非記録性や独占性	機材の準備	視覚化の手間

工的に」生み出したものすべてを道具と捉えているのである（美馬, 2001, p. 134）。言語などの「記号的道具」はもちろんのこと「物理的道具」もそこには含まれる。話し合いの指導や学習を考察する上で、こういった道具に注目することは極めて重要であった。そこで話し合い指導を媒介する「道具」（媒体）を指導方法を体系化するためのもう一つの枠組みとする。

話し合い指導における指導媒体（道具）については、これまでの先行研究でも様々に言及されてきた（野地, 1958；飛田, 1984；山元, 1993；巴野・奈良県国語教育研究協議会, 1997；宗我部, 1999；甲斐, 1999；若木, 2001）。これらの話し合いにおける指導媒体を整理すれば、「音声媒体」「映像媒体」「文字媒体」に整理することができる。

表3.2は、それぞれの媒体の特質を示したものである。これにもとづき説明していく。

3.2.2.1　音声媒体の特質

音声媒体とは、指導者による口頭での指示や注意や手本などである。話し言葉の持つ微妙な言い回しや雰囲気、間などを具体的に提示できる。音声言語という記号的道具の特長を生かしたものだといえる。

しかし、音声媒体は、その非記録性のため記憶に残りにくい。さらに指導・助言の間は学習者の話し合いがストップしてしまうという独占性の問題がある。

3.2.2.2 映像媒体の特質

　映像媒体とは，ビデオなどの物理的道具を活用するものである[41]。話し合いのプロセスそのものを正確に記録し，あとで再現できるメリットがある。自分たちの話し合いを視聴する場合には「事後」の振り返りとなる。他者の話し合いを視聴する場合には「事前」の話し合いモデルとなる。これらの映像を必要な箇所だけを取り出して視聴させたり，一時ストップさせて学習者に考えさせたりできる。話し合いの全体的な雰囲気や，話し方，間，速度，身振り手振りなどを捉えさせやすい。しかし，録画機材を揃えることやその操作が必要になる点はデメリットである。

3.2.2.3 文字媒体の特質

　文字媒体とは，文字言語である「手引き」を活用したり，話し合いを「視覚情報化」したりするものである。台本風の手引きであれば，話し合いの構造の把握や検討を事前に行いやすくなるだろう[42]。それを読み上げることで，話し合う練習もできる。また視覚情報化ツールであれば，リアルタイムに討議の全体像を把握したり，事後に振り返ったりすることができる。なお，紙・ペン・ホワイトボードなどは物理的道具であり，そこに書かれる文字や図などは記号的道具である。これらの道具を活用することで，音声媒体や映像媒体で課題となった点を補うことが可能である。

　ただし，事前に作成された手引きはあくまでも教師による想定のため，実際の話し合いに役立つかは分からないという問題がある。視覚情報化ツールによる記録の場合でも，すべての話し合いの発話を書き取ることは難しいといえる。

---

[41] テープ・CD・IC レコーダーによる録音の活用も，生の音声ではなく記録性が高いという点で映像媒体と同様の特質を備えているとみてよいだろう。
[42] 大村はまによる「手引き」の事例は第3.3.2.1を参照。

3.2.3 話し合い指導方法の体系化

ここまでの指導時期（表3.1）と指導媒体（表3.2）を踏まえて，従来の話し合い指導実践を位置づけるためのマトリックスを作成すると表3.3となる。縦軸は指導のタイミングであり，1. 事前指導，2. 事中指導，3. 事後指導となる。横軸は指導する際の媒体であり，A. 音声媒体，B. 映像媒体，C. 文字媒体となる。これをもとに，国語教育における話し合いの指導方法を捉えていく。なお，ここで示すのは話し合い指導の一般的な指導方法であり，グループ討議に特化した方法については第4章で補足的に論じる。

3.2.3.1　事前指導の方法（A1・B1・C1）

【A1】は音声を媒介とする事前指導である。①「口頭での指導・支援」は話し合いに関わる様々な指導を口頭で行う方法である。こういった指導助言

表3.3　話し合いの指導方法（長田，2005c, p. 47 改）

媒体＼時期	A. 音声	B. 映像	C. 文字
1. 事前指導	【A1】 ①口頭での指導・支援 ②振り返り ③他グループの観察	【B1】 ④映像の視聴	【C1】 ⑤手引き ⑥ワークシート ⑦討議（論点）の予想
2. 事中指導	【A2】 ⑧口頭での指導・支援 ⑨論点・意見整理（リレーグループ）	【B2】	【C2】 ⑩視覚情報化（他者） ⑪視覚情報化（自己）
3. 事後指導	【A3】 ⑫振り返り ⑬観察者による指摘	【B3】 ⑭映像記録による振り返り	【C3】 ⑮文字記録による振り返り ⑯書くことによる振り返り

のポイントが近年では詳しく整理されてきた（菊池，2011）[43]。②「振り返り」は今までの経験を反省的に語らせる方法であり，多くの実践で用いられている。③「他グループの観察」は事前に他者の話し合いを観察させる方法である（大村，1994a；長田，2003c）。この【A1】の各種方法を端的に示せば①は他者からの口頭でのアドバイス，②は自己の口頭での振り返り，③は他者の話し合いを見る，となる。

【B1】は映像を媒介とする事前指導である。④「映像の視聴」は機器を使って話し合いを事前に視聴させる方法である[44]。例えば，教師用指導書の資料ビデオ（DVD）などが典型であり，話し合いのモデルとして機能させることができる。これが身近な学習者たちの映像であればさまざまな角度から検討する教材にできる（古田島，1994）。自分たちの話し合いを視聴させるのであれば振り返りとしての機能が生じる。この【B1】の特徴は，実際の話し合いには及ばないものの比較的リアルな話し合いを見せられることである。

【C1】は文字を媒介とする事前指導である。⑤「手引き」は書き言葉による話し合いのモデルを提示する方法である（大村，1983b，1994a；若木，2001）。話し合いの全体像をイメージさせたり注意点を理解させたりしやすい。話し合いを文字言語で固定的に示すことで捉えやすくし，じっくりと考えさせることができる。また，話し合いにおける基本的話型を書き言葉で示すことも提案されている（工藤，1974；埼玉言語教育研究会，1996；田中，2004；鈴木，2004；松澤，2004）。こちらは話し合いが台本のように示されるのではなく，主張の仕方や疑問の述べ方など発話機能ごとに話型として提示されるものである。⑥「ワークシート」は意見を持たせるために事前に記入させる方法である（古田島，1994；難波・福山市立湯田小学校，2007；関西大学初

---

[43] 話し合いを促進する様々な手法は「ファシリテーション」と呼ばれる（堀，2003；シュワーツ，2005）。菊池（2011）はこれを教育の文脈に応用したものであり，話し合いの事前指導として有効なものが数多く整理されている。本研究で取り上げる「ファシリテーション・グラフィック」はファシリテーションの一技法として取り扱われることがある。

[44] 話し合いを記録する機器という点でテープレコーダーやICレコーダーによる再生もここに入れてよいだろう。ただし音声のみの聴取となる。

等部, 2013, 2014)[45]。そもそも参加者が意見を出し合わなければ話し合いは成立しないため，事前に意見を書かせる作業は多くの実践で取り入れられている。また事前の意見を一覧できるよう印刷し配布することもある（岩田, 1994）。⑦「討議（論点）の予想」は話し合いの流れを予想させる方法である（大久保, 1961；平, 1996；甲斐, 2002）[46]。個人で書かせたり，それをクラス全体で検討させたりすることで話し合いの全体像や論点をあらかじめ意識させるのである。この【C1】の各種方法を端的に示せば，⑤は書き言葉で話し合いを捉えさせるもの，⑥は書かせることで意見を準備させるもの，⑦は書かせることで話し合い全体の見通しを持たせるものといえる。

　ところで，事前指導では「モデル提示」「発話内容・形式の準備」「振り返り」の困難さが生じた（第3.2.1.1）。「モデル提示」の困難さに対しては，③「他グループの観察」や④「映像の視聴」で支援できる[47]。話型が示されたり台本のように書かれたりする⑤「手引き」や，⑦「討議（論点）の予想」によってある程度の論点や発言ポイントを事前に提示しモデルとすることもできる。③④はよりリアルな話し合いを学ぶことができ，⑤⑦はリアルさは減少するものの話し合いの要点を学びやすいといえる。「発話内容・形式の準備」の困難さに対しては，⑥「ワークシート」に意見を書いたり，⑦「討議（論点）の予想」を考えたりすることで，話し合うべき内容を事前に深めておくことができる。①「口頭での指導・支援」のように話型を示すことで，その「話し方」を学ばせることもできる。「振り返り」の困難さに対しては，個人で振り返るばかりではなく学級全体で②「振り返り」をすることでさまざまな視点を出し合うことができる。また③「他グループの観察」によ

---

45) 難波・福山市立湯田小学校（2007）では，話し手と聞き手が共有するための「イメージマップ」を事前に書くことを提案する。関西大学初等部（2013, 2014）では「思考ツール」と呼ぶ。
46) 大久保（1961, pp.192-193）はこの学習を「見込み表を立てる」と呼ぶ。
47) 教師が話し合いを視覚情報化したメモをモデルとして提示したり，視覚情報化のやり方を実演して見せたりするなども重要である。教師による話し合いの板書を意図的に見せることで，話し合いの視覚情報化を意識させることができるだろう。教師の板書そのものが，話し合いをデザインするためのモデルとなるのである。

って興味や意欲が増したり，そこでの話し合いの重要な点を理解したりしやすくなるだろう。いずれの場合であっても「振り返り」では指導者による適切な①「口頭での指導・支援」が重要になる。

3.2.3.2　事中指導の方法（A2・B2・C2）

【A2】は音声を媒体とした事中指導である。⑧「口頭での指導・支援」は進行の仕方や話し方などを話し合いの最中に助言する方法である[48]。助言ではなく話し方そのものを直接的に学習者に示す方法もある（大村，1994a, pp. 169-170）[49]。また，学習者を話し合いの観察係として置き，必要な場合に司会者に助言させる提案もある（大久保，1961, p. 193）。⑨「論点・意見整理（リレーグループ）」は話し合いの論点や意見を整理する方法である。教師が話し合いの内容を整理することで現在の論点や意見を確認させることができる。学習者自身に行わせれば，話し合いのメタ認知能力の育成が期待できる（大村，1994b, pp. 292-293）。また「リレーグループ」という方法もある（大村，1983c；広野，1994）[50]。一つのグループが代表として話し合う途中で，別のグループが引き継いでいくものである。代表で話すグループ以外はその様子を見学しているが，どのグループがいつ指名されるかは分からない。全体の中で話し合っているのは常に一つのグループのみであり，途中からその話し合いを引き継がなければならないため，議論を常に意識して聞かざるをえなくなるという（大村，1994a, pp. 179-180）。リレーグループは他班をよく観察することになるため話し方についても自然と学ぶことになるだろう。この

---

[48] 国語教育以外の助言の方法として，協同学習の視点からはジョンソン他（1998）；シャラン・シャラン（2001）などが参考となる。ビジネス書としては，ブレインストーミングのオズボーン（1982）；オズボーン（2008）やファシリテーションの堀（2004）；シュワーツ（2005）などが参考となる。
[49] 学習者の傍らで指導者が話すべき内容をプロンプターのようにささやく方法が提案されている。
[50] 大村（1983c）の「日本の美の伝統をさぐる」（pp. 297-321）や「日本語の改良のために」（pp. 323-349）にリレーグループの具体的実践事例がある。なお広野（1994）ではリレーグループという名称は用いられてはいない。

【A2】の各種方法を端的に示せば，⑧は形式面を直接的に，⑨は内容面から間接的に話し合いの仕方を教えるものといえる。

【B2】は映像を媒体とした事中指導である。だが，話し合いの途中で必要なシーンを即座に見せるような方法は十分に開発されていない。機器や教材の問題ばかりでなく，話し合いを中断させてしまうデメリットもあるためであろう。そのため【B2】は空欄としているが，ICT 機器の進展により，直前の様子や最適な映像教材を瞬時に活用できる方法が開発される可能性はある。

【C2】は文字を媒体とした事中指導である。⑩「視覚情報化（他者）」は話し合いの当事者ではない他者による視覚情報化である。議論の進行に合わせて指導者が論点を示したカードを黒板に貼るなどがある（大村，1994a, pp. 170-171）。このほか指導や助言をカードに書いてそっと渡すという方法も提案されている（大村，1982, p. 58）。話し合いの進行を妨げずに事中指導するための工夫である。意見を板書することも同様の機能を果たす。⑪「視覚情報化（自己）」は話し合いの当事者による視覚情報化である[51]。これまでも個人レベルで話し合いメモを取る工夫は提案されてきた（横浜，1996）。ただし，他の参加者がそのメモを活用することはできなかった。しかし近年では，話し合いの参加者全員で閲覧できるメモが注目されている。代表的な手法としてファシリテーション・グラフィックがあげられる（浅海・伊藤，1998；堀・加藤，2006；菊池，2011；藤原，2011）[52]。紙やホワイトボードなどに，現在の論点や出された意見を書き込むことで，参加者がそれを共有しながら話し合いを進めていくものである。国語教育でも類似の独自手法が提案されてきていたことは既に述べた（第3.1節）。この【C2】の各種方法を端的

---

[51] 若木（2011, pp. 311-312）は，視覚情報化ツールについて「こうした「分類メモ」「図式（図解）表示」を，瞬間的な学習に向かう前の予備的準備的学習，あるいは並行して行う学習として活用したり，瞬間的な情報処理が十分でない学習者のための訓練学習として活用することを考慮すべき」とその事前指導の可能性について言及する。

[52] 「グラフィック・ファシリテーション」「グラフィカル・ファシリテーション」などともいう。英語圏では Graphic Facilitation や Graphical Facilitation と呼ばれることが多い。

に示せば⑩は他者が，⑪は自らが話し合いを視覚情報化するものである。

ところで，事中指導では「理解」「表現」「関係」の困難さがあった（第3.2.1.2）。「理解」の困難さに対しては，⑨「論点・意見整理（リレーグループ）」による整理が有効である。また⑩「視覚情報化（他者）」や⑪「視覚情報化（自己）」のように話し合いを文字化・図示化することで目に見えるようにすることも効果的である。「表現」の困難さに対しては，⑧「口頭での指導・支援」のように話し合いの形式面について指導が可能である。そればかりでなく，⑨⑩⑪のように話し合いが整理されることで，発言しやすくなることがある。「関係」の困難さに対しては，⑧による教師の指導や助言が有効である。また，⑩⑪の視覚情報化によって，「誰が言ったか」ではなく「何が言われているか」に焦点化させることもできる。意見自体に注目させることで，不安定な関係性の中でも発言しやすくなる場合がある。

3.2.3.3 事後指導の方法（A3・B3・C3）

【A3】は音声を媒体とした事後指導である。⑫「振り返り」は話し合いを口頭で振り返らせる方法であり多くの実践で行われる（山元，2003；菊池，2011）[53]。⑬「観察者による指摘」は話し合いを周りで見ている者からフィードバックさせる方法である（大久保，1961；梅下，1980；佐藤他，2000）。これまでも話し合いを観察した教師による指導や助言は一般的に行われている。一方，学習者によるフィードバックの代表的な手法としてはフィッシュボール（Fishbowl）方式がある[54]。金魚鉢の魚を眺めるように，討議を見ている周りの観察者つまり学習者が，事後に様々な点を指摘しそれをもとに振り返るのである（Dykeman and Sampson, 1995；佐藤他，2000；吉田，2000）。この

---

[53] 振り返りを書かせたうえで発表させる場合もある。なお山元（2003）は教室の話し合い名人の「ひけつ」を学習者たちに振り返らせ，その方略を自覚的に活用させるというサイクルの効果を明らかにしている。シャラン・シャラン（2001, pp. 35-36）は国語教育だけを念頭に置いたものではないが，書くことも含めた振り返りの方法が参考となる。

[54]「フィッシュボウル」とも表記される。

【A3】の各種方法を端的に示せば，⑫は自らの，⑬は他者の気づきをもとに内省するものである。

　【B3】は映像を媒体とした事後指導である。⑭「映像記録による振り返り」は話し合いの後でその映像を見せるものである。このような機器を活用した振り返りは早くから提案されてきた[55]。また話し合いの後でモデルビデオを視聴させ，自分たちとの違いを意識させる方法もある（板橋，2002）[56]。

　【C3】は文字を媒体とした事後指導である。⑮「文字記録による振り返り」には三つの方法がある。一つ目は，話し合いの録音・録画をもとに後から文字起こしをするものである。かなりの負担となるため指導者がポイントとなる部分だけを文字起こしするなどの工夫がある（山田，1994）。学習者が行う場合には大変な作業量になるため，グループで分担するなどの工夫が必要になる（大村，1983d, pp. 228-230）。二つ目は，議事録をもとに事後に振り返らせる方法である。この場合も議事録の取り方を工夫する必要がある（大村，1982, p.259）。これら二つの視覚情報化は話し合いを事後に振り返る際に活用されることはあっても事中では活用されないものである。三つ目は，【C2】の⑪「視覚情報化（自己）」で作成された話し合いメモをもとに振り返らせる方法である（藤原，2011）。視覚情報化ツールを活用しながら話し合えば終了後にはすでに記録が完成していることになる。事後の作業負担は少なくてすみ，振り返りに集中しやすい。一方⑯「書くことによる振り返り」は事後に振り返りを書き記すものである（大村，1983c, pp. 117-119）。⑫「振り返り」の方は口頭で話すため数人しか発言できないことが多いが，⑯は書く作業を

---

[55] 戦後初期のものとして，平井（1954）；野地（1958）；大久保・小林（1967）はテープ・レコーダーによる録音機材を活用した振り返りを提案している。有働（2011, pp. 530-535）にも昭和33年の杉並区杉並第九小学校の資料に，テープ・レコーダーを利用した「会話の進め方，討議のしかたの指導のための利用」が提案されていることが示されている。このように録音機材の活用はかなり早くから試みられてきたが，その効果について実証的な研究が積み上げられているわけではない。

[56] 事後のモデルビデオとして「徹子の部屋」（黒柳徹子）を視聴させている。試行錯誤してからプロの技術を確認することが効果的だという。

行うため全員が振り返りやすい。この【C3】の各種方法を端的に示せば，⑮は討議記録，⑯は振り返りを文字化するものである。

ところで，事後指導では記憶や関係性の問題から「振り返り」の困難さがあった（第3.2.1.3）。⑫「振り返り」や⑯「書くことによる振り返り」は事後指導の基本であるが，それだけでは話し合いを詳細に思い出すことは難しい。教師や仲間といった⑬「観察者による指摘」によるフィードバックも必要になるだろう。ビデオなどの⑭「映像記録による振り返り」も正確に話し合いを思い出すことに役立つ。⑮「文字記録による振り返り」でも様々な視点から時間をかけてじっくりと考えることができる。これらの手法は話し合いの仕方だけでなく，他者との関係性なども含めて内省させるとよいだろう。

3.2.3.4　事前指導と事後指導における内省モードの問題

ここまでは話し合い指導における事前指導・事中指導・事後指導の問題と方法について検討してきた。事前指導と事後指導のいずれにおいても内省モードがねらいとされていた。両者の内省モードの差異について説明を加えておく。

事後指導は内省モードにすることが主たるねらいであった（第3.2.1項）。一方，事前指導では事中の話し合いの準備（体験モード）が中心であり，そのために内省されることがあった。これから実施する体験モードを充実させるためである。

両者の差異は，事前指導ではそれまで経験した話し合いを振り返る点にあり，事後指導では直近の極めてリアルな体験を内省する点にある。それまでの話し合いの総体を振り返るのか，終えたばかりの話し合いを振り返るのかが違うのである。内省の対象となる話し合いに対する距離感の相違といえるだろう。もちろん事後の振り返りであっても，すぐ新たな話し合いが行われる場合にはそれを事前指導ともみなすことができる。その場合にはどこまで

が事後指導でどこからが事前指導なのかを明瞭にできないこともある。

このような内省においては，事前・事後いずれの時期であっても次の三つの問題が生じやすい。

第一に，話し合いを客観的に内省しづらいことである。音声は目に見えず消えてしまうためどのような問題があったかを正確に思い出しにくい。作文指導とはこの点が大きく異なるのである。そこで振り返りの様々な工夫が提案されてきた[57]。本研究で提案する視覚情報化ツールはそのような工夫の一つである。

第二に，自ら話したことを振り返るのは苦しいことである。自己のコミュニケーションを内省したり，他者からの指摘を受けたりすることはつらい場合がある。自分の話す姿をビデオなどで見返すことに喜びを感じる人は少ないだろう[58]。話した記録が正確に残されることで，肯定的な面よりも否定的な面のみがクローズアップされて捉えられてしまう場合もある。悪い部分だけが自分自身に強調されてしまうため注意が必要である。その点，視覚情報化ツールの場合は討議が省略されポイントだけが記述されるため，このような問題は起きにくいと考えられる。

第三に，十分な内省ができたとしても必ずしも実行できるとは限らないことである。知っていることと，できることとの間には乖離がある。その乖離を埋める有効なアドバイスとトレーニングこそが重要である[59]。すなわち，

---

[57] シャラン・シャラン（2001）は，「協同」による総合学習の視点から振り返りの観点について詳細に示しており参考となる。山元（2003）；位藤（2004）；迎（2008）；初谷（2012）；上山（2013，2014）などが振り返りの機能や効果について研究を進めている。

[58] King et al.（2000）はスピーチにおける事後指導について次のようにレビューする。事後に何らかの指導や指摘が行われた場合に動機を高めるという研究結果はもちろん存在するという（Butler and Nisan, 1986；Fried and Ferris, 1987）。しかし，それが改善に貢献するよう見えないどころか，むしろ逆の結果を示しているものも多いことを指摘する（Balzer et al., 1989；Bangert-Drowns et al., 1991；Kluger and DeNisi, 1996；Book, 1985）。話し合いの場合でも，十分なフォローや支援がないと自己のコミュニケーションを振り返る作業は困難だろう。

[59] King et al.（2000）はスピーチを事例としつつ，学習者のコミュニケーション行為を2種類に分けることが必要であるという。一つは意識的なメンタルプロセスに基づく行為であり，例えばプレゼンテーションの構成を考えるなどが考えられる。もう一つは無意識下における自動的なメンタルプロセスであり，例えば聴衆に対するアイコンタクトの頻度が取り上げられている。

内省モードの結果を次の体験モードにつなげることが事後指導のポイントになるだろう。そこでは学習者の豊かな振り返りと共に，指導者の力量が問われるのである。

3.2.4 話し合い指導方法の効果的な活用

ここまでは話し合い指導の方法について考察してきた。本節の最後にこれらの指導方法を効果的に活用するときのポイントについて言及しておく。

話し合いとは社会的なプロセスであり，「音声」「共同」「思考」という要素から成立していた。話し合いにおける「創造性」や「民意の反映」は学校教育で話し合いを行う価値そのものであるといえる。しかし同時に，話し合いは本質的な困難さを含み込んでおりその指導には難しい面があった（第0.1.2項）。

国語科ではこのような話し合いについて，その力を育成したり，その意義を実感させたりすることが重要な目標になる（第2.1節）。そこで，話し合いの指導方法を体系的に整理し検討してきたのである。ただし，それはあくまでも事前・事中・事後という指導過程上の問題を網羅的に明らかにするためであった。話し合いの困難さの全てに常に対応する必要はない。学習者が不慣れであれば事前指導をしっかり行うことで，体験モードの認知を重視させるべきであろう。話し合いにある程度慣れていれば，内省モードの認知を重視させるべきであろう。また，指導媒体についてもどれか一つに限定される

両者の認知的プロセスは全く異なっているために，指導法や指導時期も異なってくると主張する。そこで，パフォーマンスのタイプ（意識的・自動的メンタルプロセス）と指導介入フィードバックのタイミング（即時・遅延）から枠組みを構築し実証的な研究が行われた。その結果，アイコンタクトなどの無意識下の自動的プロセスについては，事後指導よりも，事中指導（即時的指導）の方が効果的だと結論づけられている。一方，スピーチの構成を練るような意識的プロセスについては，スピーチ中の指導（即時指導）よりも，事後指導（遅延指導）の方が効果的だという。話し合い指導においても，その場で指摘しトレーニングしたほうがよい場合と，事後にゆっくりと反省したほうがよい場合がありうることが十分に予想できる。しかし，このような視点での話し合い指導の研究はまだ不十分である。なお長田（2003a）では King et al. (2000) の即時指導と遅延指導を参考にプレゼンテーション指導を実施している。

わけではない。それぞれの媒体の特質を理解し，必要に応じて選択していくことが重要である。

このように学習者の様態や教育目標・教育課程に応じて，指導方法の選択や組み合わせの仕方は異なってくる。そのために本研究ではまず目標論や内容論の検討を行ってきた（第2章）。重要な点は，教育目標や教育課程の実現のために，学習者に合わせて指導方法を適切に選択したり組み合わせたりすることである。話し合いの指導方法の特徴を捉えておくことは，その際の大きな手助けになるはずである。

3.3　国語教育における視覚情報化ツールの実践事例

本節では国語教育における視覚情報化ツールの実践事例を詳しく検討する。まず，これまでの議論をふまえ国語教育における視覚情報化ツールを明瞭に位置づける。次に，国語教育における代表的な実践事例を取り上げ検討する。

3.3.1　国語教育における視覚情報化ツールの位置づけ

視覚情報化ツールは，文字媒体による事中・事後指導【C2】【C3】として捉えることができる。【C2】は，文字を活用して事中の指導に役立てるものである。さらに，その記録をもとに事後指導に活用するならば【C3】となる。話し合い指導方法のマトリックス（表3.3）に，改めて視覚情報化ツールを位置づけたものが，表3.4である。これら視覚情報化ツールについて，国語教育ではどのように言及されてきたのだろうか。

1950年代に，野地潤家は話し言葉指導の学習方法を(1)即決的な方法，(2)固定的方法，(3)内省的な方法に整理した（野地，1958, p. 241）。なかでも(2)固定的方法には，言語生活の中から話し言葉をカードに記録する「A　採集法」，記録係による話し合いの要点筆記・全文筆記をもとに振り返る「B　記録

表3.4 話し合い指導における視覚情報化ツールの位置づけ

時期＼媒体	A. 音声	B. 映像	C. 文字
1. 事前指導	【A1】	【B1】	【C1】
2. 事中指導	【A2】	【B2】	【C2】視覚情報化ツール
3. 事後指導	【A3】	【B3】	【C3】視覚情報化ツール

法」，録音をもとに振り返る「C　録音法」があることが示されている。同時期に倉澤栄吉は，話す相手と話題とを接近させるため「黒板や図やその他の補助物を用いる」（倉澤，1958，p.190）ことが重要になることを指摘していた。

　1970年代に入っても中沢政雄が次のように述べている。

> 従来，話しことばは，話しことばとして，他から助けを受けることなく学習することが本体であった。最近は，映像・絵画・図表・文字・身振・表情・行動などを媒介として多角的に，具体的に学習するようになって，その学習法が多様化した。そのために，各種の学習補助機器も使われるようになった。このように聞く話す学習を多角化・多様化・構造化する必要がある。（中沢，1972，p.43）

このように話し言葉の指導媒体が多様化されている様子を説明している。
　1980年になると佐々木定夫は「話し合いの話題について，前もって自分で考えたことをノートに書いておく。それを見ながら話し合いに参加する。……このような誰でもできる書くことを，話しことばの指導に役だてる」（佐々木，1980，p.4）ことが重要だと指摘した。この指摘はリアルタイムに話

し合いを視覚情報化するものではないが，話し合いにおける文字媒体の活用が主張されている。近年でも安河内義己が話し言葉の指導において「小道具」「ユニホーム」「資料・図表等」の活用が有効であることを述べている（安河内，2004, pp. 180-181）。

以上のように話し言葉指導において，音声言語以外の道具（媒介物）の活用が以前から提案されてきたことは間違いない。話し合い指導においても，視覚情報化ツールを特別視する理由はないのである。

では実践面においてはどうであろうか。戦後の話し合い指導を概観したところ，視覚情報化ツールの活用はさまざまな形で国語教育においても試みられていた（第3.1節）。以下，それらの実践の中から主要なものを取り上げてみてみる。

3.3.2　視覚情報化ツールの実践事例

3.3.2.1　大村はまによる話し合い指導

大村はまは中学校の実践として，事前・事中・事後指導のいずれにおいても話し合いにおける文字媒体の活用を行っている。ここでは，話し合いそのものを直接的に視覚情報化した事中指導と事後指導の実践をみておく。

事中指導【C2】が分かりやすく示された事例として，1977年に実践された「一つのことばがいろんな意味に使われている」を取り上げる（大村，1983e, pp. 171-190）。この実践は『外国人のための基本語用例辞典』（文化庁，1971）から抽出された語彙の用例について，グループやクラスで話し合うことを通して言葉に対する豊かな感覚の育成をねらうものである。学習過程の概略は次の通りである。

1．学習のあらましを把握する。
2．分類する練習を行う。
3．グループ討議で，各用例について，分類しながら話し合う。

4．発表資料を作成する。
　5．クラス全体で発表資料をもとに話し合う。

　グループでの話し合いは3.で実施されており，事中指導における視覚情報化ツールが活用されている。資料3.1は，このグループ討議における話し合いの「手引き」である[60]。この手引きでは用例「とる」についての具体的な話し合いモデルが示されている。事前指導として，討議前に読むことで話し合いの筋をあらかじめ知ることができ，その仕方も学ぶことができるものである[61]。実際の話し合いでは「とる」以外の用例を検討することになるが，話し合いの基本的な構造や論点は同じである。そのため，この手引きがあれば別の用例であっても進行の手助けをしてくれる。

　この手引きをもとに，大村が想定したグループ討議の流れを概観しておく。資料3.1にみられる話し合いの流れを樹状図に示せば図3.1のようになる。[1～4]は導入部であり，話し合うためのテーマが示されたのちに，カードの用例を読んでいくことが指示される。[5～36]は展開部であり用例を分類していく。[37]は終結部でありまとめを行う[62]。線状的にみえる台本風手引きは，実際には図3.1のような入れ子型の階層構造をなしていたのである。

　話題の中心的な論点は用例の分類であり，それが端的に示されているのが[6～28]の二つの用例比較である[63]。話し合いながら学習者がリアルタイムに用例カードを動かしていく様子が記されている。つまり，大村実践におけ

---

[60] 大村はまの話し合いの手引きには「台本風手引き」と「発言の手引き」の2種類が知られている。ここで取り上げた手引きは，実際の話し合いの進め方を劇の脚本のように書き表した「台本風手引き」である。
[61] この手引きの読みあわせは事前指導として文字媒体を活用した実践ともいえる。
[62] 話し合いの準備［1～4］・分類の開始［5］・終了処理［37］は，今回の話し合いの手続き的な知識を提示しており，この箇所は学習者がそのまま読み上げれば話し合いの遂行がなされるようにできている。分類［6～36］は，まさに話し合いにおける話題内容に関する議論であるため，談話の流れに応じて学習者が必要な行為をこの手引きの中から選択することになる。
[63] 分類時に二つのものを比較することは当然であるが，この他に三用例の同時比較［29～36］までも想定している点に大村の卓見が認められる。

資料3.1 「一つのことばがいろんな意味に使われている」の手引き（大村, 1983e, pp. 183-186）

1	A（進行）	では，これから始めます。
2	BCD	よろしくお願いします。
3	A	ぼくたちの担当は，Sで，「とる」ということばです。 まず，全体を，ゆっくり，一つずつ，読んでみましょう。Bさんからどうぞ。
4		（順に読む）
5	A	では，分類にかかりましょう。 （少し，めいめいで考えましょう。） （○○のことまで考えてきたと思います。それをCさん，話してください。）
6	A	S1は一つの種類として，これと同類のがあるでしょうか。
7	B	S2がS1と似ていると思います。S1は…こういう意味でしょう。 S2も…こういう意味だから。
8	D	わたしも賛成。
9	C	似ているけれど，ちがうと思う。Dさん，も少しS1とS2と比べて説明してください。
10	D	（説明）
11	C	わかりました。だけど，ほんとにそうだという気がしない。
12	A	一ぺんにきめなくてもいいから，一応，S1のそばにおいて，また考えましょう。 次へいきます。S3はどうですか。
13	D	これは，まるでちがう種類。
14	C	そう思います。
15	B	そう思います。
16	A	では，これは，S1と，はなしておいて…。
17	C	S10というの，見てください。S10はS3とグループになると思いませんか。
18	B	え？
19	D	全然，ちがうことではないかな。
20	C	「こと」に目をつけるのではないでしょう。このことばの意味よ。
21	B	だけど…
22	A	Dさんは？
23	D	わたし，…よくわからない。
24	A	Cさん，もう少し説明して。
25	C	（説明）
26	A	どうですか。
27		少しわかってきた。
28	A	じゃ，もう少し，ほかのを考えてから，また考えることにして。 次は何にしますか。
29	D	S6とS9とを，まとめて考えてみたい。それは…（説明）
30		それなら，S4もいっしょに考えて…。
31	B	そう，そう，ぼくも，いまそう言おうと思ってた。
32	A	じゃ，S6，S9，S4 この三枚，まとめて考えましょう。
33	B	ぼくは，この三枚の—ということばの意味が，…ということで通じていると思うのです。
34	D	それから，こういう意味でも通じていると思います。
35	C	それでいいけれど，こういうふうに話していると，さっきのS10は，これに，だいぶ近いという気がしてきました。
36	A	S16，ちょっと見直してください。 （終了5分前に）
37	A	では，話し合いはここで切ります 記録しましょう。 今日，考えたことは—。 残っている問題は—。 次までにしてくることは—。 次の進行係は，○○さんです。 終わります。

※手引き最初の「進行係の仕事」についての解説部分は省略した。
※実際には縦書きの手引きである。

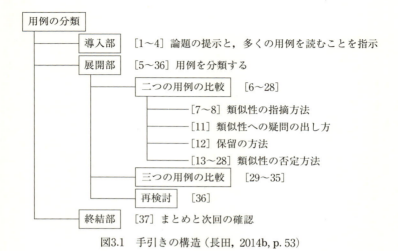

図3.1　手引きの構造（長田，2014b, p. 53）

る話し合いの視覚情報化といえる。そこで，カード操作の具体例をみることでその方法について考察していく。

　手引きには12「S3はどうですか。」とあり，用例 S1 と S3 が比較検討される。13「まるでちがう種類」となったため，16「では，これは，S1と，はなしておいて…。」とされている。つまり，S1 と S3 の二つの用例カードを比較した結果，意味が異なるためカードを離して置くことが指示されている。逆にいえば，類似するカード同士であれば近くに置くことが示唆されているのである。用例の差異をすぐ判断できない S2 については，12「一ぺんにきめなくてもいいから，一応，S1のそばにおいて，また考えましょう。」とされており，判断を保留する場合のカードの置き場所まで指示されているのである[64]。

---

[64] カードの検討方法として多様なパターンが示されていることも特徴である。用例 S1・S2 の検討においては，類似性の指摘方法［7～8］・類似性への疑問の出し方［11］・保留の方法［12］が，用例 S1・S3 の検討では類似の否定方法［13～28］が示されている。さらに3用例の比較［29～35］も書かれている。最後には再検討の方法［36］まで示されている。このように同じパターンは繰り返されず，異なったパターンのみが示されるのは手引きの簡略化のためであろう。最小限の手引きの示し方で，最大限の行為のパターンを提供しているのである。手引きの構造

このようにカードを動かし配置していくことで話し合いのプロセスを視覚情報化させている。進行状況が学習者や指導者にも把握しやすく、最終的なカード配置を見れば話し合った結果も簡単に確認できる。

注目すべきは、このような作業をいきなりさせるわけではない点である。「2．分類の練習」で事前にトレーニングをおこなっている。大村は次のようにいう。

> 時間をかけて、いっしょに分類をしながら、どういうふうに考えを進めていくのか、その考えをどう処理していくのか、実際にカードを動かしながら手順をのみこませます。（大村、1983e, p. 171）

単にカードの動かし方を教えるのではなく、カードを動かすことで思考の方法をも指導していることが分かるだろう。カードの分類はその手段である。大村は「話す」・「聞く」行為だけでなく、カードを「置く」・「動かす」・「見る」行為を通して思考することも指導していたといえる。

この実践の特徴は、討議の全てを自由に文字化するものではなく、あらかじめ書かれた用例カードを学習者が配置するだけという点にある。固定的な用例カードを動かすという最小限の行為で、話し合いの進行を妨げることなく視覚情報化を行わせていたのである。国語教育における視覚情報化ツールを活用した先駆的な実践とみることができる[65]。

次に、事後指導【C3】の事例として1952年に提案されたグループ討議の逐次記録の方法を取り上げておく[66]。その提案を要約すれば次のようになる（大村、1983d, pp. 141-142）。

1．話し合いの仕方や話し合いの記録を読んだり、話を聞いたりして、

や仕組みについては長田（2002b）も参照のこと。
[65] 川喜田（1967）のKJ法もカードによる思考方法であるが、大村に影響を与えたのか否かも含めて両者の関係については考察していない。
[66] 1951年「単元　クラス雑誌」にもグループ討議の逐次記録の方法が示されている（大村、1982, pp. 139-172）。

話し合いについて考え，話し合いの評価表を作る。
2. 話し合いたい話題によってグループに分かれ，評価表をもとにして更に話し合いの仕方を研究する。話題についての資料を用意する。
3. 一グループずつ話し合う。他のグループはそれを見学し記録する。
   (a) 用意する。
   (b) 話し合い（他のグループは発話を順番に記録する。その観点は，態度・ことば・話し方・内容）。
   (c) 見学したグループは評価表をつけ批評をまとめる。話し合いのグループは反省をまとめる。
   (d) 各批評グループから代表者によって批評する。
   (e) 教師の批評を聞く。

注目すべきポイントは3(b)である。話し合いに参加していない学習者が協力して，議事録を作成していく。具体的な方法は次の通りである。グループ討議の参加者それぞれに記録係が一人ずつ付く。参加者が発話するごとに記録者はあらかじめ番号を付したカードに発話を記録する。さらに別の一人は，グループ討議全体の発話者の順番を記録しておく。最後に番号通りにカードを並べることで議事録が完成し，それをもとに話し合いを振り返るのである。この方法であれば記録者は全ての発話を書く必要はなく，自分の担当する者の発話だけを書けばよい[67]。この作業については，複数のグループが交代して行うことも示され，さらなる負担軽減策も提案されている。

このような学習は話し合いの学習だけとは考えられていない。大村は次のようにいう。

 速く書けるということは，文を伸ばしていく上に必要な条件であると思う。…ただ速書きの練習でなく，ぜひ速く書かなければならない，しかもそれは練習ではなく，本番であるようにくふうしたいと思う。この場合は話しあいの記録とし

---
[67] 見学したグループからの批評もある点では，⑬「観察者からの指摘」であるフィッシュボール方式の要素も含まれている。

て，次の話しあいの学習のために大切な資料をつくることでもあって，単なる練習ではない。（大村，1983d, pp. 142-143）

つまり，作文の重要な学習とも考えられているのである。大村が音声言語以外の行為と話し合いを密接に関連づけている様子がうかがえる。

この提案の特徴は，グループ討議の事中に発話順の逐語記録を個人レベルのメモとして作成していくことにある。記録するのは話し合いの参加者自身ではなく，まわりで見ている見学者たちである。そのため，話し合いの当事者たちはリアルタイムでそれを見ることはできず，事後の振り返りにおいてのみ活用されることになる[68]。この点がファシリテーション・グラフィックなどとは異なっている。

以上，文字媒体を活用した事中指導【C2】と事後指導【C3】の事例をみてきた。これらの大村の試みは話し合い指導における視覚情報化ツールの嚆矢とみることができるだろう。

3.3.2.2　中村敦雄によるポスト・イットの活用

中村敦雄は，高等学校における「ポスト・イット」（付箋）を活用した話し合い指導を開発した（中村，1998）。クラス討議とグループ討議の事中指導の事例をそれぞれ取り上げてみる。

クラス討議での活用事例は次の通りである（中村，1998, p. 152）。

1. 「ポスト・イット意見一覧表」を活用して，自分が興味を持った意見を聴く。
2. 聴いた意見について，フリートーキングで意見を述べる。
3. 話し合われたことがらを踏まえて，話題に関する自分の考えを掘り下げる。

---

[68] テープに録音された話し合いを参加者本人たちで文字起こしする実践例もある（大村，1983d, pp. 227-242）。

注目すべきは，意見を交流しやすくするための「ポスト・イット意見一覧表」の作成である。事前指導として，それぞれの意見を記名のうえポスト・イットに書かせている。それを回収し，指導者が似た内容のポスト・イットを近くに並べ直す。賛成派の意見は用紙の右側，反対派の意見は左側，中間派の意見は真ん中に配置したという。賛否によって配置されたこの一覧を配布し，これを活用させながら実際の話し合いを行わせていく[69]。

　事前資料として学習者の意見の一覧表を作成する実践は大村はまも提案していた（大村，1994a, pp. 183-184）。中村の特徴は，資料の作成作業において張り替えがしやすいポスト・イットにすることで現代化を図ったものとみることができるだろう[70]。ただし，クラス討議の事中にリアルタイムで意見が書き加えられることはない。その点で視覚情報化ツールを活用した事中指導【C2】ではなく，文字媒体を活用した事前指導【C1】といえる。

　一方，グループ討議においては視覚情報化ツールを活用した事中指導【C2】の事例がある。ディベートの準備段階におけるグループでのアイデア探しの部分を要約する（中村，1998, pp. 174-176）。

1. 論題について，個人ごとにポスト・イット発想法で情報を蓄える。思いついたことを何でもポスト・イットに書かせる。
2. 各グループに台紙を配る。
3. 各自が書きためたポスト・イットをどんな内容か説明しながら順に台紙に貼っていく。
4. 複数の者が同一の内容を書いていた場合は，一枚だけ残す。
5. その場で思いついたことはどんどんポスト・イットに書き加える。

---

[69] この事例では指導者がポスト・イットの配置を事前に行っているが，学習者にこの作業を任せることもできるという。

[70] 中村は，資料の作成作業において張り替えが簡単なポスト・イットによって教師の負担が大幅に減ることを述べている。また，スピーチや討論さらには作文指導においてもポスト・イットを活用しており，ポスト・イットを活用し一貫した発想方法や論理的思考の指導を提案していることも特徴である。

アイデア探しを経てからディベートの立論を組み立てる作業に入っていく。ポイントは，ポスト・イットの配置作業を学習者自身がグループ討議の中で行うことである。個人の事前の思考結果だけでなく，話し合いの場で思いついた即時的な共同思考もポスト・イットで視覚情報化されるのである。また，学習者だけでなく指導者にもそれは有効に活用されている。例えば，ポスト・イットが20枚しか書けていない班は，うまくいっていないことが多いと判断し支援するという。共同思考を外在化させたポスト・イットの数量をみることで話し合いの進行状況を推測しているのである。

大村はまも事前に書かせたカードを一つずつ取り上げて検討したり，並べかえたりしたりする実践を試みていた。中村の特色は，その媒体が張り替えしやすいポスト・イットであったということと，話し合いの事中に出されたアイデアもその場で書かせ視覚情報化させたことにある。

3.3.2.3 藤森裕治によるバタフライ・マップ

藤森裕治は文学的文章の読みの指導において「バタフライ・マップ」を活用した事中指導【C2】を提案している（藤森，2007）。バタフライ・マップとは図3.2のようなものである。

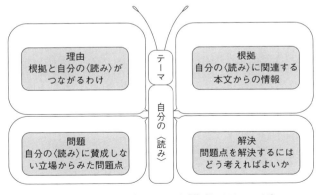

図3.2　バタフライ・マップ（藤森, 2007, p.29）

表3.5 バタフライ・マップにおける6つの項目名（藤森, 2007, p. 39）

項目名	トゥールミン・モデル	並行思考の要素との関連
テーマ	論題	制御的思考（青帽子）で議論の進み方や問題を決める。
自分の〈読み〉	主題	情意的思考（赤帽子）で自分が受け入れられる主張を決める。
根拠	根拠	客観的思考（白帽子）で情報を集める。
理由	理由（裏付け）	積極的思考（黄帽子）で理由や意義について推論する。
問題	反証と限定	消極的思考（黒帽子）で弱点や問題点を指摘する。
解決		創造的思考（緑帽子）で新たな視点や観点を展望する。

「テーマ」「自分の〈読み〉」「根拠」「理由」「問題」「解決」の6つの項目からなる。表3.5はこれらの項目についての説明である。

バタフライ・マップの理論的背景として「トゥールミン・モデル」(Toulmin, 1958)，「並行思考」(Edward, 1985)，「マッピングによる思考の視覚化」(塚田, 2001) があげられている。各項目の記入に際しては付箋（ポスト・イット）の活用が効果的であるという。付箋でこのマップに貼り付けたうえで，おかしいと思う理由をはがしたり，類似の理由をまとめたり，強い理由を中心に整理し直すという。藤森はこのような作業によって思考が深めやすくなることを強調している。バタフライ・マップは，個人レベルの作業だけでなく，グループ討議やクラス討議でも活用できる方法だとも述べられている。まさに視覚情報化ツールである。

藤森の提案は，付箋（ポスト・イット）の活用という点では前出の中村敦雄と同様である。ただし，張り付ける台紙のフォーマットがあらかじめ決まっており，文学の読みの指導に特化したものになっていることが特徴である。その後「バタフライ・マップ」は「Bマップ法」と変わる（藤森, 2013）。読解指導に特化したものから，国語科の指導全般や他教科の指導にまで活用するために改善されている。

3.3.2.4 藤原友和によるファシリテーション・グラフィック

藤原友和は，企業などで行われている「ファシリテーション・グラフィッ

ク」を学校現場向けに提案している（藤原, 2011）[71]。ファシリテーション・グラフィックについて「話し合いの内容を記号や図を使ってわかりやすく視覚的に表したもの」（藤原, 2011, p. 12）と説明する。その機能について整理しているので要約して示す（藤原, 2011, p. 22）。

1. 議論を活性化する〈触発機能〉
    (a) 思考促進機能
    (b) 分類整理機能
    (c) 構造把握機能
2. 議論への参画を促す〈対話機能〉
    (a) 対立緩衝機能
    (b) 論点明示機能
    (c) 視点転換機能
    (d) 比較検討機能
3. 議論を残しておいて活用する〈記録機能〉
    (a) 保持記録機能
    (b) 再現分析機能
    (c) 系時俯瞰機能

　視覚情報化ツールがどのような機能を果たすのか幅広く整理されていることが分かる。注目すべきは「思考促進機能」といった「課題領域」だけでなく，「対立緩衝機能」といった「社会的情緒領域」も視野に収めていることである。ファシリテーション・グラフィックを媒介にすることで直接的・感情的な対立を避けることができることを指摘している（藤原, 2011, p. 30）。もう一つ，注目すべきは「3. 議論を残しておいて活用する〈記録機能〉」である。事中指導【C2】だけでなく，事後指導【C3】までの活用を論じている。ファシリテーション・グラフィックは即時的に消えてしまう話し合い

[71) 堀・加藤（2006）などがベースとなっていることがあげられている。

を振り返るツールとしても期待されているのである。

　藤原は視覚情報化する際の具体的スキルについて次のように整理している（藤原, 2011, pp. 57-72）。

　　1．罫線・枠組みスキル
　　2．文字強調スキル
　　3．レイアウトスキル
　　4．イラスト・カットスキル
　　5．図解スキル
　　6．色分けスキル
　　7．要約スキル
　　8．短期記憶スキル
　　9．ツール活用スキル[72]
　　10．環境構成スキル[73]

　これらをみると発言内容そのものを「書く」ばかりでなく，それをどのように表現するのか，つまり「描く」にも力点が置かれていることが分かる。話し合いを表現することは，話し合いをどう理解したのかということと表裏一体である。表現の仕方は極めて重要なのである。

　藤原の特徴は，学校教育に特化してファシリテーション・グラフィックの機能やスキルを整理している点にある[74]。国語科だけでなく様々な教科や教員研修における多くの事例を示した点も特徴だといえる。

---

[72] 鉛筆やペンや付箋などの活用方法のこと。
[73] 教室における座席の配置も話し合いに影響するため，そのような環境を整えるスキルのこと。
[74] 思考を図解するためのスキルについてはビジネス書において多くのスキルがあげられている（久恒, 1990；永山, 2002；Sibbet, 2006；山田, 2010；飯田, 2011；シベット, 2013）。

3.4 視覚情報化ツールの利点と課題

本節ではここまでの話し合い指導方法の考察を踏まえ，視覚情報化ツールの利点と実践上の課題を明らかにしていく。

3.4.1 視覚情報化ツールの利点

視覚情報化ツールの利点を整理すれば，次の四つの点となるだろう。

第一の利点は「思考の支援」である。話し合いではさまざまな能力が瞬時に要求されるため，そのような処理を行う認知的負荷は高い。しかし，物理的道具（紙・ペン）や記号的道具（文字化・図示化）を活用する視覚情報化ツールによってその負荷を減らすことができる。例えば，論点やそれまでの発言などは，個人レベルで記憶し続けておく必要はなくなる。それらが外在化されることで話し合いの全体像の把握も容易になり，結果として思考に集中することができるようになるだろう[75]。このように視覚情報化ツールは思考を支援できる。

第二の利点は「学習の支援」である。論点や意見が即時的に視覚情報化されるため，話し合いのプロセスを学習しやすくなる。見えにくい話し合いの構造や仕組みが，リアルタイムに意識化できるようになるのである。また話し合いの後でも，視覚化された記録によって振り返ることができるようになる。事後指導の学習材も提供するのである。視覚化された記録があれば，話し合いにおける論理性（課題領域）だけでなく，他者との関係性（社会的情緒領域）も振り返りやすくなるはずである。このように集団思考のプロセスや結果が外在化されることで，課題領域・社会的情緒領域の両面から話し合

---

[75] なお，教師の教材化研究という視点から非記録性や非共有性というデメリットを補おうとしたのが大村はまである。甲斐（2002）によれば，事前指導として，話題の道筋をくっきり単純化し参加者に示すことで複雑な話し合いの内容の記憶という学習者の認知的負荷を減少させ，以て話し合いの仕方に意識を向けさせる契機を生み出したという。

いそのものを学習しやすくなる。さらに他教科・学校生活での話し合いを，後から国語科で振り返るといったことも可能になるだろう。つまり時間と空間を超えて話し合いのプロセスや結果を学習者に再び想起させることができるのである。このように視覚情報化ツールは話し合いにおける学びを支援できる。

　第三の利点は「指導の支援」である。視覚情報化ツールによって話し合いの記録が即時的に形成されていけば，教師も指導のポイントを見出しやすくなるだろう。視覚情報化は学習者だけでなく指導者にとってもメリットがあるのである。また即時的な指導だけでなく話し合いの記録を回収すれば次回の指導の手がかりを見出せる。このように視覚情報化ツールは教師の指導を支援できる。

　第四の利点は「質と量の保障」である。上記の三つの利点によって話し合い指導の質が向上することは間違いない。そればかりでなく量的にも利点が存在する。視覚情報化ツールは極めて簡単な方法であるため，国語科の特設単元でトレーニングを積んだり，国語科・他教科・学校生活全般の融合的な実の場で活用したりしやすい（第2.2.3項）。様々な場面で活用されることで話し合いの経験を量的にも増やせるのである[76]。特設と融合の相補性というカリキュラムの点からも効果的である。このように視覚情報化ツールは指導の質だけでなく量的な面も保障できる。

3.4.2　実践化にむけた課題

　ここまでみてきたように，話し合い指導において視覚情報化ツールは大きな利点がある。ただし，学校教育で活用していくためには課題が二つある。

　一つは，話し合いをどのように視覚情報化すればよいかが明瞭ではないことである。佐々木定夫は話し言葉指導において書くことを導入することが思

---

[76] 藤原（2011）では，様々な教科や学校生活場面での視覚情報化ツールの活用方法が具体的に示されている。

考指導として大きな意味を持つとしつつも，メモをとることで「聞きながら働く思考を一時停止して，書く方に思考を切り換えるのであるから，大切な聞くことが中断されてしまう」(佐々木，1980, p. 4) ことを危惧する。また，青木幹勇も短い物語を「聴写」して書かせることの重要性を指摘したうえで次のようにいう。

> こういう聴写の場合，子どもは，たいてい，話者の話をそっくりそのまま書こうとします。しかし，子どもたちの筆写では，とてもそれはできません。それに，クラスの子どもの発言などは，ことばも整っていませんから，それがそのまま書取られたとしても，さほどねうちのあるものにはなりません。
> 　こういう場合，やはりメモの方法，つまり聴写の技術を手ほどきしてやる必要があります。(青木，1986, p. 83)

あくまでも小学生に対する言及であるが，話された言葉を書くことはそれほど簡単でないことが指摘されている。近年，学校教育における視覚情報化ツールの活用が実践的に提案されはじめている（第3.3.2項）。だが，話し合いの展開を邪魔するようなことは本当にないのだろうか。また，どのように視覚情報化すればより効果的な話し合いの学習になるのだろうか。このような問題意識に基づく実証的な調査研究はまだないのである。

もう一つは，視覚情報化ツールを他の指導方法とどう組み合わせ教育課程に位置づけるかである。高橋俊三は次のようにいう。

> 話すことや話し合うことの手順やルールについては，文字言語によるにしても，実例については音声言語によるものでありたい。また，そうしない限り，聞くことの学習が本物にならないのだ。(高橋，1993, p. 157)

高橋が指摘するように，話し合いの何をどのように指導したら効果があがるのかを見極めることが重要である。視覚情報化ツールだけが話し合い指導の手法ではない（第3.2.3項）。ツールを使わずに話し合えることも重要なのである。話し合い指導において，どのような媒体（道具）をいつ活用するの

か，あるいはしないのかについて具体的に究明していくことが必要である。これまで視覚情報化ツールは，学校教育の中で明瞭に位置づけられていたわけではなく，単発的な指導方法として取り扱われることが多かった。教育課程全体を見据えて視覚情報化ツールを位置づけていくことが必要になる。

　以上のように視覚情報化ツールの実践的な課題は(1)話し合いをどう視覚情報化すればよいか，(2)視覚情報化ツールをどう教育課程に位置づけるのか，である。

〈本章のまとめ〉

　第3章では，話し合いの指導方法について検討した。第3.1節では，戦後の学校教育における話し合い指導を歴史的に概観し，昭和20年代から視覚情報化ツールの萌芽がみられていたことを明らかにした。第3.2節では，国語教育における話し合いの具体的な指導方法を体系的に整理した。第3.3節では，視覚情報化ツールの活用を国語教育に明瞭に位置づけ代表的な実践事例を検討した。第3.4節では，話し合い指導における視覚情報化ツールの四つの利点として「思考の支援」「学習の支援」「指導の支援」「質と量の保障」を明らかにした。その上で実践化にむけた課題として「話し合いをどのように視覚情報化すればよいか」と「視覚情報化ツールを他の指導方法とどう組み合わせ教育課程に位置づけるか」があることを指摘した。

　次章においては，話し合いの中でも特に指導が困難であるグループ討議の改善に，視覚情報化ツールが有効である可能性を示す。さらに，それを実証的に究明するための調査課題を定位する。

第4章
グループ討議における視覚情報化ツールの可能性
―調査課題の定位―

　本章では，グループ討議における視覚情報化ツールの可能性について明らかにする。さらに本研究のここまでの成果を踏まえ視覚情報化ツールに関する調査課題を定位する。具体的に以下の課題を設定した。
　1．グループ討議はなぜ必要か。
　2．グループ討議指導において視覚情報化ツールは有効か。
　3．グループ討議における視覚情報化ツールの調査課題は何か。

4.1 グループ討議の必要性

本節ではグループ討議の必要性を明らかにする。まず，グループ討議にはどのような特徴があるのかについてコミュニケーションの視点から検討する。次に，教室討議との比較を行うことで国語教育においてグループ討議の指導を行う必要性について論じる。

4.1.1 グループ討議におけるコミュニケーション

4.1.1.1 グループ討議の目的

グループ討議は話し合いの一形態であり，国語科以外でも様々な場面や教科で多く用いられてきた。教育心理学の塩田芳久はグループ討議の目的やその場面をバズ学習という点から整理している。これを要約すれば次のようになる（塩田, 1970, pp. 33-34)[1]。

1. 準備過程の段階で，学習目標や問題を把握，経験や記憶の想起
2. 問題点の発見，要点の整理
3. 内容把握，関係把握
4. 問題解決
5. 解答の吟味
6. 二つの考えの比較検討，対立意見の調整
7. 学習内容の要約，確認
8. 調査，資料集め等の方法の検討
9. 練習，復習
10. 観察，鑑賞
11. 運動技能的な教材や，技術的な教材の時に，互いに援助

---

[1] 塩田は「バズ学習」の特徴を「みんなが平等に学習に参加できる」（塩田, 1970, p. 25）ことと述べている。

12. 実践的な問題での集団決定

グループ討議は，学校生活全般においても活用できることがここからも分かるだろう[2]。教育心理学の杉江修治は，学校教育におけるグループ討議の歴史的動向を概観し，その意義を協同という視点から次のように述べる。

> 協同は，仲間との信頼に支えられた人間活動がもたらす動機づけの高まりと，成員間の相互作用と，彼らの自律的な活動によって，集団およびその成員の成績や習得にポジティヴな効果をもたらす。また，協同の過程で，社会的な技能や社会的関係面での成員の成長と，あわせて成員個人の自尊心，自立性などを高める効果がある。さらに，協同はそれ自体，次の世界を担う子どもたちへの教育目標として価値あるものといえるだろう。(杉江，1999, p. 44)

グループ討議は個人の育成だけでなく，集団の育成にもつながることが強調されている。学習内容の「習得」といった課題領域だけでなく，「社会的な技能や社会的関係面」といった社会的情緒領域の育成にもつながることが期待されているのである。課題領域と社会的情緒領域のコミュニケーションの指導は，今後の話し合い指導を開発するうえで重要な要件であった（第2.3節）。また近年では"collaborative learning"や"cooperative learning"への注目からも，グループ討議に対する関心がますます高まっていたことはすでに述べた（第3.1.3項）。

4.1.1.2　グループ討議におけるコミュニケーションの事例

そもそも話し合いとは「複数の人間が，主として音声を媒介として共同で思考するコミュニケーション」（序章）であった。他者との間にコミュニケーションが成り立たなければ，共同の思考は成立しない。話し合いの根底にはコミュニケーションの成立が必要条件として存在する。そこで，このコミ

---

[2] 第2章で論じたように，効果的な話し合いの指導を行おうとすれば，他教科をも含む学校生活全体での活用（融合）やその指導が重要な鍵となる。杉江（1999）は，こういった様々な教科や学校種における実践例を豊富に考察しており参考となる。

ュニケーションの視点からグループ討議の特徴を考察していく。そのために「相互作用分析」（Bales, 1950）の考え方をもう一度確認しておく（第2.1節）。

第一の特色は，人間のコミュニケーションを，社会的情緒行動（人間関係の調整）と課題関係行動（話題そのものの議論）に明瞭に区別した点にある（ブラウン，1993）。肯定的な社会的情緒領域のコミュニケーション行為としては，例えば「連帯性を示す」「緊張緩和を示す」「同意する」などがあり，逆に，否定的な社会的情緒領域には「敵対心を示す」「緊張を示す」「不同意する」といったものがある。一方，課題領域には「意見を与える」「示唆，方向を示す」と，対照的な「意見を求める」「示唆を求める」などがある。

第二の特色は，質問は応答を引き出すなど，どんな行為も反作用を作り出すと考えた点にある。さらに，これらの対応関係によって集団は平衡へ向かう自然の傾向を持っていることが指摘されている。荒れた議論では，静めようという方向性が働く。必ず静められるとは限らないがそのような自然な傾向があるというのである。

この「相互作用分析」の特色が端的に表れている事例を取り上げ，グループ討議におけるコミュニケーションの問題について考察してみる。次の事例は，中学1年生の学習者に対して大学院生たちが共同で実験授業をおこなったものである（長田，2002a）[3]。

授業実施日　2001年11月5日
調査学級　茨城県公立中学校1年のあるクラス
学習目標　「身近な話題（テレビ）について意見文を書くことができる」
学習過程　1．テーマ（テレビの功罪）に関して自分の考えをワークシートに書く。2．テーマに関してグループディスカッションを行う（20分）。3．二百字程度の作文を書く（20分）。4．級友の作文に関

---

[3] この実験授業の全体像については，筑波大学教育学系人文科教育学研究室（2002）を参照のこと。長田（2011b）では，この実験授業を具体的事例として「授業分析」する際のポイントを解説している。

して，意見質問などコメントを書く（紙上討論）。5．紙上討論で書かれた意見をもとに，自分の作文の改善策について書く。

分析対象　**4班**　話し合いの遂行が困難であると事前に予想されたグループ。5名（4S男，4K男，4M男，4N女，4O女）で，現職派遣の院生（4K助）が助言者。

　　　　　　　8班　普通に話し合いを行えると予想されたグループ。4名（8S男，8B男，8Y女，8O女）で，院生（8K助）が助言者。

　テーマはテレビの功罪について論じるものである。本調査の特色は，各グループに大学院生の助言者をつけている点にある。助言者はグループ討議の観察役でもあり，話し合いが困難に陥った際に手助けする役でもある[4]。

　学習過程「2.テーマに関してグループディスカッションを行う」における課題領域と社会的情緒領域のコミュニケーションの様子は次のようなものであった（論点の推移に応じて話し合いを第Ⅰ期からⅦ期に区分している）。

　第4班は，話し合いがうまくいかないと担任によって予想されていた班である。導入のⅠ期では，「共通しているところ？書くの？」と緊張感が示され話し合いが進まない。否定的な社会的情緒領域の行為が続くので，助言者が「順番ずつね」と発言の順序を指名する課題領域の「統制」を行う。Ⅲ期になると班員から課題領域の情報提供がスムースになされるようになった。しかし，Ⅲ期末に話題が尽きるとK男とM男から「もうねえよ！」と強烈な否定的な社会的情緒領域行為がなされた。話し合いが行き詰まったため，助言者はⅣ期に「時計回りに行きましょう」と課題領域の「統制」を再び行った。やさしい言葉遣いで肯定的な社会的情緒領域の「連帯」「緊張緩和」などを加えることで，グループを課題領域の行為へ引き戻したのである。その結果，Ⅴ期になるとK男から「ああ，俺もおもしろい」と肯定的な社会

---

[4]　行き詰まらない限りは助言を極力しないという方針をあらかじめ決めておいた。

的情緒領域行為がみられるようになった。その後も話題が尽き否定的な社会的情緒領域行為になるたびに，助言者は肯定的な社会的情緒領域行為を行った。

このように，第4班への指導者の介入パターンとしては，初期（Ⅱ期まで）は課題領域の「方向付け」だけが行われていた。しかし，中期・後期（Ⅲ期以降）に否定的な社会的情緒領域が生じた場面では，肯定的な社会的情緒領域の「緊張緩和」「連帯」などを巧みに用いてコミュニケーションの均衡を保っていた。

一方，第8班は話し合いが普通にできると担任によって予想されていた班である。この班では，課題領域や肯定的な社会的情緒領域の行為を学習者たち自身で行っていた。例えば，テレビの是非についての意見交換の際には，S男やB男が司会者となり指名や発言の整理などの「統制」を行った。さらに，他者の受容や賞賛といった肯定的な社会的情緒領域についても学習者たち自身で行った。Ⅲ期からⅣ期半ばまでは，課題領域の「同意」が多いが，中間のⅤ期になると肯定的な社会的情緒領域の「冗談」「笑い」なども頻発するようになった。そのため助言者はほとんど発言することがなかった。

このように第8班では，学習者たち自身で，課題領域行為と肯定的な社会的情緒領域の行為とを織り交ぜながら話し合いを進めていた。

上記の事例で確認すべき自律的な話し合いのためのポイントは次の通りである。それは，参加者自らが課題領域や社会的情緒領域のコミュニケーションを織り交ぜながら，話し合いの筋を構築していく必要があることである。問題解決のためには課題領域のコミュニケーションによって話し合いの筋が見出されていかなければならない。ただし，円滑な課題領域のコミュニケーションのためには，社会的情緒領域のコミュニケーションも適切になされる必要がある。例えば，行き詰まった際には，肯定的な社会的情緒領域のコミュニケーションが効果を発揮していた。話し合いにおけるコミュニケーショ

ンとは，課題領域の発話だけでなく，社会的情緒領域によっても均衡が保たれているのである。つまり，話し合いには話題に関する知識や発言のスキルだけでなく，参加者同士の関係構築やリラックスも必要だといえる。

4.1.2 グループ討議指導の必要性

　読むことの指導においては，教室全体で教師主導の話し合いをすることは日常的に行われている。このように教室討議の指導さえしていれば，グループ討議の指導を行う必要性はないのだろうか。学級全体が参加する教室討議と，グループ討議とは何が異なるのであろうか。国語教育においてはグループ討議に関する十分な研究の蓄積はない[5]。

　そこで，ここまでの議論を踏まえつつ教室討議と比較することで，グループ討議の必要性を明らかにしていく。

4.1.2.1　グループ討議と教室討議の違い

　グループ討議と教室討議の差異をまとめたものが表4.1である。以下，順に説明を加えていく。

　「討議の筋の構築」（司会）に関しては，グループ討議は学習者自身で行うため，論点を自ら出しあい話し合いを構築しなければならない。グループ討議とはそのような力を直接的に育成するよい機会である。司会者もグループの数だけ存在することになり多くの学習者が司会を学べることだろう。一方，教室討議では教師が司会をするため，学習者は話し合いの筋の構築に関与しないことが多い[6]。

---

[5] 歓喜他（1995, pp. 16-17）による授業形態についての調査結果は次の通りである。国語科と社会科の授業では一斉指導の割合が高く76%だという。グループ討議による学習は，よく実施されているとされる社会科でも実際には1～2%だったと指摘する。国語科では，グループ討議の割合がより少ないことが示唆されている。国語科でのグループ討議の少なさが，研究の少なさにつながっている可能性がある。

[6] ただし教室討議においても話し合いの展開に教師の関与が限定的な指導法が存在する。例えば，学習者が次の学習者を順次指名する形式や，向山（2003）のように指名がなくても学習者たち

表4.1　グループ討議と教室討議の差異

	グループ討議	教室討議
討議の筋の構築（司会）	学習者	教師
コミュニケーションの質	課題領域と社会的情緒領域	課題領域
学習者一人あたりの発言量	多い	少ない
教師の指導機会	少ない	多い
話題	明確ではっきりとしたもの	複雑なものでも可
討議時間	短い	長い

　教室談話の分析でよく知られたMehan, H. は，教室でのコミュニケーションはIREから成立することを指摘した（Mehan, 1979）。I（initiative）は教師主導による発問であり，R（response）は生徒の反応，その反応に対する教師からの評価言がE（evaluation）である。教室での会話は，基本的に教師がIとEを行い，生徒は応答Rを行うのみだというのである。例えば教師が「主人公はだれですか？」（I）と問えば，学習者は「ごんです」（R）と答える。その解答に対して教師が「正解です」や「違います」（E）などと評価するのが典型である。Mehan は，日常会話では自分が知らないことを相手に質問するのに対して，教師は知っていることを生徒に質問していると指摘した。教室では日常会話と異なる権力的で特殊な会話がなされているというのである。この指摘は，明瞭な一問一答型の授業でなくても，教師主導の教室討議であれば基本的には同じ構造だとみてよい。学習目標を達成するための教師による論点の設定と，それに応じた話し合いの進行がなされるのである[7]。その結果，学習者は「話し合いの筋」を構築することが十分に

　　が自発的に発言を続けていく「指名なし討論」などである。ただし，発言や指名することに力
　　点が置かれ学習者自身で話し合いの筋を構築しているとは必ずしも言いがたい場合がある。
[7] ディベートは数名のグループ間の討議であるため，見方によってはグループ討議の範疇に入る
　　かもしれない。しかしグループ討議の完全な代替にはならない。質問としてのI（発問）はあ
　　らかじめディベートの論題としてはっきり示されている。立論，質問などの話し合いのフォー
　　マットも決まっており，次に何を話すべきかについてのルールが厳格に存在する。しかも一定
　　の時間が過ぎれば自動的に次に進む。つまりディベートでは筋を構築する点に関して，学習者

経験できない。

「コミュニケーションの質」に関しては，グループ討議の方が，課題領域と社会的情緒領域のコミュニケーションに従事しやすい。一般的な話し合いでは，課題領域だけでなく，社会的情緒領域も含めた両者のコミュニケーションが必要である（第2.1.1項，第4.1.1.2）。特にグループ討議では，お互いの雰囲気を和らげたり，困っている発言者を元気づけたり，支えたりなど関係を構築していかなければ円滑に話し合えない。グループ討議はこのような社会的情緒領域のコミュニケーション能力を育成する契機となるだろう。一方，教室討議では社会的情緒領域を教師がコントロールしてしまうため，学習者は課題領域のコミュニケーションを行うだけですむ。教室の雰囲気が悪くなれば，学習者ではなく教師がそれを変えようとするだろう。教師は授業運営の必要上から情緒領域のコミュニケーションを主導しているが，その結果として学習者は社会的情緒領域のコミュニケーションを気にかける必要がなくなってしまうのである。発問に対する答え，つまり課題領域の側面のみに従事すればよいためである。すなわち，教師主導の教室討議はあらゆる教科で日常的に実施されていても，学習者は課題領域のコミュニケーションにばかり従事していることになる。したがって，討議における社会的情緒領域に対する意識や，そのトレーニングが不足してしまいがちになる。

　ほかにも「学習者一人あたりの発言量」に関しては，グループ討議では全員に比較的まとまった発言の機会がある一方，教室討議では人数が多く全員が発言することは難しい。「教師の指導機会」に関しては，グループ討議では必然的に教師の関与は低くなってしまう。複数のグループに対処しなくてはならないため，全ての班に対して丁寧な指導をすることは難しいのである。一方，教室討議では教師が一つの討議をコントロールできるため丁寧な

はその一部を担っているに過ぎないのである。また他者への配慮や共感など社会的情緒領域の行為も，ゲーム的討議の特質から学習しにくいだろう。このほかのディベートの問題点は第2.1.2項でも指摘した。

指導が行える。ただし，「話題」についてはグループ討議ではあまり複雑なものは難しいだろう。一方，教室討議では指導者が話題や論点をコントロールできるため複雑な話題でも可能である。「討議時間」に関してもグループ討議ではシンプルな話題で短くすることが多い。一方，教室討議では指導者が司会をするために長い討議を行うことが可能である。

以上のような差異が生じる要因を考察すれば次の2点となる。

第一のポイントは参加者の規模である。グループ討議は小さいからこそ「学習者一人あたりの発言量」が多くなる。

第二のポイントは指導者の有無である。グループ討議では教師がずっと貼り付けないため「討議の筋の構築」を学習者自身で行う必要が生じる。「コミュニケーションの質」についても課題領域だけでなく，社会的情緒領域のコミュニケーションを自分たちでコントロールしていかなければならない。ただし，グループ数が多く「教師の指導機会」が少ないため，討議時間も短く設定されることが多い。「話題」についても同様の理由からあまり複雑なものは扱えず明確ではっきりしたものとなることが多い。このように参加者の少なさや指導者の関与の低さが，グループ討議指導の特質を生み出している。

4.1.2.2　グループ討議指導の必要性

ここまでの議論を踏まえれば，自律した話し合いの力を身につけるために，グループ討議が重要であると結論づけることができる。

教育目標・教育課程の検討からは，今後の話し合い指導の開発において課題領域だけを突出させることなく，社会的情緒領域のコミュニケーションも重視する必要があることを指摘した（第2.3節）。

ここまでみてきたように，グループ討議では学習者が討議の筋を構築したり，課題領域と社会的情緒領域の両者のコミュニケーションに従事したりする機会が十分にあるのである。この点が教室討議にはないグループ討議の独

自の指導内容であるといえる。そればかりでなく人間が自律した話し合いを行うために欠かせないものである。一方，教室討議では質問・応答・評価（IRE）型コミュニケーションにおいて学習者は応答（R）のみに従事している。その応答（R）にしても課題領域のコミュニケーションに限定されているのである。したがって，自律した話し合いの力を育成するには教室討議だけでは限界がある。討議における社会的情緒領域のコミュニケーションを自ら構築することに慣れておらず，共同性を立ち上げる経験が不足してしまうのである。そこで，教室討議だけでなくグループ討議指導の必要性が生じる。

　もちろんグループ討議はメリットだけではない。グループ討議と教室討議にはそれぞれ利点や欠点があるため，どちらかのみを実践すればよいわけではない。両者を相補的に教育課程上に位置づけることが大切になってくる。その際，最も重要になると考えられるのが大村はまの次の指摘である。

> 話し合うことの価値を体験させていかないと，話し合い，グループ活動のもとになっている，話し合いというものの授業が成立しないと思います。……ああ，話し合うこともいいなと，人の意見に感心し，育てられたという実感，人はそういうことを言うか，自分は思いつかなかった，と自分が開かれる実感，そういうことを経験させることが，まず大事であると思います。（大村，1983a, pp. 190-191）

　大村は「話し合うことの価値」を実感させることが大切であるとしている。話し合いによって「自分が開かれる」経験をすることが，言語生活者として生きていく子供たちにとって第一に重要だと考えている。さらに，そのためには話題や場の設定，教師の指導技術や教材開発が重い意味を持つことも指摘している[8]。この点についてはグループ討議でも教室討議でも共通して重視されなければならない。

---

8) 第3.2.3項では，話し合い指導のさまざまな方法を体系的に整理してきた（表3.3）。これを念頭に教室討議とグループ討議の指導法を組み合わせるとよいだろう。

4.2 グループ討議における視覚情報化ツールの有効性

　本節ではグループ討議指導における視覚情報化ツールの有効性について検討していく。まず，グループ討議指導に特有の困難さとその対応について考察する。次に，グループ討議の指導という面から改めて視覚情報化ツールの利点について整理することでその有効性について論じる。

4.2.1 グループ討議指導の困難さとその対応

　自律的な話し合いの力を育成するためにはグループ討議の指導が欠かせないことを明らかにしてきた。だがグループ討議に参加する学習者は，教師主導の教室討議とは本質的に異なる側面に従事せねばならず，その困難さに直面してしまうのも事実である。教室討議とグループ討議の差異を生み出す要因は「参加者の規模」「指導者の有無」の二つであった。これを踏まえるとグループ討議指導の困難さがよく分かる。

　参加者の規模という点では，グループ討議は規模が小さい分，メンバーの力量や関係性に影響されやすい。教室討議であれば，クラス全員の力量が高くなくても話し合いを進行することができる。しかし，グループ討議ではそれぞれの参加者の力量が直接的に話し合いの成否を左右してしまう。また教室討議より密接な関係構築が求められることにもなる。規模の小ささは，話し合いの技能がより要求されるとともに，そこでの関係性も問われやすいのである。

　指導者の有無という点では，グループ討議は指導者のマンパワー不足が生じやすい。規模の小さい班が数多くできるが，指導者は一人しかいない。グループ数と指導者の数が釣り合わないのである。そのため教室討議では話し合いを指導できても，グループ討議になると指導の手が回らなくなってしまいやすい。

これらの特徴をもとに，グループ討議指導における具体的な事前・事中・事後指導の困難さと，その対策について次に考察する。

4.2.1.1 事前指導

話し合い指導における事前指導の最大のねらいは，事中指導での「体験モード」の認知が有効に機能するよう準備させることであった。そのために知識を「蓄積」させたり，「再構造化」させたりするのである。ただし，「モデル提示」「発話内容・形式の準備」「振り返り」の困難さが一般的にはあった。（第3.2.1.1）

「モデル提示」や「振り返り」の指導の困難さについては，グループ討議でも同様の問題が生じるが，事前指導は可能である。事前であればグループごとではなく教室全体での一斉指導がしやすいためである。「発話内容・形式の準備」についても一般的な話し合い指導と同様の手法で対応できるだろう。ただし，グループ数が多く指導者の手が足りなくなる分，司会者に対する指導がより重要になる。また規模が小さいためメンバー全員が十分に活躍できるよう準備させておくことも大切である。

これら一般的な困難さ以外で，グループ討議で特に問題となるのは「班編制」である。学習者は小集団の話し合いコミュニティを形成する。だが，日常生活の関係が容易に持ち込まれやすくそれに影響を与えてしまう。つまり「社会的リアリティ」の問題に直面してしまうといえる（第0.1.2.2）。そのうえ，指導者の手も足りなくなる[9]。マンパワー不足を補うためにも，事前のグループ編制について留意しておく必要があるだろう。

国語科でグループ編制の重要性を指摘しているのが大村はまであり，能力別グループ編制，作業の種類別グループ編制，テーマ別グループ編制，好き

---

9) 社会心理学の調査からはグループ討議に最適な人数は6から8人程度と指摘されることが多い（岡本他，2006，p. 38）。ただし，人数よりもむしろ友人同士かといった関係性が強く影響することも指摘されている（亀田，1997）。杉江（1999）はグループ編制に関する調査や実践的な編成方法などが詳しいが，国語教育では適切な人数や関係性の調査研究はほとんどない。

なもの同士，生活班など多様な編制が提案されている（大村，1994a, pp. 125-152）。近年の学校教育においては「ジグソー」(jigsaw)（Aronson, 1978）というグループ編制を工夫した話し合いも注目されている[10]。まず「専門家グループ」に分かれて教材を分担して学習し，次に各グループから一人ずつ入る「ジグソー」グループ内でお互いが学習した成果を分かち合うのである（三宅，2010）。国語教育においてもこのようなジグソー方式の提案がなされつつある（田中，1996；難波・尾道市立因北小学校，2010）。

これらのグループ編制への配慮は豊かな体験モードに入るための事前準備といえる。

4.2.1.2 事中指導

話し合い指導における事中指導のねらいは体験モードに集中させることであった。そこではスキルの「蓄積」と「調整」が行われる。事中指導においては一般的に次の三つの困難さが生じた。「理解」の面からは話し合いの論点・意見・結論など全体像を捉えさせることが難しい。「表現」の面からは思考した内容を適切なタイミングで表現させることが難しい。「関係」の面からは話し合いのコミュニティを形成させることが難しい（第3.2.1.2）。

これらの「理解」「表現」「関係」の問題は，グループ討議の方がより困難である。最大の要因は指導者のマンパワー不足である。複数のグループで個別に活動されると，各グループで何をどこまで話しているのかを捉えられず，指導の手が足りなくなってしまうのである。この点に対しては次の四つの方策が考えられる。

第一に，長期的な視野で丁寧な指導を積み上げる方法である。グループ討議を繰り返す中で徐々に事中指導の必要性を減らしていけばよい。そのためには第3章の話し合い指導の様々な手法が役に立つだろう。地道な指導をあせらずにおこなうことがまずは重要である。国語教育だけでなく，協同学習

---

[10] ジグソー学習とも呼ばれている。

（collaborative learning や cooperative learning）などの知見も参考になるだろう（ジョンソン他, 1998：シャラン・シャラン, 2001）。

　第二に，指導者を増やす方法である。グループ数に応じて指導者も増やせばマンパワー不足は補える。ティーム・ティーチングなどを活用しグループ討議を実施するとよい。ただし，TT でも通常 2 名程度であり，複数の班があるときにはやはり手が足りない。それ以上の数の指導者をそろえることは普通の教室では困難であり，実際にはグループ討議に十分な指導者をそろえることは難しい。

　第三に，グループ数を減らし指導の焦点化を図る方法である。指導者を増やすことは難しくても，グループ数を減らす工夫は可能である。第3.2.3項では，事中指導（A2）として⑨「リレーグループ」を取り上げた。一つのグループの話し合いを途中で別のグループが引き継ぐ手法である。討議するグループは常に一つであるため，教師の指導を焦点化しやすい[11]。ディベートなど討論しあう班が 2 班のみで残りは審判となる場合も，グループ数が減る形になっており指導がしやすい。

　第四に，視覚情報化ツールを活用する方法である。本研究で注目する⑪「視覚情報化ツール」を活用すれば，これまで見えなかったグループ討議での意見や論点が明確に意識されやすくなる。似たような意見を線で結んだりできると意見間の関係が見え，話題の論点や構造把握をしやすくなるのである。視覚情報化ツールは話し合いの「体験モード」を有効に機能させるといえる。指導者にとっても，論点や意見が明示されたメモがあるため何をどこまで話しているのかが把握しやすい。複数のグループでもより適切な指導が可能になるのである。

---

[11] このほか事前指導（A1）の③「他班（モデルグループ）の観察」も，話し合う班が少なくなるため教師が指導しやすくなる。

4.2.1.3　事後指導

　話し合い指導における事後指導のねらいは，学習者を「内省モード」にすることであった。体験モードを踏まえて，「話し合い」「他者」「コミュニケーション」に対する認知を「再構造化」するのである。ただし「振り返り」においては困難さが生じていた。（第3.2.1.3）

　この「振り返り」についてはグループ討議の方がより指導が困難だろう。グループ内で振り返る場合，関係性が十分に構築されていないと率直に話すことは難しい。学習者にとって規模の小ささは話しやすさも生み出すが，むしろ話しにくくなる場合もあるのである。指導者にとっても振り返りを支援することはやはり困難である。事中指導と同様，全班の話し合いのプロセスを把握することが難しいためである。この点を少しでも補う方法として次の二つが考えられる。

　第一に，録画機材を活用する方法である。事後に学習者たちで振り返れば改善のための手立てを自ら発見することができる。指導者が見れば指導のポイントも把握できるだろう。具体的な方法は第3.2.3項の映像を媒介とする指導（B3）で取り上げた。ただし，グループの数だけ機材を準備することは難しい場合がある。その場合には順番に数班ずつ録画したり，録音だけのICレコーダーを活用したりするなどの工夫も考えられる。

　第二に，視覚情報化ツール（文字媒体）を活用する方法である。具体的な方法は第3.2.3項の文字を媒介とする指導（C3）で取り上げた。視覚情報化ツールによる討議の記録があれば各班で話し合いを振り返りやすくなるだろう。指導者にとっても，そのメモを回収することで指導の手がかりを得ることができる。

4.2.2　グループ討議における視覚情報化ツールの利点

　グループ討議指導に特有の問題を解消する手法として，事中指導と事後指導では視覚情報化ツールをあげた。本研究の中心的な手法であるため，グル

ープ討議の視点から改めて視覚情報化ツールの利点について整理しておく。

一般的に，話し合い指導においては「思考のツール」「学習のツール」「指導のツール」「質と量の保障」という4つの利点を持っていた（第3.4.1項）。これをもとにグループ討議の場合を考察すれば次のようになる。

思考のツール　グループ討議における話題の構造や，意見間の関係をリアルタイムで把握できることが利点となる。論点や意見間の関係を的確に把握し，新たな知見を得ることは討議における集団思考そのものである。話し合いの能力だけでなく，思考力を直接的に育成するともいえる。指導者の手が回りにくい事中指導において，学習者の共同思考を強力に支援する「思考のツール」になるのである。しかも，その作業は紙1枚に共同で書くだけである。学習者たちだけでも扱いやすく，教師の関与が減少しても自律的な討議を支えられる。このように視覚情報化ツールは，教師のマンパワー不足の解消という消極的な面だけではなく，自律的な学習者の育成という積極的な面も持つ。

学習のツール　これまで困難であったグループ討議の振り返りを支援する「学習のツール」として活用できる。事後指導では書かれた記録があるため，学習者たち自身で話し合いを振り返りやすい。記録があれば他班の討議も検討できる。途中で他班の討議を見てまわる際にも，討議内容を素早く理解できるはずである[12]。このように，指導者がフォローしにくいグループ討議において話し合いの仕方の学べるツールになる。指導者のマンパワー不足を学習者たち自身で補える。

指導のツール　指導者がグループ討議のプロセスを把握しやすくなることも利点である。従来は討議の経過が不明なまま，複数のグループ

---

[12] このような実践例は第0.1.3.3で取り上げた。

に対して事中指導せざるをえなかった。それを防ぐため，特定のグループに張り付けば他班の指導が行えなくなる。だが，グループ討議の記録が視覚情報化ツールでリアルタイムに作成されれば，机間巡視の途中で指導に入った班でも教師は指導しやすくなる。グループの数にかかわらず討議の進み具合を把握できるのである。もちろん事中指導だけでなく，事後指導においても話し合いの記録は指導の材料になる。このように「指導のツール」として教師のマンパワー不足を補う一助となる。

質と量の保障　比較的簡単な方法であり国語科以外でも活用することができる。もちろん国語科では上記のメリットがあるためグループ討議の指導が質的に充実できる（特設）。簡単な手法のため，他教科や学校生活全般でのグループ討議の場で活用もしやすい（融合）。あらゆる討議において活用できれば，話し合い指導の絶対量を増やすことができる。グループ討議指導の質的・量的な保障ができるのである。

このように教師の支援が不足しがちなグループ討議においても，視覚情報化ツールは十分にその効果を発揮すると考えられる。グループ討議が充実すれば国語の授業も自ずと充実することだろう。さらに他教科や学校生活全体においても学習者たちのコミュニケーションが変容する契機になるだろう。このような形でグループ討議の経験を積めば，ツールがなくても適切に話し合うこともできるようになるはずである。視覚情報化ツールを国語教育に明瞭に位置づけて，実践や研究を推進する理由はまさにここにある。だが，グループ討議における視覚情報化ツールの実証的研究はこれまでほとんどなされてこなかった。

4.3 グループ討議における視覚情報化ツールの調査課題

　本節ではグループ討議における視覚情報化ツールについて実証的に究明するための調査課題を定位する。まず，状況的認知論をもとに視覚情報化ツールの研究を進めるためのポイントを明らかにする。次に，それに基づきグループ討議における視覚情報化ツールの調査課題を明らかにする。

4.3.1 視覚情報化ツールを研究する際のポイント

　視覚情報化ツールを実践化するためには次の問題があった（第3.4.2項）。第一に，話し合いをどう視覚情報化すればよいかが明瞭ではないことである。第二は，視覚情報化ツールをどう教育課程に位置づけるかである。

　この点を解決する道筋を得るために，状況的認知論において注目されている「アフォーダンス」（affordance）という概念に着目してみる。アフォード（afford）とはそもそも「～ができる，～を与える」という意味である。アフォーダンスとはこれをもとに提唱者のGibson, J. J. が造語したものである（Gibson, 1950, 1966, 1979）。彼は「環境のアフォーダンスとは，環境が動物に提供する（offers）もの，良いものであれ悪いものであれ，用意したり備えたりする」（ギブソン, 1985, p. 137）ものであるという。アフォーダンスによって人間と環境との相補性を概念化することができるというのである。

　佐々木正人は次のように分かりやすく説明する。部屋の中に1枚の紙を見つけた場合，薄い紙なら手で破ることができる。これを，その紙が破ることをアフォードするとみる。しかし，厚い紙だった場合には破れない。アフォードしないのである。ただし，腕力があれば厚紙でも破ることができる。これらがすべて紙のアフォーダンスだというのである。環境にあるものにはすべてアフォーダンスがあり，我々はその価値を発見し続けているという。佐々木は，アフォーダンスを「環境が動物に提供する「価値」のことであ

る」(佐々木, 1994, p.60) と指摘する。アフォーダンスとは刺激ではなく「情報」である。人間は情報に「反応」するのではなく, 情報を環境から「探索」し, ピックアップしている。したがって, アフォーダンスが利用される背景には, 時間の長短はあれ必ず探索の過程を観察できるという。ただし佐々木は, 探索では間違う可能性が常にあることも強調する。アフォーダンスは, 刺激のように「押しつけられる」のではなく, 知覚者が「獲得し」「発見する」ものであるというのである (佐々木, 1994, pp.63-64)[13]。アフォーダンス理論とは, 従来の認知心理学における情報処理モデルに対するアンチテーゼとみることができる。人間の心をコンピュータのような情報処理過程と見立てないのである。むしろ情報は人間の内部ではなく, 人間の周囲いわば環境にあると考える。その結果, 媒介物や外部環境により思考や行為が変容するとみることが重要なポイントである[14]。

近年, アフォーダンス理論を応用して, 人工物のデザインやコンピュータのインターフェイスに対する研究が進んでいる。人間と環境を媒介するインターフェイス, すなわちツールの研究である[15]。このアフォーダンス理論では, 人間と環境を媒介するツール (道具) を研究する際のポイントが二つ示されている。

一つは, ツールが使われる現場をフィールドワークすることである。佐々木正人は次のように指摘する。

アフォーダンスをデザインするために一様な方法があるわけではない。設計のア

---

[13] Wertsch (1998) や Norman (1988) もアフォーダンス理論との接点について述べている。ただし, Norman らの成果には Gibson のアフォーダンス理論についてかなりの誤解があることも指摘されている (河野, 2003, pp.76-77)。また, Gibson (1950, 1966, 1979) は実際には視覚に関する研究のみを行っており, 言語など他領域についてはメモを残した程度だったとされる (佐々木, 1994, p.114)。だが近年では対話研究にもアフォーダンス理論が用いられており, その応用が広がり始めている (佐々木他, 1997)。

[14] Wertsch らの社会文化的アプローチでは, 外部にある媒介物の活用によって人間の歴史的発展や能力の拡張をもたらしたことを指摘した。アフォーダンス理論では, 外部環境が情報という価値を提供していることを強調する。

[15] アフォーダンスの概念を援用した国語教育の研究に竜田 (2009, 2011) などがある。

イディアは，道具やシステムが利用されるまさにその現場で発見されなければならない。(佐々木, 1994, p. 105)

　人間と環境とツール（道具）との関わりを丁寧に観察することの重要性が指摘されている。茂呂雄二は，書くことの教育や発達に関する研究成果を踏まえて「ある種のシンボルの導入によっておこる変化を捕らえるためには，シンボルを使用する場の全体を考慮しなければならない」（茂呂・汐見, 1988, p. 78）と強調する。佐々木や茂呂の指摘を踏まえれば，話し合い指導の開発においても，実際の話し合いにおけるツールの使用を丹念にフィールドワークすることが重要だといえる。だがそのような研究はこれまではなされてこなかった。つまり，話し合いにおける紙やホワイトボードのアフォーダンスは研究上は見出されてこなかったといえるのである。佐々木は「アフォーダンスを発見するためには，全身での経験が必要な場合がある」（佐々木, 1994, p. 66）とし次のように述べている。

　　知識を「蓄える」のではなく，「身体」のふるまいをより複雑に，洗練されたものにしてゆくことが発達することの意味である。(佐々木, 1994, p. 81)

　学習や発達を頭の中に知識を蓄積することと捉えずに，身体性の観点から捉えている。視覚情報化ツールを使いこなすためには，体験を積み重ねることが極めて重要なのである。そのため，学習者が視覚情報化ツールを体験するその振る舞いを明らかにしていくことが優先的な作業課題とならなくてはいけないだろう。

　もう一つは，ツールのデザインに関するものである。佐々木はNorman (1988) を踏まえ「道具はそれを使ってどのような行為を行うことができるのかがわかるようにデザインしておくこと」（佐々木, 1994, p. 104）が重要だという。話し合いをアフォードしていることがよく「見える」ようデザインしておくことが指導の一つのポイントといえる。例えば，第3.3.2.3で取り上げたバタフライマップは，文学の話し合いに特化した視覚情報化ツールであ

った（藤森，2007）。蝶の形を模した用紙には「テーマ」「自分の読み」「理由」「問題」「根拠」「解決」という欄が印刷され，話し合いに活用されている（図3.2）。文学作品の読み深めをアフォードしやすいツール（デザイン）を媒介させたものといえるだろう。ではどのように話し合いをデザインし，視覚情報化することが望ましいのだろうか。おそらく話題や発達段階に応じた適切なデザインがあることは間違いない。しかし，この点についてもほとんど研究がなされていない。視覚情報化ツールをどうデザインすべきか，記号的道具に焦点をあてた分析が必要である。

以上を踏まえれば，視覚情報化ツールを研究する際のポイントは「ツールが使われる現場のフィールドワーク」と「ツールのデザイン」となる。ただし，これだけで指導方法が実践的に提案できるわけではない。鈴木栄幸・加藤浩は，学習環境デザインという視点から「アルゴブロック」[16]というプログラミング教育の支援ツールについて，次のように述べる。

> アルゴブロックという道具が，協同プログラミングのためのリソースを学習者に提供する道具として表れるためには，アルゴブロックの形や機能のデザインに加え，組織（学習集団の組織化，制度や規則の整備など）や活動（活動内容，カリキュラム，目標，動機づけなど）のデザインが必要である。（鈴木・加藤，2001，p. 92）

ここには学習を支援するツールの研究だけでは不十分なことが示唆されている。視覚情報化ツールという道具の研究だけで話し合い指導が改善するわけではない。教育課程などの学習環境デザインまでを含めて総合的に研究されていく必要がある。そのためには話し合いにおける視覚情報化ツールの活用が学校段階によってどう異なるのかを明らかにしておく必要があるだろう。だが，視覚情報化ツールに関しては基礎となる発達的なデータすらない

---

[16] 共同でプログラミングをするための教育ツールである。物理的なブロックの一つ一つに，プログラミング言語のコマンドが割り当てられており，このブロックを相互に接続することでプログラミングすることができる（鈴木・加藤，1995）。

のである。

4.3.2　調査課題の定位

　話し合いとは，共同によるコミュニケーションによって，個人レベルの思考が，グループという社会的レベルの思考へと変換されるプロセスである。「複数の人間が，主として音声を媒介として共同で思考するコミュニケーション」とみることができた。本研究では，音声言語での話し合いを，文字・図などの視覚情報に変えて支援するものを「視覚情報化ツール」とした。

　この視覚情報化ツールには「話し合いをどう視覚情報化すればよいか」「視覚情報化ツールをどう教育課程に位置づけるのか」が不明瞭であるという問題があることを示した（第3.4.2項）。これらの問題に対して，本章では状況的認知論に基づき，「ツールが使われる現場のフィールドワーク」「ツールのデザイン」「ツールの発達的な視点」がポイントになることを明らかにしてきた。ここまでの議論を踏まえ，グループ討議における視覚情報化ツールの調査課題を示せば次のようになる。

　　調査Ⅰ：物理的道具の視点　話し合いの参加者は視覚情報化ツールをどう活用するのだろうか。ツールの活用に関する基礎的な調査研究はほとんどないため，その実態を明らかにすることから始める必要がある。そこで日常的な大学での授業における活用の様子を観察し調査する。実際の授業におけるグループ討議をフィールドワークすることで，視覚情報化ツールの活用方法やその効果を考察していく。ツールを物理的道具として活用する際の身体の振る舞い方の分析である。対象は大人の段階である大学生である。この調査は話し合いにおける主体・道具・環境の相互作用を丁寧に捉えるための第一歩となる。この調査課題は第5章で究明する。

　　調査Ⅱ：記号的道具の視点　話し合いの書き方（デザイン）によって話

し合いのプロセスや結果は異なるのだろうか。発言をすべて書き留めることはなかなか困難である。そこで図示化や省略化といった操作をする必要があるが，このような記述で参加者は話し合いを的確に認識し遂行できるだろうか。大人の段階である大学生を対象に，ツールの記号的道具としての影響について一定規模の実験的な調査を行い統計的手法で分析する。この調査課題は第 6 章で究明する。

調査Ⅲ：発達的な視点　小中学生においても話し合いの視覚情報化は有効に機能するのだろうか。また実践化のポイントはどこにあるのだろうか。教育課程において学習環境をデザインするためには，発達的な視点がどうしても必要になってくる。そこで小・中・大学生という学校種に応じた視覚情報化ツールの効果について実験的な調査を行う。結果を統計的手法で分析し実践化に向けての基礎的なデータを得る。この調査課題は第 7 章で究明する。

〈本章のまとめ〉

　第 4 章では，グループ討議における視覚情報化ツールの可能性について明らかにしたうえで，その調査課題を定位した。第4.1節では，教室討議と比較しながらグループ討議の重要性を明らかにした。第4.2節ではグループ討議においても視覚情報化ツールが有効である可能性を論じた。第4.3節では，状況的認知論を踏まえて「物理的道具の視点」「記号的道具の視点」「発達的な視点」から三つの調査課題を定位した。

　次章からは定位した課題にしたがって分析を行っていく。

第5章
〈調査Ⅰ〉グループ討議における複合的行為の分析
―視覚情報化ツールに関する物理的側面―

　本章では，調査Ⅰとしてグループ討議における視覚情報化ツールの使用実態を捉えていく。大学生が視覚情報化ツールを使って話し合う姿をケーススタディによって分析する。具体的に以下の課題を設定した。
1. グループ討議における視覚情報化ツールの実態を捉えるための目的と方法はなにか。
2. 視覚情報化ツールの使用方法にはどのようなものがあるのか。
3. 視覚情報化ツールはどのような時にどう使われるのか。
4. 視覚情報化ツールはグループ討議の流れの中でどう使われるのか。
5. 総合的に考察すればグループ討議における視覚情報化ツールの実態はどのようなものか。

5.1 調査Ⅰの目的と方法

本節では調査Ⅰの目的と方法について明らかにする。そのうえで調査対象となったグループ討議の概要について確認しておく。

5.1.1 調査Ⅰの目的

ここまで論じてきたように，話し合いにおける視覚情報化ツールの有効性は理論的には十分に認められる。だが，これまで教育場面における実証的な研究はなされてこなかった。実際の話し合いにおいて視覚情報化ツールはどのように活用されるのだろうか。

そこで，調査Ⅰではケーススタディとして大学生が視覚情報化ツールを使って話し合う姿を分析する。物理的なツールをどのように使用して話し合うのかについて明らかにしていく。具体的なリサーチ・クエスチョン（RQ）を次のように設定した。

RQ1 グループ討議における視覚情報化ツールの使用方法にはどのようなものがあるか。

RQ2 グループ討議において視覚情報化ツールはどのような時にどう使われるのか。

RQ3 グループ討議の流れの中で視覚情報化ツールはどう使われるのか。

5.1.2 調査Ⅰの方法

調査日 2009年9月30日

被調査者 T大学「国語Ⅱ」の全受講者7名[1]。なお，被調査者には調

---

[1] 「国語Ⅱ」は，大学初年時教育としてアカデミックリテラシーの習得をねらう演習型の講義である。Ⅰを受講せずⅡのみの受講も可能である。今回の受講生は全員Ⅱのみの受講であった。調

査の目的を説明し，了解を得たうえで調査に参加してもらった。
第1班：女子4名（K1女，K2女，U女，H女）
第2班：女子3名（O女，K女，S女）と男子1名（M男）。ただし
S女は遅刻したため後から討議に参加している。

討議内容　「ニュースを知るなら新聞とインターネットのどちらがよいか」について，「新聞」あるいは「インターネット」と主張するためのグループスピーチの原案を考える。

討議時間　第1班約20分，第2班約28分。ただし，討議の途中に他班の討議メモの見学を3分ほど組み込んでいる。この部分は今回の分析の対象とはしない。

記録方法　2方向からHDD内蔵ビデオカメラによって撮影した。音声は机上のワイヤレスマイクでビデオカメラに録音した。

分析方法　ビデオによる録画記録について後述する「ツール使用行為」（表5.1）と「修正IPA」（表5.5）の枠組みでコーディングした。コーディングに際しては，調査者および30代女性の計2名がそれぞれコーディングを行った。前者の枠組みの一致率は92.0％であり，後者は94.4％であった。不一致のものについては合議を行って統一した。なお，一連の作業において定性調査・質的データ分析ソフト（QDAソフト）の「NVivo9日本語版」（QSR International社）を使用した[2]。

本調査の特徴は，実験的調査のための話し合いではなく，通常の大学の授業におけるグループ討議を分析した点にある[3]。

査日は講義の第4回目である。なお調査者は視覚情報化ツールを使ったグループ討議をこの講義で毎年行っている（長田，2009d）。

[2] 「NVivo」の使用方法については，佐藤（2006, 2008）；リチャーズ（2009）を参考とした。なお，リチャーズは「NVivo」開発者の一人でもある。

[3] 本調査の前には，この授業で一度だけ視覚情報化ツールを用いたグループ討議を行っているが，視覚情報化ツールの詳しい使い方の説明はしていない。紙に意見を書きながら話し合うよう指

5.1.3 グループ討議の概要

　第1班は「インターネット」の方がよいと主張するための話し合いであり，概要は次の通りである。討議の導入部では，U女が鉛筆を持って紙に向き合うことで，書き手が自然と決まり話し合いを始める準備がなされた。展開部では，班員から「インターネット」の方がよいと主張するための根拠が数多く出された。これらの根拠は逐次，共同メモに記述された。アイデアが出きったところで，その中から4つの根拠を選び出す作業が始まった。その結果，インターネットのメリットとして「早い」「ほしい情報だけ得られる」「関連情報が得られる」「見やすい」が選定された。次に逆の立場の「新聞の方がよい」という視点から，自分たちの4つの根拠が妥当かどうかが検討された。そのうえで根拠同士のつながりや関係について，共同メモの項目間に線を書き込みながら改めて全員で確認している。討議の終結部では，選んだ4つの根拠を再確認し，だれがどの根拠について発表するのかをじゃんけんで決定し終了した。図5.1はこのグループ討議で実際に紙に書かれたメモである。討議の前半部ではU女が記述者であった。しかし，後半部ではH女に交代した。

　第2班は「新聞」の方がよいと主張するための話し合いであり，概要は次の通りである。討議の導入部では，O女が司会の役割を果たしつつ，討議の時間や目的の確認などを行った。討議の展開部では，普段読んでいる新聞は何かという論点が出され実質的な討議がはじまった。新聞にはどのような記事が掲載されているかを思い出す作業が行われ，様々なジャンルの記事が掲載されていることが確認された。次に，新聞のメリットが検討された。情報の確実性，視覚的な情報の把握しやすさ，などがネットとの比較によってあげられた。次に，インターネットのデメリットが論点として取り上げられた。立ち上げるのが面倒，つなぐなどの設定が面倒という欠点が出された。

　　示しただけである。

第5章 〈調査Ⅰ〉グループ討議における複合的行為の分析　193

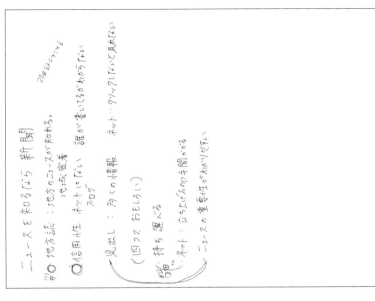

図5.2　第2班のメモ用紙

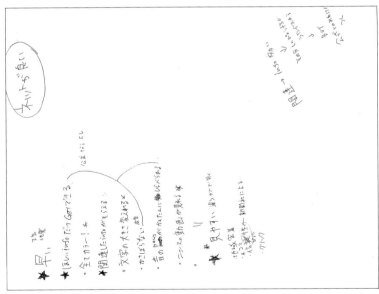

図5.1　第1班のメモ用紙

そのうえで，新聞とネットを比較してメリット・デメリットの検討が総合的になされた。討議の終結部では，共同メモの記述を全員で見ながら新聞の4つのメリットに丸印をつけることで結論を確認した。さらに，誰がどのメリットを発表するか分担を決め，名前を書き込むことでグループ討議は終了した。図5.2はこのグループ討議で実際に紙に書かれたメモである。討議に際しては，主としてペンをもったO女が記述者であり進行役を務めていた。討議の終結部ではK女に記述者が交代する場面も見られたものの，すぐにO女に戻っている。

5.2 RQ1：グループ討議における視覚情報化ツールの使用方法にはどのようなものがあるか

本節ではグループ討議における視覚情報化ツールの使用方法について明らかにする（RQ1）。まず，視覚情報化ツールの使用行為を整理する。次に，グループ討議において視覚情報化ツールがどの程度使用されているのかについて分析する。さらに，グループ討議における視覚情報化ツールの使用行為を詳しく分析する。最後に，これらの分析結果を踏まえグループ討議における視覚情報化ツールの使用方法について考察していく。

5.2.1 視覚情報化ツールの使用行為

第1班と第2班のグループ討議における視覚情報化ツールの使用行為を整理したものが表5.1である。

まずは「行為者」によって分類した。それが「書き手」と「書き手以外」である。次に「行為の対象」として「紙に関する行為」と「書くことに関する行為」があった。それぞれの下位行為としてA～Mが以下のようにみられた。

「書き手」による「紙に関する行為」としては，「A. 紙の一部分を指す」

「B. 紙を引き寄せる」「C. 紙を押し出す」「D. 紙を見る」があった。「書き手」による「書くことに関する行為」としては、「E. 書きながらもいったん相手を見る」「F. 書き手の交代」「G. 書く」「H. 書く体勢に入る」「I. 書く体勢を外す」があった。

一方、「書き手以外」による「紙に関する行為」としては、「J. みんなで紙を見る」「K. 参加者の紙の指さし」があった。「書き手以外」による「書くことに関する行為」としては、「L. 書いているのに話す」「M. 書いているのを待つ」があった。

これらの各行為を詳しく説明しておく。

「A. 紙の一部分を指す」は、メモ用紙の一部分を書き手が指し示す行為である。「B. 紙を引き寄せる」は、書き手が紙を自分の方へ引き寄せる行為である。「C. 紙を押し出す」は、書き手がメモ用紙を他者に見やすいように押し出す行為である。「D. 紙を見る」は、書き手自身がメモの内容を見る行為である。

表5.1 視覚情報化のツール使用行為（長田, 2011a, p. 81）

行為者	行為の対象	行為
書き手	紙に関する行為	A. 紙の一部分を指す B. 紙を引き寄せる C. 紙を押し出す D. 紙を見る
	書くことに関する行為	E. 書きながらもいったん相手を見る F. 書き手の交代 G. 書く H. 書く体勢に入る I. 書く体勢を外す
書き手以外	紙に関する行為	J. みんなで紙を見る K. 参加者の紙の指さし
	書くことに関する行為	L. 書いているのに話す M. 書いているのを待つ

「E. 書きながらもいったん相手を見る」は，書いている途中で他の参加者の顔を見る行為である。「F. 書き手の交代」は，書き手が交代する行為である。「G. 書く」は，メモ用紙に実際に書く行為である。「H. 書く体勢に入る」は，前傾姿勢になって書く直前の体勢に入る行為である。「I. 書く体勢を外す」は，「H. 書く体勢に入る」になったものの，書くことを止めてしまった行為である。

「J. みんなで紙を見る」は，書き手以外の参加者がメモ用紙を見るものである。全員で見る場合だけでなく，参加者が一人でも見た場合にはカウントした。「K. 参加者の紙の指さし」とは，書き手以外がメモ用紙の一部分を指す行為である。

「L. 書いているのに話す」とは，書き手が書いているにもかかわらず，発話者が話を続けている行為である。「M. 書いているのを待つ」とは，書き手が書き始めたことにより一時的に発話を止め書き終えるのを待つ行為である。

5.2.2 視覚情報化ツールの使用の割合

このような視覚情報化ツールを活用する行為は，討議においてどの程度占めているのだろうか。話し合いの全行為のうち，ツールが使用されている行為の割合を示したものが表5.2と図5.3である。

今回のグループ討議においては，第1班は88.7％，第2班は83.0％もの割合でツールが使用されていた[4]。両グループとも8割以上もの高い比率で視覚情報化ツールが活用されていたことが分かる。

---

[4] 自班の討議を行わない時間であった「他班の見学」については，計数に含めていない。なお，「他班の見学」には，他班のそれまでの討議内容をイメージすることによって自班のアイデアをより広げるなどの効果もある。詳しくは長田（2009d）を参照のこと。

表5.2 視覚情報化ツールの使用の割合

	全行為	ツール使用	割合
1班	291	258	88.7%
2班	306	254	83.0%
全体	597	512	85.8%

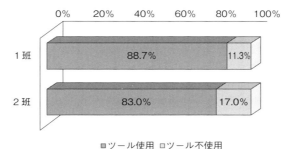

図5.3 視覚情報化ツールの使用の割合

5.2.3 視覚情報化ツールの使用行為の分析

　どのような視覚情報化ツールの使用行為がどの程度行われているのだろうか。視覚情報化のツール使用行為（表5.1）の枠組みをもとに，グループ討議におけるツールの使用行為の頻度と割合を示したものが表5.3と図5.4である。なお，計数に際してはある場面における複数の行為を同時にカウントすることがある。例えば，書き手がメモを書いている途中にまわりの参加者もそれを見ているとする。その場合には「G. 書く」と同時に「J. みんなで紙を見る」がそれぞれカウントされることになる。

　この結果をみると両班ともほぼ同じ傾向がみられるといえる。そこで両班を合わせた全体データをもとに具体的なツール使用行為について分析していく。

　最も多い行為は「J. みんなで紙を見る」であり42.6％と最多である。書き

表5.3 視覚情報化ツール使用行為の頻度と割合

	1班		2班		全体	
A. 紙の一部分を指す	7	(1.5%)	35	(6.2%)	42	(4.0%)
B. 紙を引き寄せる	2	(0.4%)	9	(1.6%)	11	(1.0%)
C. 紙を押し出す	1	(0.2%)	11	(1.9%)	12	(1.1%)
D. 紙を見る	134	(27.8%)	144	(25.4%)	278	(26.5%)
E. 書きながらも相手を見る	1	(0.2%)	7	(1.2%)	8	(0.8%)
F. 書き手の交代	1	(0.2%)	10	(1.8%)	11	(1.0%)
G. 書く	56	(11.6%)	59	(10.4%)	115	(10.9%)
H. 書く体勢に入る	8	(1.7%)	28	(4.9%)	36	(3.4%)
I. 書く体勢を外す	2	(0.4%)	12	(2.1%)	14	(1.3%)
J. みんなで紙を見る	228	(47.3%)	220	(38.7%)	448	(42.6%)
K. 参加者の紙の指さし	28	(5.8%)	11	(1.9%)	39	(3.7%)
L. 書いているのに話す	14	(2.9%)	21	(3.7%)	35	(3.3%)
M. 書いているのを待つ	0	(0.0%)	1	(0.2%)	1	(0.1%)
計	482	(100.0%)	568	(100.0%)	1050	(100.0%)

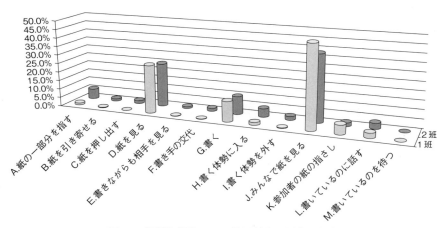

図5.4 視覚情報化ツール使用行為の頻度と割合

手の行為として最も多いものも「D. 紙を見る」で26.5％あった。両者を合わせると69.1％にもなり，視覚情報化ツール使用行為の中で約7割近い行為が「見る」であった。書いたものを見るということが基本的な行為であったことが分かる。

単に見るだけではなく，紙を指しながら，見たり話したりする場面も見ら

表5.4 討議メモの記述内容

	1班	2班	全体
論題	1	1	2
発話内容	12	11	23
発話への評価	1	3	4
発話間の関連性	3	2	5
記号や線	4	2	6
人名	0	2	2
計	21	21	42

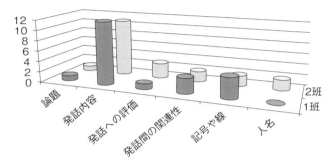

図5.5 討議メモの記述内容のグラフ

れた。それが書き手による「A. 紙の一部分を指す」の4.0％と，「K. 参加者の紙の指さし」の3.7％である。両者を合わせると紙を指す行為は7.7％になる。討議の1割弱で記述された内容を指さしながら話し合っていたのである。

　見たり指したりするためには何かが書かれていることが前提になる。「G. 書く」は10.9％であり全体でも3番目に多い行為となっている。書くことも話し合いにおいては重要であった。その内容を示したものが表5.4と図5.5である。これをみると「発話内容」を記述することが両班とも最多で23例ある。ただし，発話はすべて記述されるのではなく，省略されたりキーワードだけで書かれたりしていた（図5.1・図5.2参照）。また「発話への評価」や「発

話間の関連性」が書かれたり，それらが「記号や線」で結ばれたりもしていた。なお，第2班だけは「人名」が記述されていた。

「L. 書いているのに話す」は3.3%である。これは発話内容をリアルタイムに記述していることを示す。しかしその割合はわずかであり，発話中にリアルタイムにメモすることは少ないといえる。一方，「M. 書いているのを待つ」は0.1%である。これは話し手が，メモが始まったのを見て，発話を途中で止めるものである。こちらもその割合は極めて少ない。つまり，基本的には発話が一通り終わってからメモされていたことが分かる。実際，書くことに夢中になるあまり相手の話が聞けなくなるよう場面はみられなかった。「H. 書く体勢に入る」は3.4%であった。一方，「H. 書く体勢に入る」になったにもかかわらず実際には書かなかった「I. 書く体勢を外す」は1.3%である。このIは発話を聞いて書くほどではない意見と判断されたものであろう。書き手が発話内容を吟味し記述するか否かを判断している様子がうかがえる。

なお「F. 書き手の交代」は1.0%しかなかった。両班とも書き手の交代は頻繁に行われるわけではなかった。

5.2.4 RQ1の考察

RQ1は，グループ討議における「視覚情報化ツールの使用方法にはどのようなものがあるか」であった。ここまでの分析結果を考察すると次のようになる。

(1)グループ討議における視覚情報化ツールの使用行為を明らかにした（表5.1）。これまで判然としていなかった視覚情報化ツールの使用行為を13種類も確認し，「行為者」および「行為対象」から整理することができた。

(2)視覚情報化ツールは，グループ討議における約8割以上の行為において使用されていた（表5.2）。今回の調査では，視覚情報化ツールの詳しい使い方の説明はしていない。「討議を必ず紙に書くように」と指示しただけであ

る。特別なトレーニングをしたわけではないにもかかわらず，いずれのグループでも視覚情報化ツールの高い使用率がみられた。

(3)視覚情報化ツールの使用行為の頻出度を明らかにした（表5.3）。その結果，特に「見ること」と「書くこと」の比率が高いことがうかがえた。「見ること」は，書き手と参加者とを合わせれば全行為のうち7割に近い。また「書くこと」は1割ほどである。記述内容としては「発話内容」が最も多く，「発話への評価」「発話間の関連性」「記号や線」「人名」などもみられた。書くタイミングとしては，発話中に書くことはほとんどなく，発話が一通り終わってからメモする様子がうかがえた。そのため，書くことに夢中になりすぎて相手の話が聞けなくなるような場面はなかった。書くことや見ることの行為を補助するものとして「紙を指す」などの行為もみられた。

(4)ここまでの考察を整理すれば次のようになる。RQ1では音声以外の行為全般に注目して話し合いの分析を試みた。ケーススタディの結果，特別なトレーニングをしていないにも関わらず話し合いの8割以上で視覚情報化ツールに関する行為がなされていたことを明らかにした。それらを13種類に整理することもできた。特に「見ること」や「書くこと」が話し合いにおいては高い比率で行われていたことを明らかにできた。本事例においては，話し合いでの視覚情報化ツールの使用は極めて重要であったと判断できる。

5.3 RQ2：グループ討議において視覚情報化ツールはどのような時にどう使われるのか

本節ではグループ討議において視覚情報化ツールがどのような時にどう使われるのかを明らかにする（RQ2）。まず，話し合いの相互作用を捉えるための枠組みを措定する。次に，どのような相互作用の場面でどのように視覚情報化ツールが活用されるのかについて分析する。さらに，相互作用の場面ごとにおける視覚情報化ツールの使用傾向を分析する。最後に，これらを踏

まえグループ討議における視覚情報化ツールの活用について考察する。

5.3.1　相互作用場面を捉えるための修正 IPA の措定

グループ討議による相互作用をとらえるために Bales (1950) の相互作用分析 (IPA) を一部改変して分析に用いる。表5.5は IPA のコーディング・カテゴリーとそれらの主要な関係性を示したものである[5]。表の右側は，相互作用における個々の行為である「1．連帯を示す」「2．緊張緩和」などのコーディングを示している。さらにこれらの行為は，表の左側の上位のカテゴリーである「社会的情緒領域：肯定」「課題領域：中立」「社会的情緒領域：否定」としてまとめることができる。「社会的情緒領域」とは，いわゆる人間関係の調整行動であり肯定的か否かで分類している。「課題領域」とは，話題そのものに関して話したり深めたりする行為である。ただし，本調査では Bales (1950) の IPA に「0．沈黙」を追加する。沈黙の場面において多くのツール使用が行われているためである。以下，この沈黙を追加した修正 IPA を使って分析を試みる。

表5.5　修正 IPA (Bales, 1950改)

領域区分	相互行為
沈黙領域	0. 沈黙
社会的情緒領域：肯定的	1. 連帯性を示す，他人の立場を高める，援助，報酬を与える 2. 緊張の緩和を示す，じょうだんをいう，笑う，満足を示す 3. 同意する，受け身な受容を示す，理解する，協力する，従う
課題領域：中立的	4. 他人の自立を暗に認めながら示唆，方向を与える 5. 意見，評価，分析を与える，感情，願望を表明する 6. オリエンテーション，情報を与える，繰り返す，明確化する，確証する 7. オリエンテーション，情報，反復，および確証を求める 8. 意見，評価，分析，感情の表明を求める 9. 示唆，方向，行為の可能な方法を求める
社会的情緒領域：否定的	10. 不同意する，受け身な拒絶，形式性を示す，援助を引っ込める 11. 緊張を示す，援助を引っ込める，場から引っ込む 12. 敵対心を示す，他人の立場をおとしめる，自己を防衛もしくは主張する

※ブラウン (1993, pp. 39-42) をもとに，カテゴリー間の関係を示す箇所を省略し作表。沈黙領域も追加。

---

[5]　Bales (1950) の相互作用分析 (IPA) については，第2.1.1項，第4.1.1項でも言及した。

5.3.2 どのような相互作用場面でツールはどう使われるのか

5.3.2.1 全体的な特徴

　どのような相互作用のときにどう視覚情報化ツールは使用されるのだろうか。両班のグループ討議について，修正IPAと視覚情報化ツールの使用行為とでクロス表を作成した。それが表5.6～5.7と図5.6～5.7である。なお，ある場面の相互作用において複数のツール使用行為が計数されることがある。例えば，メモを指しながら参加者が笑い合っていた場面では，相互作用（IPA）は「1. 連帯を示す」「2. 緊張の緩和を示す」であった。そのため「A. 紙の一部分を指す」行為は，相互作用（IPA）の「1. 連帯を示す」と「2. 緊張の緩和を示す」にそれぞれカウントされる。その結果，この場面の相互作用では視覚情報化ツールの使用行為「A.紙の一部分を指す」が2回計数されることになる[6]。

　両班の特徴は類似しているため，まずは二つを合算した表5.8と図5.8をもとに全体的な特徴を捉えておく。

　「沈黙領域」（0. 沈黙）では，「D. 紙を見る」が58例，「J. みんなで紙を見る」が95例，「G. 書く」が29例もあり，極めて多い。「課題領域」（4.～9.）でも，「D. 紙を見る」や「J. みんなで紙を見る」「G. 書く」が目立つ。さらに，「A. 紙の一部分を指す」や「K. 参加者の紙の指さし」などがそれらに次ぐ。肯定的な「社会的情緒領域」（1.～3.）でもやはり，「D. 紙を見る」や「J. みんなで紙を見る」「G. 書く」が目立つ。否定的な「社会的情緒領域」（10.～12.）では，「D. 紙を見る」「J. みんなで紙を見る」が多い。

　次に，具体的に第2班を取り上げ相互作用と視覚情報化ツールの関係について，実際のやりとりも交えながら詳しく分析する。再び表5.7と図5.7に戻り，沈黙領域・課題領域・社会的情緒領域の順に検討する。

---

[6] そのため同じ対象を分析していても行為のみをカウントした表5.3とは結果が異なる場合がある。

表5.6　第1班のツール使用行為と修正IPAのクロス表

	A	B	C	D	E	F	G	H	I	J	K	L	M	計
0. 沈黙	0	0	0	19	0	0	12	2	0	40	2	0	0	75
1. 連帯を示す	1	0	1	21	0	0	9	1	1	28	5	2	0	69
2. 緊張の緩和を示す	0	1	1	17	0	0	8	1	1	33	2	3	0	67
3. 同意する	1	0	0	13	0	0	4	1	0	20	3	0	0	42
4. 示唆，方向を与える	1	0	0	6	0	0	1	0	0	14	3	0	0	25
5. 意見，評価，分析を与える	2	1	0	26	0	0	8	2	0	36	2	2	0	79
6. オリエンテーション，情報を与える	3	1	0	47	1	0	20	3	1	74	11	7	0	168
7. オリエンテーション，情報を求める	1	1	0	10	0	1	9	1	0	21	2	4	0	50
8. 意見，評価，分析を求める	1	0	0	6	0	0	1	3	1	9	1	0	0	22
9. 示唆，方向，分析を求める	1	0	0	2	0	0	0	0	0	5	1	0	0	9
10. 不同意する	0	0	0	11	0	0	1	2	1	12	1	1	0	29
11. 緊張を示す	1	0	0	1	0	0	1	0	0	4	0	0	0	7
12. 敵対心を示す	0	0	0	0	0	0	0	0	0	0	0	0	0	0
計	12	4	2	179	1	1	74	16	5	296	33	19	0	642

表5.7　第2班のツール使用行為と修正IPAのクロス表（長田，2012a, p. 42）

	A	B	C	D	E	F	G	H	I	J	K	L	M	計
0. 沈黙	4	4	4	39	0	2	17	9	4	55	0	0	1	139
1. 連帯を示す	0	1	0	1	0	2	2	0	0	5	0	0	0	11
2. 緊張の緩和を示す	5	0	2	14	1	0	7	1	1	21	1	1	0	54
3. 同意する	10	1	0	18	1	2	10	3	1	39	1	4	0	90
4. 示唆，方向を与える	5	0	3	16	0	1	3	1	0	19	0	1	0	49
5. 意見，評価，分析を与える	5	1	0	15	1	2	14	4	1	40	4	7	0	94
6. オリエンテーション，情報を与える	7	1	2	27	4	2	12	8	3	39	3	9	0	117
7. オリエンテーション，情報を求める	4	0	0	9	1	0	4	3	0	13	1	3	0	38
8. 意見，評価，分析を求める	1	0	0	2	0	0	2	1	1	4	1	1	0	13
9. 示唆，方向，行為を求める	4	0	1	8	0	0	1	1	1	10	2	0	0	28
10. 不同意する	2	1	0	8	0	0	1	2	2	12	2	0	0	30
11. 緊張を示す	0	0	0	4	0	0	0	1	0	4	0	0	0	9
12. 敵対心を示す	0	0	0	0	0	0	0	0	0	0	0	0	0	0
計	47	9	12	161	8	11	73	34	14	261	15	26	1	672

※凡例：A. 紙の一部分を指す，B. 紙を引き寄せる，C. 紙を押し出す，D. 紙を見る，E. 書きながらもいったん相手を見る，F. 書き手の交代，G. 書く，H. 書く体勢に入る，I. 書く体勢を外す，J. みんなで紙を見る，K. 参加者の紙の指さし，L. 書いているのに話す，M. 書いているのを待つ

第5章 〈調査Ⅰ〉グループ討議における複合的行為の分析　205

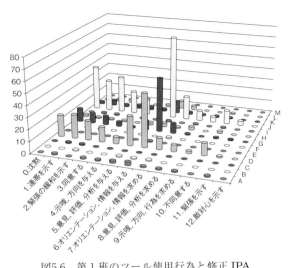

図5.6　第1班のツール使用行為と修正IPA

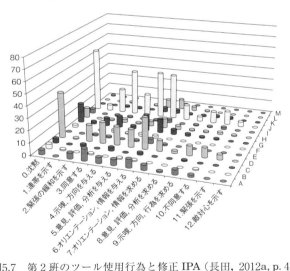

図5.7　第2班のツール使用行為と修正IPA（長田, 2012a, p. 42）

※凡例：A. 紙の一部分を指す，B. 紙を引き寄せる，C. 紙を押し出す，D. 紙を見る，E. 書きながらもいったん相手を見る，F. 書き手の交代，G. 書く，H. 書く体勢に入る，I. 書く体勢を外す，J. みんなで紙を見る，K. 参加者の紙の指さし，L. 書いているのに話す，M. 書いているのを待つ

表5.8　両班のツール使用行為と修正 IPA のクロス表

	A	B	C	D	E	F	G	H	I	J	K	L	M	計
0. 沈黙	4	4	4	58	0	2	29	11	4	95	2	0	1	214
1. 連帯を示す	1	1	1	22	0	2	11	1	1	33	5	2	0	80
2. 緊張の緩和を示す	5	1	3	31	1	0	15	2	2	54	3	4	0	121
3. 同意する	11	1	0	31	1	2	14	4	1	59	4	4	0	132
4. 示唆，方向を与える	6	0	3	22	0	1	4	1	0	33	3	1	0	74
5. 意見，評価，分析を与える	7	2	0	41	1	2	22	6	1	76	6	9	0	173
6. オリエンテーション，情報を与える	10	2	2	74	5	2	32	11	4	113	14	16	0	285
7. オリエンテーション，情報を求める	5	1	0	19	1	1	13	4	0	34	3	7	0	88
8. 意見，評価，分析を求める	2	0	0	8	0	0	3	4	2	13	2	1	0	35
9. 示唆，方向，行為を求める	5	0	1	10	0	0	1	1	1	15	3	0	0	37
10. 不同意する	2	1	0	19	0	0	2	4	3	24	3	1	0	59
11. 緊張を示す	1	0	0	5	0	0	1	1	0	8	0	0	0	16
12. 敵対心を示す	0	0	0	0	0	0	0	0	0	0	0	0	0	0
計	59	13	14	340	9	12	147	50	19	557	48	45	1	1314

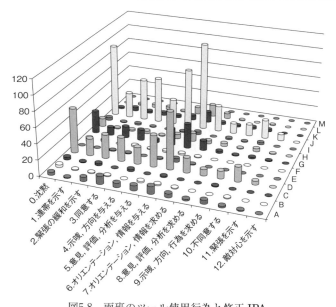

図5.8　両班のツール使用行為と修正 IPA

※凡例：A. 紙の一部分を指す，B. 紙を引き寄せる，C. 紙を押し出す，D. 紙を見る，E. 書きながらもいったん相手を見る，F. 書き手の交代，G. 書く，H. 書く体勢に入る，I. 書く体勢を外す，J. みんなで紙を見る，K. 参加者の紙の指さし，L. 書いているのに話す，M. 書いているのを待つ

5.3.2.2 沈黙領域

　第2班の「沈黙領域」（0. 沈黙）においては，「見る」「書く」が多いことが特徴だといえる。「D. 紙を見る」が39例，「J. みんなで紙を見る」が55例もカウントされている。第2班では次のような事例がみられた。

発話番号	タイム	発話者	発話内容
224	18：59.0－19：10.0	O女	ネットだと，なんかそういう配置が，たぶん，よく分からない気がして，読売新聞の一面はこれで，見比べができるし，なんか話題にもなる気がする。
225	19：10.0－19：18.0	K女	確かに。なんか朝のニュースとかで新聞で説明する。だーんて出して。一面はこれーみたいな。
226	19：18.0－19：20.0		（沈黙）
227	19：20.0－19：22.0	O女	なんていったらいいのかな？
228	19：22.0－19：26.0		（沈黙）
229	19：26.0－19：30.0	K女	ニュースの重大さ？　重要性とか。
230	19：30.0－19：42.0		（沈黙）

　発話番号224において，O女は新聞のメリットとして見出しの配置が工夫できることを指摘した。225においてK女もそれに同意した。このメリットをどう表現すべきかについて，227でO女は「なんていったらいいのかな？」とアイデアを求めた。その結果，228において沈黙が発生している。この沈黙の約4秒の間に「J. みんなで紙を見る」行為がなされていた。それまでに書かれた意見を「見る」ことで思考している様子がうかがえる。その後，229においてK女の「ニュースの重大さ？重要性とか。」という発話がなされ同意が得られると「J. みんなで紙を見る」行為は終了した。この論点についての共同思考が終了したことを示している。

　また「G. 書く」も17例ある。230の12秒間の沈黙の間にO女は「ニュースの重要性がわかりやすい」と書き込んでいた。このように沈黙とは単に発

話されない場面ではない。沈黙の最中にメモを見ながら思考したり，思考の結果を書いたりしているのである。沈黙の重要性が視覚情報化ツールの使用行為から分かるだろう[7]。

5.3.2.3 課題領域

「課題領域」(4.～9.)では，「見る」「書く」「指す」が多い。この点を詳しく確認するために「課題領域」を二つに分けてみていく。一つは質問系であり「7. オリエンテーションを求める」「8. 意見を求める」「9. 示唆を求める」がある。もう一つは応答系であり「4. 示唆を与える」「5. 意見を与える」「6. オリエンテーションを与える」である。応答系の方から検討していく[8]。

応答系では，「D. 紙を見る」「J. みんなで紙を見る」などの行為が頻出している。「4. 示唆を与える」では，Dが16例でJが19例の計35例ある。「5. 意見を与える」では，Dが15例でJが40例の計55例ある。「6. オリエンテーションを与える」では，Dが27例でJが39例の計66例もある。

```
193    16：27.0 - 16：29.0    K女    持ち運べるのはいいかも。
194    16：29.0 - 16：31.0    O女    持ち運べる。
```

193において，新聞のメリットとしてK女から「持ち運べるのはいいかも。」という発話がなされた。この2秒の発話の間に，参加者たちはK女の顔をちらっと見てからメモの記述内容を見ていた。K女から出されたアイデアについて紙を見ながら考えている様子がうかがえる。その後194において，書き手であるO女が「持ち運べる。」と繰り返しつぶやきK女のアイデアをメモに書き込んでいた。

ただし，応答はすべてが書かれるわけではない。書かれやすいものとそう

---

[7] 倉澤栄吉は国語教育において沈黙の重要性を早くから指摘していた（倉澤・青年国語研究会，1970）。
[8] 二つの系の名称については，「試みられた応答」と「質問」というブラウン（1993, p. 40）の訳出を参考にした。

ではないものがある。例えば「5. 意見を与える」では「G. 書く」行為が14例,「6. オリエンテーションを与える」では12例あった。しかし,「4. 示唆や方向を与える」では「G. 書く」行為は3例と少ない。これはなぜだろうか。次の事例を見てみる。

280	23：26.0－23：28.0		（沈黙）
281	23：28.0－23：32.0	M男	その4つで,えーと,ほかに思い浮かばない。

280での沈黙を破り,281でM男は「その4つで,えーと,ほかに思い浮かばない。」と発話した。新聞のメリットについてこれ以上アイデアを出すことが難しいことを述べ,議論の打ち切りを示唆したといえる。しかし,この発話はメモされていない。このような議論の進め方についてはメモされないことが多いのである。論点について意見が表明された場合にはすぐに記述されやすいが,討議の方向性が示唆されただけでは記述されにくいといえる。

質問系の「7. オリエンテーションを求める」でも,同じく「D. 紙を見る」（9例）や「J. みんなで紙を見る」（13例）などの行為がみられる。だが,その場合でも「G. 書く」は4例と少ない。メモに質問内容を書くことは少なく,書かれやすいのは質問に対する応答の方である。

また,課題領域のコミュニケーションにおいてはメモを指す行為もある。4.～9.のすべての相互作用で,書き手（司会）による「A. 紙の一部分を指す」がなされている。「K. 参加者の紙の指さし」も4.以外ではすべてなされている。このように課題領域ではメモが指されやすい。

322	25：52.0－25：56.0	O女	さっき言った感じで,これ,言ってもらっていいですか？
323	25：56.0－25：59.0		（沈黙）
324	25：59.0－25：59.9	S女	ああ。

| 325 | 25:59.9 – 26:12.0 | O女 | これ最後にやっぱり，信用性が，あるからっていうことを，何とか工夫して言うので，言ってもらう感じで。|

　322において司会のO女はS女に担当してほしいところを依頼している。その際にO女はメモを指しながら発話した。S女は323で沈黙しながらメモを読み，324で「ああ。」と発話した。S女が了解したとみたO女は325において具体的な作業について補足説明を加えた。このように「4. 示唆，方向を与える」においてはメモを指しながら発話されることがある。

　以上を踏まえれば，質問したり答えたりするような議論を実質的に進展させる課題領域の相互作用においては，他者の発話を書いたり，見たり，指したりする行為が多くなされていたことが分かる。例えば，課題領域の応答系（「4. 示唆を与える」「5. 意見を与える」「6. オリエンテーションを与える」）では「J. みんなで紙を見る」「D. 紙を見る」などの行為が頻出している。出されたアイデアについて紙を見ながら考えている様子がうかがえる。ただし「4. 示唆を与える」では「G. 書く」は少ない。はっきりとした意見はすぐに記述されるが，議論の方向性が示唆されただけでは書くまでに至ることは少ないのである。一方，質問系（「7. オリエンテーションを求める」「8. 意見を求める」「9. 示唆を求める」）でも同じく「J. みんなで紙を見る」「D. 紙を見る」などの行為がみられる。ただし「G. 書く」は少ない。誰かが質問をしている間に質問内容そのものを書くことはあまりなかったといえる。

5.3.2.4　社会的情緒領域

　「社会的情緒領域」（1.～3. および 10.～12.）においては「見る」「指す」が多い傾向がある。「2. 緊張緩和」では，書き手の「D. 紙を見る」（14例）や参加者の「J. みんなで紙を見る」（21例）などが多い。

| 254 | 21:47.0 – 22:07.0 | O女 | まずはこれを確実に，信用性がある。新聞 |

| 255 | 22:07.0 – 22:09.0 | | には信用性がある。これ最後に，もってきてもいいかもね。これがなんか，一番，これぐらいしかない。 |
| 256 | 22:09.0 – 22:16.0 | O女 | （笑い）
でも，新聞選ぶひとはこれが，信用性があるから，これとかいってるんじゃないかな？ |

　グループ討議が行き詰まり全員がメモを見ていた中で，254「これがなんか，一番，これぐらいしかない。」とO女は述べた。新聞のメリットをさらにあげることが難しいことを自虐的に示唆したのである。この発話を受けて255でメモを見ていた全員から小さな笑いが起きた。緊張感が高まっていた中で笑いが生じたことで，かえってその後の議論が進みやすくなっていった。その契機は紙に書かれた内容を見たことにある[9]。視覚情報化ツールの使用が緊張緩和を生み出した事例だといえる。

　「3. 同意する」も「D. 紙を見る」（18例）や「J. みんなで紙を見る」（39例）が多い。書かれた内容に同意できるかどうかを判断するため，紙を見る行為が必然的に増えるのである。その際，第2班では「A. 紙の一部分を指す」（10例）と併用される場合があった[10]。

| 261 | 22:23.0 – 22:29.0 | S女 | まだ，無線LANとか，そういう施設が整っているところが少ないとか…。 |
| 262 | 22:29.0 – 22:33.0 | O女 | そうですね。これがどんなところでもっていう。 |

　261においてインターネットのデメリットとして，S女が「まだ，無線

---

[9] このように，それまでメモを見ている際に笑いが生じた場合では，そのまま紙のメモから目を離さずに笑っている。一方で，相手を見ながら話している場合に笑いが生じた場合では，紙を見ることはなく相手を見ながら笑っていた。
[10] ただし，第1班では書き手による「A. 紙の一部分を指す」は1例と少ない。また「K. 参加者の紙の指さし」も3例のみである。

LANとか，そういう施設が整っているところが少ないとか…。」と発話した。これを受け，書き手のO女はメモに書かれた「ネット」という言葉を指しながら「そうですね。」と発話した。このようにメモを指しながら参加者が同意した場面は10例存在した。

　社会的情緒領域（否定）の「10. 不同意」のコミュニケーションにおいても，やはり「D. 紙を見る」（8例），「J. みんなで紙を見る」（12例）が多い。不同意の30例のうち書き手が紙を見るのは8例あり，参加者が紙を見るのは12例あった。一方，不同意において「G. 書く」のは1例のみであった。

339	26：48.0 - 26：51.0	O女	えー，県大？結果とかは…出ない。
340	26：51.0 - 26：54.0	S女	朝日新聞は見たような気がします。
341	26：54.0 - 26：55.0	O女	へえ，そうか。

　ここでは新聞の地方欄に部活の県大会の結果が載るか否かが議論されている。339でO女はしばらく考えた後に新聞には「出ない。」と主張した。しかし，直後の340でS女が「朝日新聞は見たような気がします。」と発話しO女の意見に不同意とした。すると341でO女は「へえ，そうか。」と納得し自らの意見を取り下げる。注目すべきはこの一連のやりとりはメモされていなかった点である。即座に不同意とされた意見は書かれにくいといえる。逆にいえば，メモに記されるということはその時点でとりあえず参加者の同意が得られたものとみることができるだろう。以上のように，社会的情緒領域においても視覚情報化ツールとの関わりがみられたということができる。肯定的な社会的情緒領域では，発話された内容を書いたり，見たりする行為が多い。例えば笑いなどの「2. 緊張緩和」は，「J. みんなで紙を見る」「D. 紙を見る」などの行為とともになされている。笑いといった緊張緩和も，なんとなく起きているわけではなかった。視覚情報化ツールを用いながら実質的な議論をしている最中に生じていたのである。また「3. 同意する」でも，「J. みんなで紙を見る」「D. 紙を見る」が多い。視覚情報化ツールでメモさ

れた場所を見ながら同意している様子がうかがえる。一方，否定的な社会的情緒領域では，見ることだけがなされることが多い。即座に否定された意見はメモに書かれないのである。

5.3.3 どのような相互作用場面でツールは使われやすいか

ここまでは第2班の事例を具体的に検討してきた。次にコミュニケーションの相互作用（IPA）によるツールの使用・不使用の傾向を分析していく。

両班の相互作用ごとに視覚情報化ツールが使われているか否かを示したものが表5.9と図5.9である。これは修正IPAごとに視覚情報化ツールが使用された割合を示したものである。例えば第1班では「0. 沈黙」は46行為であるが44行為において視覚情報化ツールが使用されたため使用率は95.7%となる。第2班も同様に計算すれば100.0%であり両班全体の平均は98.1%となる。沈黙領域でのツールの使用率は極めて高いことが分かる。以下，この両班の全体の使用率をもとに考察していく。

課題領域における「4. 示唆，方向を与える」（91.9%），「5. 意見，評価，分析を与える」（98.8%），「8. 意見，評価，分析を求める」（93.3%），「9. 示唆，方向，行為の可能な方法を求める」（88.2%）のような高度な思考や判断が必要な行為には視覚情報化ツールの使用率が比較的高くなる傾向がある。しかし，「6. オリエンテーション，情報を与える」（81.6%）「7. オリエンテーション，情報を求める」（72.9%）では，それほどでもない。すなわち，4.や5.などの高度な判断や思考を行う場合には，視覚情報化ツールを活用しながら発話している様子がうかがえる。一方，単純な情報のやりとりである6.や7.の場合には，視覚情報化ツールはやや活用されにくい傾向がある。

肯定的な社会的情緒領域においては，「2. 緊張の緩和を示す」（88.4%）で視覚情報化ツールの使用率が比較的高い。だが，「1. 連帯を示す」（80.9%）や「3. 同意する」（78.6%）はそれほどでもない。

なお，1班と2班で結果が大きく異なっていたのは否定的な社会的情緒領

表5.9 修正 IPA ごとの視覚情報化ツールの使用率

	1班			2班			全体		
	行為	使用	使用率	行為	使用	使用率	行為	使用	使用率
0. 沈黙	46	44	(95.7%)	58	58	(100.0%)	104	102	(98.1%)
1. 連帯を示す	39	33	(84.6%)	8	5	(62.5%)	47	38	(80.9%)
2. 緊張の緩和を示す	39	36	(92.3%)	30	25	(83.3%)	69	61	(88.4%)
3. 同意する	28	23	(82.1%)	56	43	(76.8%)	84	66	(78.6%)
4. 示唆,方向を与える	15	14	(93.3%)	22	20	(90.9%)	37	34	(91.9%)
5. 意見,評価,分析を与える	41	41	(100.0%)	42	41	(97.6%)	83	82	(98.8%)
6. オリエンテーションを与える	94	84	(89.4%)	80	58	(72.5%)	174	142	(81.6%)
7. オリエンテーションを求める	33	26	(78.8%)	26	17	(65.4%)	59	43	(72.9%)
8. 意見,評価,分析を求める	10	9	(90.0%)	5	5	(100.0%)	15	14	(93.3%)
9. 示唆,方向を求める	5	5	(100.0%)	12	10	(83.3%)	17	15	(88.2%)
10. 不同意する	15	14	(93.3%)	23	14	(60.9%)	38	28	(73.7%)
11. 緊張を示す	5	4	(80.0%)	4	4	(100.0%)	9	8	(88.9%)
12. 敵対心を示す	0	0	-	1	0	(0.0%)	1	0	(0.0%)
全体	370	333	(90.0%)	367	300	(81.7%)	737	633	(85.9%)

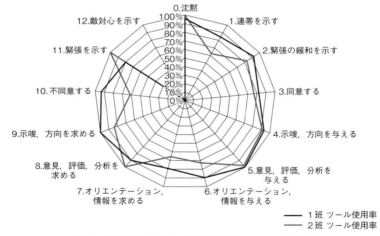

図5.9 修正 IPA ごとの視覚情報化ツールの使用率

域である。「10. 不同意する」では1班の使用率（93.3%）は高いが，2班の使用率（60.9%）は低い。「11. 緊張を示す」では1班の使用率（80.0%）はやや低いが，2班の使用率（100.0%）は極めて高い。

　以上のように両班のグループ討議においては視覚情報化ツールが使用されやすい相互作用とそうでないものがあることが分かる。ただし，否定的な社

会的情緒領域だけは両班でその使用・不使用の割合が異なっていた。

5.3.4 RQ2の考察

RQ2は，グループ討議において視覚情報化ツールはどのような時にどう使われるのかであった。ここまでの分析結果を考察すると次のようになる。

(1)相互作用ごとにどのように視覚情報化ツールが使われるのかが明らかになった（表5.8）。「沈黙」ではメモを「見る」行為を多用しつつ，共同で思考している様子がうかがえた。さらに「書く」行為の最中でも沈黙が生じていた。「課題領域」のさまざまな相互作用の場面においては，発話を「書く」ことやそれらを「見る」ことが多くなされていた。「社会的情緒領域」でもメモを「見る」ことがなされていた。この点は第2班の事例からも確認した（表5.7）。笑いといった社会的情緒領域の緊張緩和も，ツールを用いながら実質的な議論をしている途中にふと生じていたことなどを具体的にみることができた。

(2)相互作用の場面における視覚情報化ツールの使用・不使用の傾向が明らかとなった（表5.9）。「沈黙領域」においては，ほぼ何らかの形で視覚情報化ツールが活用されていた。「課題領域」においては，高度な思考や判断が必要となる「4. 示唆，方向を与える」や「5. 意見，評価，分析を与える」で視覚情報化ツールの使用率が比較的高くなる。一方，単純な情報のやりとりである「6. オリエンテーション，情報を与える，繰り返す，明確化する」や「7. オリエンテーション，情報，反復，および確証を求める」ではツールが活用されにくい。「肯定的な社会的情緒領域」では「2. 緊張の緩和を示す」においてツールの使用率が比較的高い。ただし，「否定的な社会的情緒領域」だけは1班と2班で結果が大きく異なる。「10. 不同意する」では1班の使用率は高いが2班は低い。「11. 緊張を示す」では1班の使用率はやや低いが2班は高い。

(3)以上の結果をモデル化すれば図5.10のようになる。線が太いほど視覚情

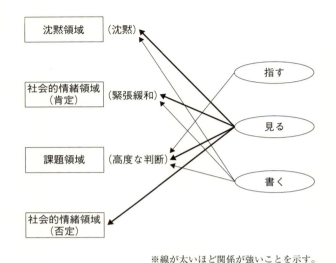

※線が太いほど関係が強いことを示す。
図5.10　グループ討議における相互作用とツール使用行為のモデル

報化ツールによる行為とIPAとの関係が強いことを示している。これをみると討議の進展のポイントとなる相互作用において視覚情報化ツールが効果的に活用されている様子が分かるだろう。高度な判断を共同で思考する「課題領域」のコミュニケーションでは，メモを「見る」行為が多くなされ，「書く」や「指す」行為も合わせて行われやすい。思考している最中である「沈黙領域」のコミュニケーションでは，「見る」行為が多くなされ，「書く」も合わせて行われやすい。また論理性などの「課題領域」だけでなく，対人関係構築の「社会的情緒領域」においても視覚情報化ツールが活用されている点は注目に値する。他者やその意見の受容である「社会的情緒領域（肯定）」では「見る」ことが多くなされ，「書く」ことも合わせてなされている。一方，「社会的情緒領域（否定）」では「書く」行為はなされず「見る」だけが行われやすい。このように，視覚情報化ツールは論理性だけではなく対人関係構築の面においても活用できる可能性が示されたのである。

5.4 RQ3：グループ討議の流れの中で視覚情報化ツールはどう使われるのか

本節ではグループ討議の流れと視覚情報化ツールとの関係について明らかにする。いわば時系列的な分析である。まず，討議の流れにおける視覚情報化ツールの使用方法について分析する。次に，討議の流れに途中参入した事例についても検討しておく。最後に，これらを踏まえグループ討議の流れと視覚情報化ツールの使用との関係について考察する。

5.4.1 討議の流れにおける視覚情報化ツール

5.4.1.1 討議の流れにおけるツール使用の傾向

討議の流れを「導入部」「展開部」「終結部」に大きく分ける。導入部は，論題や役割分担や進め方を確認している部分である。展開部は，論点を出したり，意見を出したりするなど実質的な討議部分である。終結部は，討議をまとめて最終的な結論を合意する部分である。

この討議の流れにおける両班の視覚情報化ツールの使用行為（表5.1）を計数したものが表5.10である。特徴的なツール使用は次の通りである。両班とも導入部では「J. みんなで紙を見る」と「H. 書く体勢に入る」がなされている。展開部では書き手の「D. 紙を見る」と「J. みんなで紙を見る」がそれぞれ100以上と圧倒的に多い。さらに「G. 書く」が50以上とやはり多いことが分かる。終結部では「J. みんなで紙を見る」が20以上あり，書き手の「D. 紙を見る」も両グループでなされている。このほか「A. 紙の一部分を指す」「K. 参加者の紙の指さし」が両班でなされている特徴的なツール使用行為である。

以下，第2班の事例を取り上げ討議の流れと視覚情報化ツールの関係をくわしく検討していく。第2班の導入部・展開部・終結部における論点を示したものが図5.11である。第2班の各部それぞれにおける視覚情報化ツールの

表5.10 討議の流れにおける視覚情報化ツール（第1班・第2班）

	導入部		展開部		終結部		計
	1班	2班	1班	2班	1班	2班	
A. 紙の一部分を指す	0	0	6	21	1	14	42
B. 紙を引き寄せる	0	2	2	4	0	3	11
C. 紙を押し出す	0	0	1	5	0	6	12
D. 紙を見る	0	5	131	106	3	33	278
E. 書きながらも相手を見る	0	0	1	7	0	0	8
F. 書き手の交代	0	0	1	4	0	6	11
G. 書く	3	0	53	50	0	9	115
H. 書く体勢に入る	1	2	7	20	0	6	36
I. 書く体勢を外す	0	0	2	9	0	3	14
J. みんなで紙を見る	2	4	206	159	20	57	448
K. 参加者の紙の指さし	0	0	24	6	4	5	39
L. 書いているのに話す	2	0	12	21	0	0	35
M. 書いているのを待つ	0	0	0	1	0	0	1
計	8	13	446	413	28	142	1050

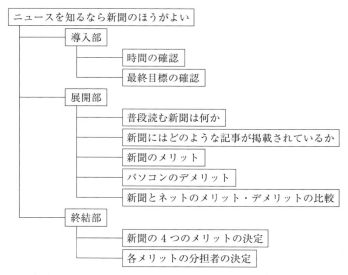

図5.11 第2班のグループ討議内容の樹状図（長田，2011a, p. 80）

第 5 章 〈調査 I〉グループ討議における複合的行為の分析　219

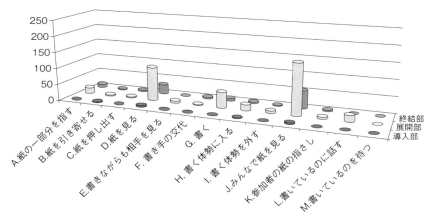

図5.12　第2班の討議の全体構造とツール使用行為（長田，2012a，p. 48）

使用行為を示したものが図5.12である。

5.4.1.2　導入部

導入部では，書き手の「D. 紙を見る」が5例，「B. 紙を引き寄せる」「H. 書く体勢に入る」が2例ずつ存在した。また「J. みんなで紙を見る」も4例あった。

発話番号	タイム	発話者	発話内容
2	1：49.0 - 1：59.0		（沈黙）
3	1：59.0 - 2：02.0	O女	何分ぐらいしゃべるとかっていってたっけ？
4	2：02.0 - 2：03.0	K女	いってない。
5	2：03.0 - 2：06.0	O女	いってない。先生，何分ぐらいスピーチ。
6	2：06.0 - 2：08.0	調査者	ああ，この前と同じぐらい。
7	2：08.0 - 2：11.0		（沈黙）
8	2：11.0 - 2：15.0	O女	4つ考えればいい。
9	2：15.0 - 2：16.0		（沈黙）

第2班の話題は「ニュースを知るなら新聞とインターネットのどちらがよいか」について「新聞」のほうがよいと主張するためのグループスピーチの原案を考えるものである。主張を支える根拠を4つ選び出し，誰がどの根拠を説明するのか分担を決めていく。始まるとすぐに2で沈黙の時間が10秒ほど流れた。ようやく3でO女がメモ用紙の「B. 紙を引き寄せる」行為をしながら「何分ぐらいしゃべるとかっていってたっけ？」と発話した[11]。8になるとO女は「H. 書く体勢に入る」中で「4つ考えればいい。」とつぶやいた。根拠を4つほどあげればよいことを確認しメンバーと共有したのである。このようにO女がグループスピーチの全体的な時間や取り上げる論点の数を確認したことで本格的に討議が開始されることになった。書き手となったO女が書く体勢に入ると参加者たちも一斉に「D. 紙を見る」ようになったのである。

このように討議の導入部では書く体勢に入ったり，参加者がアイデアを考え始めたりする。そのため誰からも発話されない沈黙も生じることになる。

5.4.1.3　展開部

展開部ではA.からM.のすべての視覚情報化ツールの行為がなされている。特に多いのが紙を見ることである。書き手の「D. 紙を見る」が106例，「J. みんなで紙を見る」が159例であり，合わせれば紙を見ることは265例も存在した。次に多いのが「G. 書くこと」の50例である。発話内容がキーワードで省略されて書かれていた。また書き手の「A. 紙の一部分を指す」が21例，「K. 参加者の紙の指さし」も6例あり紙に書かれた内容を指すことが合計27例あった。

256	22：09.0－22：16.0	O女	でも，新聞選ぶひとはこれが，信用性があるから，これとかいってるんじゃないか

---

11) 第1班では導入部での「B. 紙を引き寄せる」はなかった。

				な？
257	22：16.0 - 22：18.0	M男		これも結構いいと思う。
258	22：18.0 - 22：19.0	O女		うん，確かに。

　256において書き手のO女が紙を指しながら「でも，新聞選ぶひとはこれが，信用性があるから，これとかいってるんじゃないかな？」と発話した。紙の一部分が指されたことで「J. みんなで紙を見る」ようになっていく。続く257でM男が同じ場所を指しながら「これも結構いいと思う。」と信用性を取り上げることに賛成した。M男の発話を受けて，258においてO女は「うん，確かに。」と言いながら「信用性」に丸印を付けた（図5.2）。

　このように討議の展開部ではツールに書かれたことを見て思考したり，それを指したりしながら討議する様子がうかがえる。

5.4.1.4　終結部

　終結部では見ることや指すことや書くことが多い。「J. みんなで紙を見る」が最も多く57例ある。書き手が「D. 紙を見る」も33例ある。3番目に多いのが「A. 紙の一部分を指す」で14例ある。また「G. 書く」は9例ある。

296	24：49.0 - 24：50.0	M男	俺，これ書いていいですか？
297	24：50.0 - 24：52.0	K女	ふふふふふ。
298	24：52.0 - 24：56.0		（沈黙）
299	24：56.0 - 24：59.0		（沈黙）
300	24：59.0 - 24：59.9	K女	あっ，逆。
301	24：59.9 - 25：00.0	O女	あ，ごめんね。
302	25：00.0 - 25：02.0	K女	あれ，こんな字じゃない
303	25：02.0 - 25：06.0		（笑い）
304	25：06.0 - 25：07.0	O女	M男君，ですよね。
305	25：07.0 - 25：08.0	M男	はい。

　296でM男は「俺，これ書いていいですか？」と述べ「持ち運べる」メリ

ットを担当したいと発話する。298の4秒の沈黙により誰からも異論は出ないとK女は判断し299においてM男の名前をメモに書き始めた。ここで初めてK女が書き手になったのである。その間，参加者は全員で紙を見ていた。K女が書き始めると元の書き手であったO女は担当者の名前をメモに書いておくと分かりやすいことに気づいたようで，301で「あ，ごめんね。」と発話している。O女は書き手である自分が書くべきであったことを謝罪したのである。この299から303までの間は初めてO女からK女へ書き手の交代が起こった。しかし304以降，書き手は再びO女に戻った[12]。ここでは議論のまとめとして，グループ発表に関して誰がどの根拠を書くのかを決定し，最終的な合意にいたろうとしている。こういった場面では紙に書かれた根拠を見るだけでなく指したりしながら確認されることも多い。「A. 紙の一部分を指す」は14例もあるのである。またそれぞれの根拠を発表する担当者の名前が最終的な決定として書かれることになる。

このように終結部では，それまでの討議内容を確認すべくメモの内容を見ることが多くなったり，その内容を指して確認したりしている。これによりグループ討議の内容が確認され合意に至った。

5.4.2　討議の流れに途中参入した場面でのツール使用

グループ討議の流れには「導入部」「展開部」「終結部」がみられた。この順序に従って話し合いが展開し，班員もこの流れに沿って参加していたのである。しかし，この流れから一部外れた場面が第2班ではみられていた。実はS女が20分ほど授業に遅刻しており，「展開部」の途中から初めてグループ討議に参加することになったのである。話し合いに途中参入した参加者がいた場合に視覚情報化ツールはどう活用されるのだろうか。

---

[12] 第1班では終結部では書くことは一切されなかった。見ることだけで確認されていた。

243	20:40.0 – 20:52.0			（沈黙）（遅刻者がくる）
244	20:52.0 – 21:02.0	O女		スピーチの内容を考えていて。今日のお題は，ニュースを知るなら，新聞かネットか，で，あっちの班がネットで，こっちの班が新聞。
245	21:02.0 – 21:02.9	S女		ああ。
246	21:02.9 – 21:14.0	O女		で，一人また一個ずつで，班で4つ，発表しようってことに……。いまアイデアを出し合っていて，今出てるのが，こんな感じ。
247	21:14.0 – 21:19.0			（沈黙）
248	21:19.0 – 21:21.0	O女		わかりにくいのがあったら聞いてください。
249	21:21.0 – 21:32.0			（沈黙）
250	21:32.0 – 21:37.0	S女		ネットと，ネットのメリット，長所。

　244において遅刻したS女のために書き手のO女がこれまでの討議の概要を説明し始めた。まず「C. 紙を押し出す」を行い，S女に見やすいようにメモの向きを変えた。次に討議の概要を「A. 紙の一部分を指す」をしながら説明した。O女の説明を聞きながらS女は244から249の約40秒間にメモを見て討議概要を把握しようとする様子がうかがえた。この間，他の参加者も沈黙して待っていた。250になってS女は「ネットのメリット，長所。」とつぶやき，現在の論点を把握した様子をみせた。これ以降251からS女は20回も発話することになる。したがって，S女はグループ討議のそれまでの経過を十分に理解できたとみることができるだろう。討議メモを見ながら説明を聞くことで途中から参加したにも関わらずグループ討議に上手に参入できたのである。

　この事例からわかるように，共同での討議メモはそれまでの概要や論点を短時間に把握しやすいのである。視覚情報化ツールは話し手にとっては説明を支援するツールとなり，聞き手にとっては理解を支援するツールになる。あくまでもケーススタディではあるが，討議に途中参入した場面でも視覚情報化ツールが有効なことが確認できたといえる。

5.4.3 RQ3の考察

RQ3は,「グループ討議の流れの中で視覚情報化ツールはどう使われるのか」であった。ここまでの分析結果を考察すると次のようになる。

(1)討議の全体構造と視覚情報化ツールの使用の傾向が明らかとなった(表5.10)。視覚情報化ツールの使用は,導入部では「紙を見る」「書く体勢に入る」が行われやすい。これはグループ討議に入るための準備だとみることができる。展開部では「書く」「紙を見る」「紙を指す」が行われやすい。実質的なグループ討議を推進するための行為であり,視覚情報化ツールが思考を促していたとみることができる。終結部では「紙を指す」や「紙を見る」が行われやすい。それまでの意見を確認・合意し,最終的な意思決定を行っているのである。これらの結果をモデル化すれば図5.13となる。視覚情報化ツールの活用の仕方は,討議の全体構造や流れに合わせて変容するのである。

(2)それまで討議に参加していなかった学生の参入場面でも,視覚情報化ツールによって討議の概要を即座に把握することができていた。話し手にとって概要の説明がしやすく,聞き手にとっても視覚情報化されたメモが理解しやすいからこそ可能となったのである。

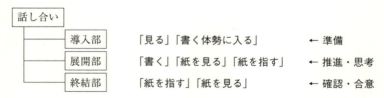

図5.13 話し合いの流れにおける視覚情報化ツールの行為とその機能

5.5 調査Ⅰの総合的考察

　調査Ⅰの目的は，グループ討議における視覚情報化ツールの使用の実態を捉えることであった。ケーススタディとして大学生が視覚情報化ツールを使って話し合う姿を分析した。実験的な調査ではなく大学での授業におけるグループ討議を対象に分析した。

　RQ1では，グループ討議における視覚情報化ツールの使用方法にはどのようなものがあるかを調査した。その結果，視覚情報化ツールの使用行為として「見る」「書く」「指す」など13種類を確認し，これらを「行為者」「行為の対象」から整理した（表5.1）。使用方法については，討議の内容を書いたり，書かれた内容を見たりすることが多くなされていた。メモが書かれるタイミングとしては基本的に発話が一通り終わったあとである。書くことに夢中になるあまり相手の話が聞けなくなってしまうようなことはみられなかった。参加者同士が書くタイミングや話すタイミングを相互に調整し合っていたのである。さらに討議における発話行為の8割以上にわたって使用されていたことも確認した。本事例での視覚情報化ツールの使用は極めて自然であり，かつ意味があるとみてよさそうである。

　RQ2では，グループ討議において視覚情報化ツールはどのような時にどう使われるのかを調査した。その結果，視覚情報化ツールはグループ討議において重要な位置を占めていたことを明らかにした（図5.10）。高度な思考や判断が必要な場合に視覚情報化ツールの使用率が比較的高くなる傾向を明らかにした。また論理性などの課題領域だけでなく，対人関係などの社会的情緒領域のコミュニケーションでも活用されていた。

　RQ3では，グループ討議の流れの中で，視覚情報化ツールはどう使われるのかを調査した。その結果，導入部・展開部・終結部という討議の流れに応じた使用がなされていることを明らかにした（図5.13）。それまでの討議に加

わっていない遅刻者の参入場面でも効果的にツールが使用されていた。討議のそれまでの流れや論点が素早く把握しやすかったためだと考えられる。討議指導における視覚情報化ツールの有効性が，討議の流れの点からも改めて確認できた。

　以上の調査Ⅰを総合的に考察すれば，これまで明らかにされていなかったグループ討議における視覚情報化ツールの使用行為や機能を確認することができたといえる。討議の進展のポイントとなる相互作用において視覚情報化ツールが効果的に活用されている様子も明らかにした。特に，論理性だけでなく対人関係構築の面でも活用できる可能性が示された点は注目に値する。また討議の流れに応じた活用のされ方があることも明らかにした。したがって視覚情報化ツールはグループ討議に有効であると示唆されるのである。

　第1章において，国語教育におけるこれまでのコミュニケーション能力観を拡張し再考する必要があることを指摘した。調査Ⅰの結果からは話し合いとは音声言語だけでなく複合的な言語行為によるものだということを実証的に明らかにすることができたといえる。したがって，国語教育におけるコミュニケーション能力観を大きく転換する必要があると結論づけられるのである。今後の話し合い指導においては，このような複合的な言語活動や外部ツールに着目した指導を開発していく必要がある。

〈本章のまとめ〉

　第5章では，グループ討議における視覚情報化ツールの使用実態について，大学生を対象に調査Ⅰを実施した。第5.1節では，調査Ⅰの目的と方法について述べ，RQ1～RQ3までのリサーチクエスチョンを設定した。第5.2節では，グループ討議における視覚情報化ツールの使用方法について明らかにした（RQ1）。第5.3節では，視覚情報化ツールがどのような時にどう使われるのかについて明らかにした（RQ2）。第5.4節では，討議の流れの中でどう視覚情報化ツールが使われるのかについて明らかにした（RQ3）。第5.5節

では，これらの分析を踏まえ，グループ討議における視覚情報化ツールの使用について考察し，その有効性について論じた。

　次章では，視覚情報化ツールの書き方を変えることで話し合いの認知はどう影響を受けるのか，効果的な書き方があるのかどうかについて調査する。

第6章
〈調査Ⅱ〉 グループ討議における話し合いメモの分析
―視覚情報化ツールに関する記号的側面―

　本章では，グループ討議における視覚情報化ツールの影響について大学生を対象に実験的な調査を行う。話し合いにおける視覚情報化ツールの書き方やその効果について明らかにしていく。ツールのデザイン，つまり記号的視点からの分析である。具体的に以下の課題を設定した。
1. グループ討議における視覚情報化ツールの影響を確認するにはどうすればよいか。
2. 話し合いのメモの取り方（デザイン）にはどのようなものがあるか。
3. メモの取り方によって，事後の話し合い報告書の記述量に差異が生じるか。
4. メモの取り方によって，事後の話し合い報告書の内容面に差異が生じるか。
5. グループ討議に視覚情報化ツールはどのような影響を与えるのか。

6.1 調査Ⅱの目的と方法

　本節では調査Ⅱの目的と方法を明らかにする。調査Ⅰのケーススタディでは，話し合いメモは省略されたキーワードなどで記述されていた（第5章）。話の速度に合わせてすべてを書き留めることは困難であるため，図示化や省略化といった操作（デザイン）をする必要があったのであろう。しかし，このような記述方法で話し合いを的確に認識し遂行できるのだろうか。

　そこで調査Ⅱでは，話し合いの視覚情報化の仕方によって話し合い内容の認識に何らかの影響があるのか否かについて調査する。大人の段階である大学生を対象として以下のように調査する。

> **調査Ⅱ-1**　話し合いのメモにはどのような取り方があるのかを調査する。方法として，話し合いのCDをメモさせながら聞かせることでメモのパターンについて調べる。話し合いをどうメモするのかその実態を考察するものである。
>
> **調査Ⅱ-2**　メモの取り方によって話し合いの報告に差異が生じるかを量的な面から調査する。討議メモが話し合いの認識になんらかの影響を与えているかについて語数を手がかりに考察するものである。方法として，話し合いCDのメモを取る際，特段の指示をしない「A.統制群」，極力そのままメモするよう指示した「B.総記述化群」（非構造化メモ），図示化しながらメモするよう指示した「C.図示化群」（構造化メモ）を設定する。群によって事中の話し合いメモの語数と，事後の報告書の語数とがどう異なるのか分散分析を行い考察する。
>
> **調査Ⅱ-3**　メモの取り方によって話し合いの報告に差異が生じるかを質的な面から調査する。討議メモが話し合いの認識になんらかの影響

を与えているかについて，書かれた内容から考察するものである。方法として，調査Ⅱ-2の「A. 統制群」「B. 総記述化群」「C. 図示化群」の3群のデータを改めて分析する。群によってメモと報告書の記述内容がどう異なるのかテキストマイニングを行い考察する。

6.2 調査Ⅱ-1：話し合いにおける視覚情報化の類型

本節では調査Ⅱ-1として話し合いのメモの取り方を明らかにする。まず，調査のねらいと方法を詳述する。次に，メモの取り方のタイプについて分析する。最後に，これを踏まえ話し合いのメモ，つまり視覚情報化ツールのデザインについて考察する。

6.2.1 調査Ⅱ-1のねらいと方法

調査Ⅱ-1の目的は，大学生を対象として話し合いメモの視覚情報化のパターンを明らかにするものである。

調査日 2006年7月11日

被調査者 H大学のある講義の受講者88名（男43名，女45名）。なお，被調査者には調査の目的を説明し，了解を得たうえで調査に参加してもらった。

話し合いCD 「6人の中学生と香山リカさん」（教育出版の平成14年度中学校国語科教科書内容解説資料CD『群読・朗読・話し合い』所収，約8分）

手順 1. 調査内容についての指示（メモは自由にとってよい事を強調。事後に第三者に報告してもらうという目的を指示）し，報告を書くための「メモ書」用紙を配布。

2. 「友情についての話し合いを聞いてもらいます」と説明した

うえで話し合いCDを再生しながら,「メモ書」用紙に記述させる(約8分)。
3.〈調査2〉「報告書」用紙を配布し,「今の話し合いを他の人にわかるようにできるだけ詳しく書いてください」と指示し記述させる(約20分)。
4.全ての用紙を回収する。

6.2.2 分析

6.2.2.1 構造化されたメモの割合

　話し合いをメモしようとする場合,どのようなメモが書かれるのだろうか。分析の結果,話し合いのメモには「構造化されたメモ」と「非構造化されたメモ」の二つのパターンが存在した。
　「構造化されたメモ」とは,一定の内容ごとに小見出しがつけられたり,論点や意見間の関係について図示化されたりするなど,何らかの構造化が図られるメモである。「非構造化されたメモ」とは発話をそのまま順に書き留めるものであり,構造化されていないメモである。このほか圧倒的にメモ量が少なくどちらとも判定できないものを「不足」とした。このメモのタイプと割合を示したものが表6.1と図6.1である。大学生において非構造化されたメモを書く割合は36.4%であった。一方,構造化されたメモを書く割合は44.3%であった。また,メモ量が圧倒的に不足するものは19.3%であった。構造化されたメモを書く割合がもっとも多く,次に非構造化メモ,不足メモと続く。

6.2.2.2 メモのタイプの詳細な分類

　メモのタイプをさらに詳しく下位分類してみると5つの型に分かれた。「非構造化メモ」には,「1. 発話順型」と「2. 話者添加型」がみられた。「構造化メモ」には,「3. 見出し型」と「4. 図示化型」がみられた。典型例を図

表6.1 大学における話し合いメモのタイプとその割合

メモタイプ	N	割合	95%信頼区間
不足	17	19.3%	12〜29%
非構造化	32	36.4%	27〜47%
構造化	39	44.3%	34〜55%
計	88	100.0%	

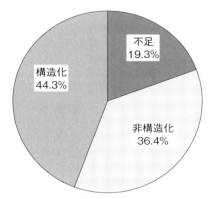

図6.1 大学におけるメモタイプの円グラフ

6.2にあげる。

「0. 不足型」は，圧倒的にメモ量が不足するものである。ほとんど話し合いの内容を書いていない。本調査では「メモは自由にとってよい」という指示を与えたため，書かなくてもよいと判断した被調査者がこのような対応をした可能性がある。またそもそも話し合いを聞き取る能力やメモを書く能力が大きく不足していた被調査者もいたことだろう。あるいは本調査に対して非協力的であった可能性もある。

「1. 発話順型」は，発話の順番に沿って書かれるものである。順序よく線的に配置される。発話順であり構造化されていないという点で「非構造化メモ」である。

「2. 話者添加型」は，実際の発話だけでなく，発話者に関する情報が独自

1. 発話順序型

学籍番号（ ）名前（ ）
年齢（ 17 ）才
A-2 記録メモ 2006.7.11

友中常について
「見いけ言って、新しい人不安」
「今はたいへいから」

友達がいていいけどどんな人がいるか
友達にどう思われてるか(言われてるか)
私は今、言われたらどうのかますにな
気になる。さびてい気になっないから
[この前までは気になくてよようくる、最近かわた。
気にするけど、(かん)って（れる人が来ればいいいい
無理してまて……
どうしてて↑
くににられてますか？
友達のかんけい
「ちょーでこでイヤなことを言されたらあ時もちが、自分がからなくても
体当のあなったーちょっちょしている。
これがんなか……自分がほくら）
「本当のをたさってるのだろうで？」
「かんじく（な目をに信用ができる
気もちをちをからかる
友だちにまわれたらまたちはたれら、もう11い
「私のおだちは？まちれたらまだないか？」
「コミューンハって あまりまらら 友だちになくなる。」
「本当のあとはこの人だ？」

2. 話者添加型

学籍番号（ ）名前（ ）
年齢（ ）才
A-2 記録メモ 2006.7.11

⑨ ごめんね〜って言えないで手がらくいく？
⑨ うーん…。堂々としていまありけれ

京都に実日料理している？2の？
きれ…
自分広感じじゃい
⑨ 友だちを作るとかがやせでし人見みりだから。
⑨ でも楽しい？
⑨ きれきれ～
⑨ 女だに何思ってるが気にない？
⑨ だいこいはすきすきてるから
⑨ それどロロに出すの優しい…
⑨ やっぱり気になる？
⑨ ルー気になる。
⑨ 嫌いいてもれるのはヤ？…
⑨ たまにじんじぜん出ません、どうしがの…
⑨ 体休を見にしてる？
⑨ 何をして？…　いしもパパ
⑨ ショヒそんなた友だら何が気にしてない？
⑨ 本当のあたろをほしい？
⑨ うーん…
⑨ 自分でいいると思うる
⑨ 自らのあだちから
⑨ 信用できる人とか――
⑨ 話したくくてもやもれる人る感じ
⑨ 友だちに嫌がされたらがら気にする？
⑨ 俺はあとこぞこむ――へてた
⑨ 仲しくて2人がすまなってゃ
⑨ 嫌われためても気持ちで持ってもらい
⑨ 親しいことできる

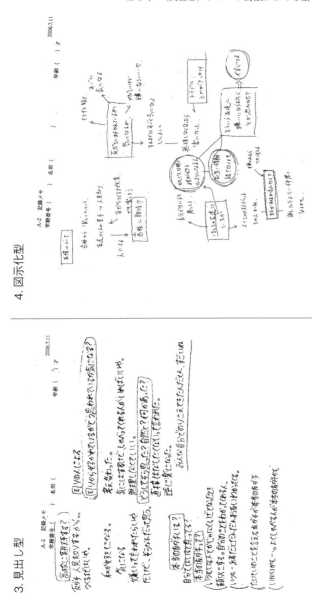

図6.2 タイプ別「メモ書き」の実例

に加えられるものである。「男」「女」「司会」などが記されながら順序よく記録されていく。「T」(Teacher)や「S」(Student)などの記号も使われる。発話順という点で「非構造化メモ」である。

「3．見出し型」は，小見出しや，質問・応答が段を変えたりして区別されるものである。この型は発話順に記録されていることが多いが，内容のまとまりごとに小見出しが付けられたり，質問が囲まれたり，下線が引かれたりする。つまり，発話内容や機能がはっきり分かるように視覚情報化されるのである。何らかの構造化を行っているという点で「構造化メモ」である。

「4．図示化型」は，前後の文脈を捉えたうえで発話間の関係が図示化されるものである。関連する発話が線で結ばれたり丸で囲まれたりする。対立する意見についてもそれが分かるように，反対の矢印などで示されたりする。「3．見出し型」との違いは，意見間の関係が図示化される点にある。必ずしも発話が順序よく線的に並べられるわけではなく，平面上に自由に配置される場合もある。何らかの構造化を行っているという点で「構造化メモ」である。

各型がそれぞれどのくらいの割合であったかを分析したものが表6.2と図6.3である。大学生のメモパターンの最も多い類型は，「3．見出し型」の27.3％であったことが分かる。次に「2．話者添加型」の22.7％がそれに続き，以下「0．不足型」の19.3％，「4．図示化型」の17.0％である。最も少ないのが「1．発話順型」の13.6％であった。なお，全くメモを書いていない学生はいなかった。

6.2.3　調査Ⅱ-1の考察

調査Ⅱ-1の目的は，話し合いをメモしようとする場合，どのようなメモが書かれるのかを明らかにすることであった。ここまでの分析結果を考察すると次のようになる。

(1)メモには「構造化メモ」「非構造化メモ」が存在した。前者は小見出し

表6.2　大学におけるメモの詳細な型の割合（長田, 2009b, p. 2 改）

メモのタイプ	下位区分の型	N	割合	95% 信頼区間
不足	0. 不足型	17	19.3%	12～29%
非構造化	1. 発話順型	12	13.6%	8～22%
	2. 話者添加型	20	22.7%	15～33%
構造化	3. 見出し型	24	27.3%	19～39%
	4. 図示化型	15	17.0%	11～26%
全体		88	100.0%	

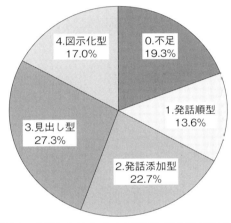

図6.3　大学におけるメモの詳細な型の円グラフ

の付加，図示化などなんらかの構造化が図られるものであり，後者は発話順に書かれるものである。「構造化メモ」を書く割合が4割強，「非構造化メモ」を書く割合が4割弱であった。メモ量が圧倒的に不足する割合は約2割であった（表6.1）。

(2)このメモをさらに詳しく分類すれば，話し合いメモの取り方には次の5パターンが存在した（図6.2）。「0. 不足型」は圧倒的にメモ量が不足するものである。「1. 発話順型」は発話をそのまま書こうとするものであり新たな情報が加わることはない。だがこれ以降は実際の発話だけでなくなんらかの情報が付加されていく。「2. 話者添加型」は発話順に書かれるものの「T」「S」

など発話者を特定するための情報が付加されている。「3. 見出し型」は発話内容や機能に応じて視覚的に見やすくする工夫がなされる。例えば見出しをつけたり，質問と応答を段をかえたりなどがそれである。「4. 図示化型」は発話間の関係が図示化されている。このように「1. 発話順型」と「2. 話者添加型」は発話順に書かれるため「非構造化メモ」であり，「3. 見出し型」と「4. 図示化型」は「構造化メモ」である。つまり「4. 図示化型」に近づくほど単純に発話が記述されるだけではなく，発話外情報の付加や発話間の関係明示などにより構造化が図られるといえる。

(3)メモのパターンの割合から次のことが分かる（表6.2）。話し合いをそのまま時系列にそって記述する「1. 発話順型」は最も少なかった。人名などを付記する「2. 話者添加型」と合わせれば，4割弱が「非構造化メモ」であり発話順にそのまま記録しようと試みたことになる。一方，4割強は「3. 見出し型」や「4. 図示化型」といった「構造化メモ」であった。話し合いをリアルタイムにすべて記述することは難しいはずである。そこで，このような形で省略したり，図示化したりすると考えられる。

6.3　調査Ⅱ-2：話し合いメモとその報告書の量的データ分析

本節ではメモの取り方によって，報告書の記述量に差異が生じるかを明らかにする。まず，調査のねらいと方法を詳述する。次に，話し合いメモと報告書の記述量のデータを分析する。最後に，量的な側面から話し合いのメモと報告書について考察する。

6.3.1　調査Ⅱ-2のねらいと方法

調査Ⅱ-1では，複数の話者による話し合いを，第三者の聞き手がどのようにメモするかについて調査した。その結果，大学生の話し合いのメモの取り方として「非構造化されたメモ」と「構造化されたメモ」に分けることがで

きた。

　そこで調査Ⅱ-2では，話し合い事中のメモの仕方によって事後の認知にどのような影響を与えるのかについて記述量の面から明らかにする。視覚情報化ツールの開発においてはどうメモさせるかが実践上の大きな課題になるはずである。そのため，「非構造化されたメモ」と「構造化されたメモ」とで話し合いの認知が異なるのか否かについて明らかにしておく必要がある。調査Ⅱ-2では，特にメモや報告書に書かれた語数という量的な面からこの点について考察する。

　語数に着目する理由は二つある。一つは，どの程度の語数が記録できるかを確認しておくことはツールの開発にあたって最も基礎的な作業になるためである。もう一つは，語数は報告内容の適切さや思考量を測る一種の指標になるためである。図示化により簡略化され過ぎ，かえって話し合いの内容把握が疎かになってもいけない。語数の分析をもとに報告内容を量的な面から検討しておく必要がある。

　以上をふまえ，本節では次の具体的な課題を設定した。

1．メモと報告書の語数はどのような関係にあるのか。
2．メモの取り方を変えると，メモの記述量はどのように変化するか。
3．メモの取り方を変えると，報告書の記述量はどのように変化するか。

調査Ⅱ-2の概要をまとめたものが図6.4である。〈調査1〉として大学生に対して話し合いの音声CDを聞かせメモを取らせた。その後〈調査2〉としてその話し合いについての報告を書かせた。聞き取りの際，メモの取り方については3群を設定した。「A．統制群」は特段の指示をしない群である。「B．総記述化群」は話し合いの内容を極力そのままメモするように指示したものであり非構造化メモを書かせる群である。「C．図示化群」は話し合いを図示化しながらメモするように指示しており構造化メモを書かせる群である。

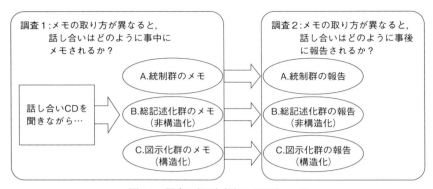

図6.4　調査の概要（長田, 2009b, p. 4）

調査日　A. 統制群は2006年7月11日，B群・C群は2006年12月19日

被調査者　H大学学生を対象に，2006年前期のある科目受講者88名（男43, 女45）をA群とし統制群とした[1]。その科目の後期受講者73名（男40, 女33）をB群・C群にランダムに振り分けた。合計161名（延べ322名）である（表6.3）。被調査者には調査の目的を説明し，了解を得たうえで調査に参加してもらった。なお半期完結科目であり，前期・後期とも同一内容の講義である。ただしB群8名，C群2名は指示と異なる方法でメモを記述しており，指示通りの作業をしていない者を除いたデータが「分析対象数」である。

話し合いCD　「6人の中学生と香山リカさん」（教育出版の平成14年度中学校国語科教科書内容解説資料CD『群読・朗読・話し合い』所収，約8分）

方法　中学生6名と大人の司会者1名による「友達関係について」の話し合いが記録されたCDを大学生に聞かせ，メモを作成させた。メモの取り方について特段の指示をしない「A. 統制群」と，話し合

---

[1] この統制群を対象に分析したものが調査Ⅱ-1である。

表6.3　大学における調査の割付（長田, 2009b, p. 4）

	〈調査1〉（事中のメモ書）		〈調査2〉（事後の報告書）	
	調査対象数	分析対象数	調査対象数	分析対象数
A. 統制群	88（男43, 女45）	88（男43, 女45）	88（男43, 女45）	88（男43, 女45）
B. 総記述化群	36（男18, 女18）	28（男13, 女15）	36（男18, 女18）	28（男13, 女15）
C. 図示化群	37（男22, 女15）	35（男20, 女15）	37（男22, 女15）	35（男20, 女15）
全体	161	151	161	151

いの内容を極力そのままメモするように指示した「B. 総記述化群」と，図示化しながらメモするように指示した「C. 図示化群」を設定した。具体的な調査手順は以下の通りである。

1. 群ごとに調査内容についての「指示書」と「メモ書」用紙を配布し黙読させる。
2. 〈調査1〉「友情についての話し合いを聞いてもらいます」と説明したうえで話し合いCDを再生しながら，「メモ書」に記述させる（約8分）。
3. 〈調査2〉「報告書」用紙を配布し，「今の話し合いを他の人にわかるようにできるだけ詳しく書いてください」と指示し記述させる（約20分）。
4. 全ての用紙を回収する。

なおB群のメモ書（調査1）と報告書（調査2）の実際の例を示したものが図6.5である。またC群のメモ書（調査1）と報告書（調査2）の実例を示したものが図6.6である。

6.3.2　分析

話し合いの事中に書いた「メモ書」と，事後の「報告書」について記述量の点から分析を行う。メモ段階では急いで書くことも多く平仮名書きなども多用される。そこで記述量の分析にあたっては文字数ではなく語数を計数し

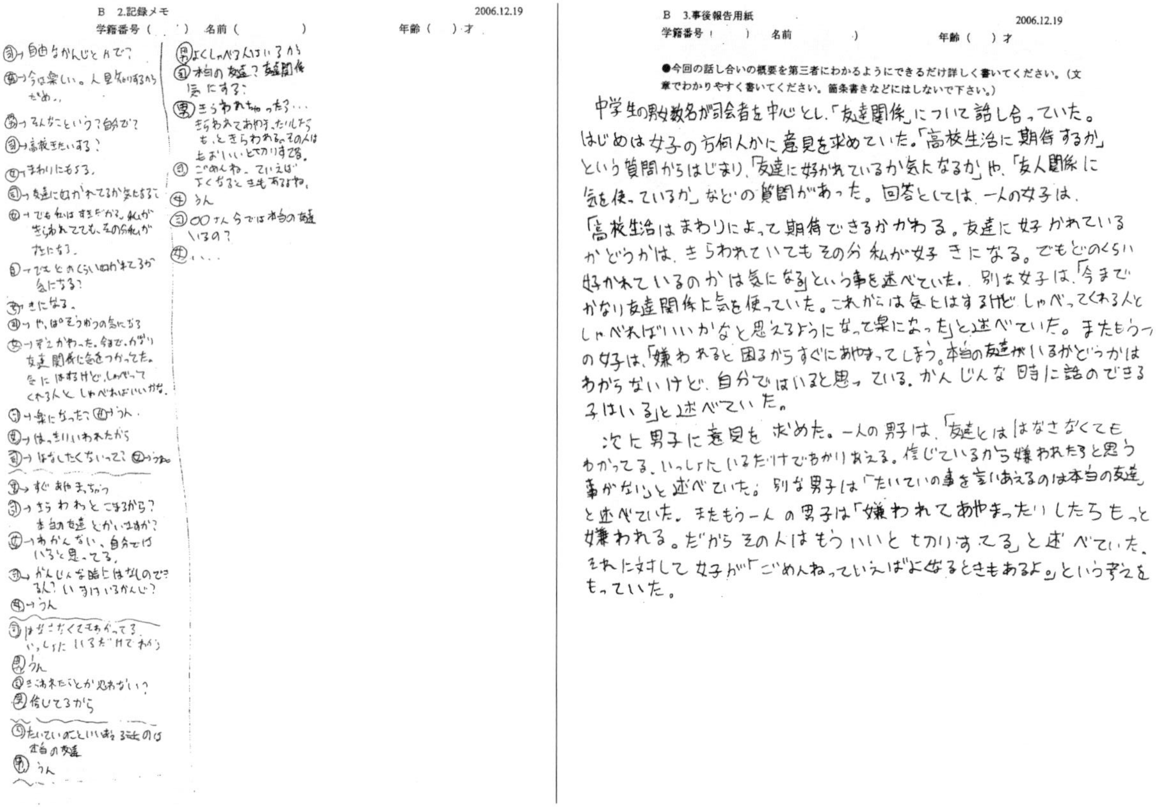

B　2.記録メモ　2006.12.19
学籍番号（　　）　名前（　　　　）　年齢（　）才

B　3.事後報告用紙　2006.12.19
学籍番号（　　）　名前（　　　　）　年齢（　）才

●今回の話し合いの概要を第三者にわかるようにできるだけ詳しく書いてください。（文章でわかりやすく書いてください。箇条書きなどにはしないで下さい。）

中学生の男女数名が司会者を中心とし「友達関係」について話し合っていた。はじめは女子の方何人かに意見を求めていた。「高校生活に期待するか」という質問からはじまり、「友達に好かれているか気になるか」や、「友人関係に気を使っているか」などの質問があった。回答としては、一人の女子は、「高校生活はまわりによって期待できるかかわる。友達に好かれているかどうかは、きらわれていてもその分私が好きになる。でもどのくらい好かれているのかは気になる」という事を述べていた。別な女子は、「今までかなり友達関係に気を使っていた。これからは気にはするけどしゃべってくれる人としゃべればいいかなと思えるようになって楽になった」と述べていた。またもう一の女子は「嫌われると困るからすぐにあやまってしまう。本当の友達がいるかどうかはわからないけど、自分ではいると思っている。かんじんな時に話のできる子はいる」と述べていた。

次に男子に意見を求めた。一人の男子は「友達とははなさなくてもわかってる、いっしょにいるだけでわかりあえる。信じているから嫌われたると思う事がない」と述べていた。別な男子は「たいていの事を言いあえるのは本当の友達」と述べていた。またもう一人の男子は「嫌われてあやまったりしたらもっと嫌われる。だからその人はもういいと切りすてる」と述べていた。それに対して女子が「ごめんねっていえばよくなるときもあるよ」という考えをもっていた。

図6.5　B群の「メモ書」（左）と「報告書」（右）の実際の例

第6章 〈調査Ⅱ〉グループ討議における話し合いメモの分析　243

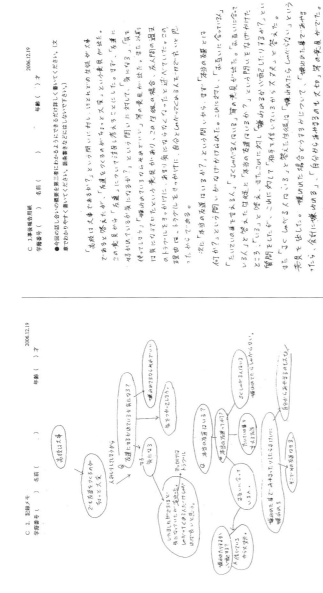

図6.6　C群の「メモ書」(左) と「報告書」(右) の実際の例

表6.4 群ごとの「メモ書」と「報告書」の語数（長田，2009b, p. 5）

	N	〈調査1〉：メモ書				〈調査2〉：報告書			
		平均	中央値	標準偏差	変動係数%	平均	中央値	標準偏差	変動係数%
A. 統制群	88	111.3	106.5	46.1	41.4	189.7	193.0	63.3	33.4
B. 総記述化群	28	134.7	131.5	44.1	32.8	251.5	262.0	63.5	25.2
C. 図示化群	35	101.0	101.0	28.9	28.6	222.7	219.0	75.9	34.1
全体	151	115.7	113.0	39.7	34.3	221.3	224.7	67.6	30.9

た。〈調査1〉の「メモ書」と，〈調査2〉の「報告書」に対してそれぞれ分かち書きの処理を行いその語数を計数している[2]。例えば「ひらがな」と「平仮名」では文字数は異なるが同じ1語とカウントされる。

この分析結果をまとめたものが表6.4である。群ごとの「メモ書」と「報告書」における語数の平均値，中央値，標準偏差および変動係数を示した[3]。

6.3.2.1 【記述量分析1】「メモ書」と「報告書」における語数の相関

群ごとにおける事中の「メモ書」と事後の「報告書」の語数は，どのような関係にあるのか。図6.7～6.9は各群の「メモ書」と「報告書」の語数の相関を散布図で示したものである。

「A. 統制群」においては「メモ書」と「報告書」の相関係数は0.44であり，有意であった（$F(1, 86) = 20.5$, $p < 0.001$）。よって中程度の正の相関関係が認められる。「B. 総記述化群」においては両者の相関係数は0.28であったが，有意ではなかった（$F(1, 26) = 2.25$, $p = 0.15$）。「C. 図示化群」においては両者の相関係数は0.66であり，有意であった（$F(1, 33) = 26.08$, $p < 0.001$）。よって中程度の正の相関関係が認められる。

---

[2] 分かち書きには，日本電子計算株式会社のソフトウェア「WordMiner」（Ver.1.150）を使用した。処理に際しては「最長語で分かち書き」に設定した。最終的な分かち書き処理の解析結果を手動で補正することはしていない。WordMinerの分かち書きには，平和情報センターの開発したHappiness/AiBASEが使用されている。WordMinerの特徴については次を参照。http://wordminer.comquest.co.jp/wmtips/analysis.html

[3] 本章における記述量の統計的処理にはSAS Institute社のソフトウェア「JMP 7」（Ver.7.0.2）を用いた。

第6章 〈調査Ⅱ〉グループ討議における話し合いメモの分析　245

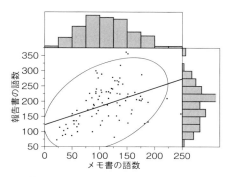

図6.7　大学における「A. 統制群」の散布図とヒストグラム（長田, 2009b, p. 5）

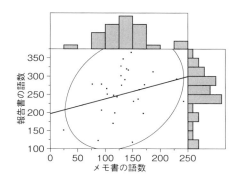

図6.8　大学における「B. 総記述化群」の散布図とヒストグラム（長田, 2009b, p. 6）

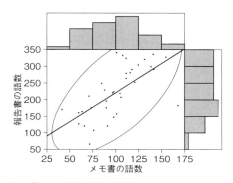

図6.9　大学における「C. 図示化群」の散布図とヒストグラム（長田, 2009b, p. 6）

このように特段の指示がなされない「A. 統制群」においては、「メモ書」の語数が増えれば「報告書」の語数も増えていく傾向にある。構造化メモを書くよう指示された「C. 図示化群」でも「メモ書」の語数が増えれば「報告書」の語数も増える傾向にある。なお、非構造化メモの「B. 総記述化群」は回帰係数が0ではないとはいえなかったため積極的な解釈はできないが、図6.8からは同様の傾向がみられる可能性がある。

6.3.2.2 【記述量分析2】メモの書き方による「メモ書」語数の平均値の差

メモの取り方を変えることでメモの語数は何らかの変化をするのであろうか。この点を確認しておく必要がある。メモの取り方ABC群によって事中の「メモ書」の記述量の平均に差があるのか、ないのかについて分析をおこなった。図6.10は各群の「メモ書」の語数をボックスプロットで示したものである。

3群の分散が等しいとは認められなかったためウェルチの分散分析を行った。その結果、3群の平均値には有意な差が認められた（$F(2, 66) = 6.04$, p

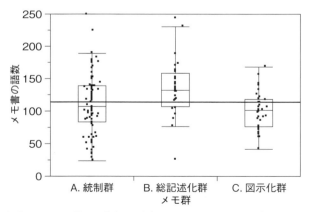

図6.10　大学における「メモ書」の語数のボックスプロット（長田, 2009b, p. 7）

<0.0039)。テューキー・クラマーのHSD法による多重比較を行うと,「メモ書」の語数の平均値は「B. 総記述化群＞A. 統制群 = C. 図示化群」となった（$q=2.37, p<0.05$）。すなわち,「B. 総記述化群」は,「A. 統制群」と「C. 図示化群」との間に有意な差が認められた。しかし,「A. 統制群」と「C. 図示化群」との間に有意な差は認められなかった。

　この分析から,話し合いの内容を極力そのままメモするように指示された「B. 総記述化群」（非構造化群）によるメモ語数の平均値は,他の群よりも大きい傾向がうかがえる。構造化メモを書くように指示された「C. 図示化群」の語数の平均値は,「B. 総記述化群」よりも小さい傾向がうかがえる。

6.3.2.3 【記述量分析3】メモの書き方による「報告書」語数の平均値の差

　メモの取り方を変えることで最終的な報告書になんらかの影響を与えるのだろうか。この点を確認するためにメモの取り方ABC群によって事後の「報告書」の記述量の平均に差があるのか,ないのかについて分析した。図6.11は「報告書」の語数を群ごとにボックスプロットで示したものである。

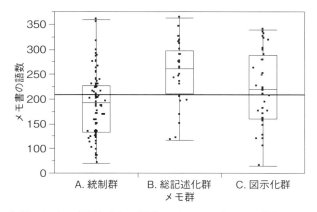

図6.11　大学における「報告書」の語数のボックスプロット（長田, 2009b, p. 8）

3群の分散が等しいと認められたため一元配置の分散分析を行った。その結果，有意な差があった（$F(2, 148) = 10.19, p < .0001$）。テューキー・クラマーの HSD 法による多重比較を行うと「B. 総記述化群 = C. 図示化群 ＞ A. 統制群」となった（$q = 2.37, p < 0.05$）。すなわち，「B. 総記述化群」および「C. 図示化群」は「A. 統制群」との間には有意な差が認められた。しかし，「B. 総記述化群」と「C. 図示化群」との間には有意な差はなかった。

　この分析から，話し合いをそのままメモする「B. 総記述化群」（非構造化）と話し合いを図示化しながらメモする「C. 図示化群」（構造化）の報告書の語数の平均値は変わらないといえそうである。

6.3.3　調査Ⅱ-2の考察

　調査Ⅱ-2の目的は，話し合い事中のメモの仕方によって事後の認知にどのような影響を与えるのかを記述量の点から明らかにすることであった。ここまでの分析結果を考察すると次のようになる。

　(1)「メモ書」と「報告書」の語数の相関関係について【記述量分析１】を行った。その結果，「A. 統制群」および「C. 図示化群」では中程度の正の相関関係があった（図6.7〜6.9）。したがって，基本的には事後の報告量はメモの記述量に影響を受ける傾向がうかがえる。

　(2)構造化された図示化メモか，非構造化された総記述化メモかによって，メモの記述量が影響を受けるのかどうか【記述量分析２】を行った。その結果，「C. 図示化群」の語数の平均は「B. 総記述化群」よりも有意に小さかった（図6.10）。ここから，図示化した構造化メモ群は，非構造化メモ群よりもメモの記述量が少ない傾向がうかがえる。その理由として，構造化されたメモをとる図示化群は，言葉を省略したり，接続語などを矢印（→）や線（―）で書いたりするためであろう（図6.2）。図示化したメモという特性を考えれば容易に予測できる結果ではあるが，語数の分析にあたっては念のため確認しておくことが必要となる。

(3)上記(2)のように,記述量が少ない図示化メモでも話し合いの把握は的確に行われるのであろうか。そこで,事後の報告書の語数がメモの取り方によってどのように変化するかについて【記述量分析3】を行った。その結果,「C. 図示化群」と「B. 総記述化群」では報告書の語数の平均値に有意な差はみられなかった(図6.11)。ここから図示化した群と総記述化群の報告書の記述量は同程度であるとみてよい。その要因として,メモ量が少ない「C. 図示化群」であっても,議論をリアルタイムで構造化しながら整理したり思考したりしていたためだと考えられる。よって,話し合いの後からでも議論を思い出しやすくなり,説明が詳細にできたのであろう。そのため報告書の記述量が特段に減るわけではなかったのである。

(4)以上を整理したものが図6.12である。(1)でみたように基本的にはメモを多く書けば報告書も多く書く傾向がある。メモは報告書になんらかの影響を与えるのである。(2)で明らかにしたように,構造化メモを書く図示化群は,総記述化群よりもメモの量は少なくて済む。そのうえ(3)で明らかにしたように報告書の量は非構造化メモを書く総記述化群と変わらないのである。したがって,記述量の面からは大学生では話し合いを図示化しても問題ないといえるだろう。メモは少なくて済み,しかも報告量が減るわけではないのである。その要因として,図示化メモで話し合いが構造化されていたことで,思考や記憶がされやすくなった可能性を指摘した。ただし,この結果はあくまでも語数の量的な分析によるものである。図示化(構造化)してメモを取る

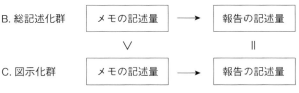

図6.12 大学におけるメモと報告書の記述量の関係

場合と，そうではない場合（非構造化）の報告は本当に差異がないといえるのだろうか。この点を確認するためにはメモと報告書の内容面の分析が必要である。

6.4　調査Ⅱ-3：話し合いメモとその報告書のテキストマイニングによる質的データ分析

本節ではメモの取り方によって，報告書に差異が生じるか否かを内容面から明らかにする。まず，調査のねらいと方法を詳述する。次に，本節の分析手法であるテキストマイニングについて説明する。そのうえで，メモと報告書の記述内容を分析する。最後に，メモと報告書の記述内容の差異について考察する。

6.4.1　調査Ⅱ-3のねらい

調査Ⅱ-3ではメモおよび報告書に記述された内容を分析する。具体的な課題は次の通りである。

　　1．メモの取り方を変えると，メモの記述内容はどう異なるか。
　　2．メモの取り方を変えると，報告書の記述内容はどう異なるか。

調査Ⅱ-2のデータを記述内容の面から改めて分析する。したがって，調査の全体像は図6.4と同様である。被調査者161名の割り付けも表6.3の通りである。つまり，「A. 統制群」「B. 総記述化群」「C. 図示化群」の3群におけるメモと報告書の内容の分析である。

調査方法のみここで再掲しておく。中学生6名と大人の司会者1名による「友達関係について」の話し合いCD[4]を聞き取らせ，メモを作成させた。メ

---

[4]「6人の中学生と香山リカさん」（教育出版 H14年度の中学校国語科教科書の内容解説資料CD『群読・朗読・話し合い』所収，約8分）である。

モの取り方について「A. 統制群」と，話し合いの内容を極力そのままメモするよう指示した「B. 総記述化群」と，図示化しながらメモするよう指示した「C. 図示化群」を設定した。具体的な調査手順は以下の通りである。

1. 群ごとに調査内容についての「指示書」と「メモ書」用紙を配布し黙読させる。
2. 〈調査1〉「友情についての話し合いを聞いてもらいます」と説明したうえで話し合いCDを再生しながら，「メモ書」に記述させる（約8分）。
3. 〈調査2〉「報告書」用紙を配布し，「今の話し合いを他の人にわかるようにできるだけ詳しく書いてください」と指示し記述させる（約20分）。
4. 全ての用紙を回収する。

6.4.2　分析方法としてのテキストマイニング

　調査Ⅱ-3では質的データ（テキストデータ，定性データ）の分析において「テキストマイニング」（Text Mining），あるいは「テキスト型データのマイニング」（Textual Data Mining）と呼ばれる手法を用いる。

　テキストマイニングの目的は「大量の文書・テキストからの"有用な情報・知識発掘"」（大隅・保田，2004, p.139）にある。文章や談話の構造や規則性，さらには類似や差異性を発見する分析手法である。データマイニング（data mining）や自然言語処理などを基盤とし，インターネット情報のような大量の文書分析のためにも用いられている（Feldman and Sanger, 2007）。基本的な方法は，対象となる文書や談話群に記述された語を取り出し，どのような語がどのくらい記述されたかを統計的に処理する。それに基づき文書や談話群の構造や規則性を解釈するというものである。

　これまでもコミュニケーションプロセスや文書・談話の分析手法は開発さ

れてきた。ただし，多くは分析枠組みとして発話機能があらかじめ措定されており，その枠組みの範囲内でしか事実が捉えられないことがあった。だが，テキストマイニングでは発話や語の機能を事前には措定しない。統計的な処理により客観的に文書群の特徴語を浮かび上がらせ，その意味については後で分析者が解釈するのである。先入観をもつことなく文書・談話群の特徴を把握できることに利点がある。

調査Ⅱ-3の目的は，メモの取り方が異なると報告書の記述内容がどう変容するかを明らかにすることである。十分な先行研究がないため，あらかじめ分析枠組みを措定せず探索的に分析を試みたい。また言語教育研究において記述内容を直接的に分析することは極めて重い課題でもある。テキストマイニングはこれらの目的に合致する手法だといえる。本調査は国語教育研究における記述内容の分析にテキストマイニングという新たな手法を用い，その可能性を見出すことにも意義がある。

記述内容の分析にあたっての作業手順は以下の通りである[5]。

1. 分かち書き処理により今回の分析単位である語のレベルに分ける[6]。
2. 記号類・句読点・助詞（接続助詞以外）を削除する。
3. 類義語・同語を代表的な語に置換する（例えば，「質問」「発問」「尋ねる」「たずねる」は同一の意味であるため，「質問」という1語に置き換えた）。
4. 語の頻出度のパターンから各群の特徴をよくあらわす上位（出現頻度が高い）および下位（出現頻度が低い）の語を抽出する。各群に含まれる語の頻度が，全体の頻度の分布と比較して有意になるか検定

---

[5] 一連の作業には，Ludovic Lebart と大隅昇が開発し，日本電子計算株式会社が製品化した「WordMiner」(Ver.1.150) を利用した。
[6] 「WordMiner」の分かち書き処理には，平和情報センターが開発した Happiness／AiBASE が使用されている。

する。検定値が大きいほど各群での役割が高く，その群の特徴をよくあらわしていると判断する[7]。

5．各群から抽出された語がどのような意味をもつのか解釈する[8]。

　上記の手順によりテキストマイニングを行う。その結果をもとに，まずメモの書き方によって「メモ書」の記述内容がどう異なるかを分析する。次にメモの書き方を変えた場合に「報告書」の記述内容がどう変容するかを分析する。なお，今回の分析に際してはあくまでも語を対象としている。図示化メモで多用される矢印や線などの記号類はテキストマイニングでの分析対象としない。

6.4.3　分析

6.4.3.1　【記述内容分析1】メモの取り方によるメモの記述内容の差異

　メモの書き方のタイプによってその記述内容はどう異なるのだろうか。「A. 統制群」は特段の指示を受けない群である。「B. 総記述化群」は話し合いの内容を極力そのまま書く群である。「C. 図示化群」は図示化する群である。各群のメモをテキストマイニングによって分析した。表6.5は，「メモ書」を対象として「語」×「ABC群」で頻出度の有意性検定をした結果である。

　表の見方は次の通りである[9]。左列の「順位」は後述する「検定値」の大きい順に示している。上位ほど出現頻度が高くその群の特徴的な語といえる。上位10語までを示した。「語」はその特徴的な語を示す。「検定値」とは

---

[7]　本ソフトウェアでの検定は「①総構成要素数（全コーパス）に占めるある構成要素iの頻度が占める比率（出現比率），つまり $p = \frac{k_i}{k}$ が，分かったとする。‥‥②このとき，ここから抽出したある層j内の同じ構成要素iの出現頻度，つまりk_{ij}が超幾何分布に従って分布すると仮定したとき，どの程度の（推定）頻度となるか‥‥を考える。③その推定した期待値（予想される出現頻度）をさらに正規近似した検定統計量を考え，その検定統計値（統計値）でテストする」（大隅，2006, p. 20）とされる。

[8]　他群との比較やコンコーダンスの観察に際して，大隅らが開発した「構成要素カラリング表示マクロ・プログラム」（http://wordminer.comquest.co.jp/wmtips/shareware.html）を補助的に使用した。

[9]　ここでの表の見方については大隅（2006）を参照した。

表6.5 大学におけるメモの書き方による「メモ書」の特徴的な語（長田, 2010a, p. 65）

調査	順位	語	検定値	有意確率	群内語数構成比	語数構成比	群内語数	語数
A. 統制群	上位1	友情	3.64	0.00	0.29	0.17	20	21
	上位2	人	2.97	0.00	4.86	4.37	335	527
	上位3	女子生徒（女子）	2.97	0.00	0.91	0.71	63	86
	上位4	中学生-男女6人	2.85	0.00	0.16	0.09	11	11
	上位5	ついて	2.57	0.01	0.33	0.23	23	28
	上位6	無理	2.39	0.01	0.41	0.30	28	36
	上位7	男子生徒-男子	2.18	0.01	0.49	0.38	34	46
	上位8	やっぱり（やはり）	2.05	0.02	0.10	0.06	7	7
	上位9	質問-発問	2.05	0.02	0.10	0.06	7	7
	上位10	ない	1.95	0.03	0.67	0.55	46	66
B. 総記述化群	上位1	C	4.96	0.00	1.61	0.78	43	94
	上位2	T	3.73	0.00	0.56	0.22	15	26
	上位3	うん	2.70	0.00	0.75	0.41	20	50
	上位4	クラス	2.55	0.01	0.22	0.07	6	9
	上位5	すぐ（すぐに）	2.52	0.01	0.37	0.17	10	20
	上位6	たら	2.29	0.01	0.11	0.02	3	3
	上位7	司会	2.25	0.01	0.56	0.32	15	38
	上位8	なくても	2.04	0.02	0.30	0.14	8	17
	上位9	少し	1.88	0.03	0.19	0.07	5	9
	上位10	謝る	1.65	0.05	1.16	0.87	31	105
C. 図示化群	上位1	3	3.72	0.00	0.28	0.07	7	8
	上位2	1	3.33	0.00	0.24	0.06	6	7
	上位3	2	3.33	0.00	0.24	0.06	6	7
	上位4	しまう	3.20	0.00	0.32	0.10	8	12
	上位5	どんなの	2.61	0.00	0.28	0.10	7	12
	上位6	顔（顔色）	2.57	0.01	0.36	0.15	9	18
	上位7	では	2.44	0.01	0.40	0.18	10	22
	上位8	行く	2.30	0.01	0.40	0.19	10	23
	上位9	なら	2.27	0.01	0.49	0.25	12	30
	上位10	見る	2.22	0.01	0.24	0.09	6	11

当該語の頻度についての有意性テスト結果の検定統計量である。「有意確率」とは検定値の有意確率である p 値である。「群内語数構成比」とは各群それぞれにおける総語数のうちの当該語の割合（%）である。「語数構成比」とは全データの総語数のうち当該語の割合（%）である。「群内語数」とは各群におけるそれぞれの当該語の数である。「語数」とはすべてのデータにおける当該語の数である。この分析結果をもとに解釈を行ったところ，メモには発話者情報の記述差がみられた。

「B. 総記述化群」は他群に比べて，上位1位「C」（Children），2位「T」（Teacher），7位「司会」など発話者名の省略表記が特徴である。実際の発話以外に，発話者に関する情報がなんらかの形で記録されているのである。つまり "誰が何を言ったのか" が記述される傾向があるといえる（図6.2の

「1. 発話順型」「2. 話者添加型」や，図6.13などを参照)。

一方，「C. 図示化群」は他群に比べて，上位6位「顔（顔色）」など実際の発話が上位にランクされている。スペースの関係で表中には記載していないが「C」は下位1位，「T」は下位2位，「司会」は下位9位であり頻出度は有意に低い。つまり，実際の発話が多く記述され発話者名はメモされない傾向がある。

以上の分析から，「B. 総記述化群」のメモは，実際の発話以外にも発話者情報が省略形で付加される傾向があるといえる。だが「C. 図示化群」は，矢印などの記号を除けば，発話以外の情報はメモされない傾向があるのである。

6.4.3.2 【記述内容分析2】メモの取り方による報告書の記述内容の変容

メモの書き方によって，その後の報告書の記述内容はどのように変容するだろうか。表6.6は，「報告書」を対象として，「語」×「ABC群」で頻出度の有意性検定をした結果である。これをもとに次の解釈を行った。

第一に，テーマ詳細記述の差である。「C. 図示化群」の「報告書」では，1位「高校」や7位「友達関係」といったテーマに関する語が有意に頻出する。"高校"や"友人関係"というフレーズが多く出るのである。話し合い全体のテーマがより詳細に付加されたといえる。一方，「B. 総記述化群」「A. 統制群」ではこれらの語はランクはされない。

第二に，意見明示化の差である。「C. 図示化群」の「報告書」では，10位「意見」がある。つまり，「報告書」の段階になると各発話が意見としてはっきり明示される傾向があるといえる。その際に"積極的な〜という意見と消極的な〜という意見"や"プラス面の意見とマイナス面の意見"のような意見間の関係が示されることが多い。また"〜という意見の人が〜という意見を述べる"など以前の発言と関連づけながら記述されることも特徴である。5位「前者」は，"前者の意見は〜"というフレーズで用いられるものであ

表6.6 大学におけるメモの書き方による「報告書」の特徴的な語(長田, 2010a, p. 66)

調査	順位	語	検定値	有意確率	群内語数構成比	語数構成比	群内語数	語数
A. 統制群	上位1	重要	2.51	0.01	0.11	0.06	11	12
	上位2	評価	2.48	0.01	0.08	0.04	8	8
	上位3	ます	2.25	0.01	0.59	0.48	59	90
	上位4	ため	2.10	0.02	0.09	0.05	9	10
	上位5	進んで	2.00	0.02	0.06	0.03	6	6
	上位6	進め方	1.80	0.04	0.17	0.12	17	23
	上位7	多い	1.75	0.04	0.38	0.31	38	58
	上位8	所	1.72	0.04	0.05	0.03	5	5
	上位9	必要	1.72	0.04	0.05	0.03	5	5
	上位10	他人	1.62	0.05	0.07	0.04	7	8
B. 総記述化群	上位1	謝る	2.72	0.00	0.47	0.26	20	49
	上位2	目	2.55	0.01	0.19	0.08	8	14
	上位3	聞いた	2.52	0.01	0.14	0.05	6	9
	上位4	変化(変わった)	2.51	0.01	0.36	0.19	15	35
	上位5	さまざま	2.50	0.01	0.21	0.09	9	17
	上位6	する	2.39	0.01	2.85	2.34	120	436
	上位7	示す	2.27	0.01	0.07	0.02	3	3
	上位8	保つ	2.27	0.01	0.07	0.02	3	3
	上位9	ら	2.26	0.01	0.14	0.05	6	10
	上位10	彼	2.26	0.01	0.14	0.05	6	10
C. 図示化群	上位1	高校	2.57	0.01	0.73	0.48	33	90
	上位2	やる	2.40	0.01	0.13	0.05	6	9
	上位3	相手	2.20	0.01	0.38	0.23	17	42
	上位4	笑い	2.20	0.01	0.07	0.02	3	3
	上位5	前者	2.20	0.01	0.07	0.02	3	3
	上位6	私	2.14	0.02	0.27	0.14	12	27
	上位7	友達関係(友人関係)	2.09	0.02	1.22	0.94	55	176
	上位8	なので	1.90	0.03	0.13	0.06	6	11
	上位9	たいてい	1.85	0.03	0.22	0.12	10	23
	上位10	意見	1.85	0.03	1.49	1.21	67	226

る。「B. 総記述化群」や「A. 統制群」ではこれらの語は上位には出ない。一方,「B. 総記述化群」では他の群に比べて例えば1位「謝る」や3位「聞いた」など実際に参加者から発話された語が上位に出る。つまり,意見として整理されるのではなく,発話がそのまま記述される傾向があるといえる。

以上の分析から,「B. 総記述化群」の「報告書」は他群よりも発話がそのままの形で時系列で記述される傾向がある。メモを書く段階での語彙や構成などが報告書でもそのまま強く残るといえる。一方,「C. 図示化群」の「報告書」は他群よりもテーマについて詳しく述べられ,意見としてもより明示化される傾向がある。よってメモの段階に比べて語彙や構成が大きく変容するといえる。

これらのことを典型的な事例で確認してみる。典型例の抽出には

第6章 〈調査Ⅱ〉グループ討議における話し合いメモの分析　257

（大学生・HK女）	（大学生・HK女）
k 高校自由なかんじ？ s 今は楽しい。友達作るのやだ 　人見知りする k 高校のこと期待してる？ s うーん… s 嫌われてるか気になる 　すごい気になる 　「嫌い」といわれるとさびしい 　前とは変わった。しゃべれるときにしゃべる 　無理しない k 楽になった？ s はっきり言われたから楽になった k 今はいちいち気にしない？ s うん k 友達に見られたら？ s 信じてる k 一応友達今いる？ 　いない？ s うん	中学生の男女6人と精神科医の香山リカさんが「友情について」をテーマとして話し合いをした。この話し合いは主に香山さんが中学生に質問をしてその質問に中学生の生徒が自由に答えを言っていくというものであった。まず，香山さんは生徒たちに高校のことについて質問をしていた。自由なかんじか？と聞いたり，友達をつくることについて聞いていた。それに対して生徒は「今（中学生時期）は楽しい。しかし，友達をつくるのは嫌だ」と答えた。その理由として，人見知りをするから，という答えが挙がった。香山さんはまた，「高校のことについて期待している？」と聞いたところ，何人の生徒かは「うーん…」と言葉をつまらせていた。生徒は友達について自分が友達に嫌われているかどうか気になってしまう，と答えた。中には，ものすごく気になってしまうという子もいた。その理由は「嫌い」と言われると寂しい気持ちになるからだそうだ。友達と会話することに対しては前とは違い，今は無理をしないで話をしたいときに話をするようになった，と答えた。香山さんが「楽になった？今はいちいち気にしてない？」と聞くと，「「嫌い」とはっきり言われたから楽になった。気にしていない」と答えていた。このような生徒に対して「友達」と呼べる友達はいるか？と聞かれたら「いない」と答える子がいた。

図6.13　大学における「B. 総記述化群」の典型的な「メモ書」（左）とその「報告書」（右）

WordMinerの「頻度による有意性テスト要約：有意なサンプルの要約」機能で抽出された上位のサンプルから選んだ。この機能によって，各群の特徴的な語彙を含んだ典型例を統計的な手法で抽出できる。

　「B. 総記述化群」の典型的な「メモ書」とその「報告書」の事例（HK女）を示したものが図6.13である。右側の「報告書」をみると，「楽になった？今はいちいち気にしていない？」という質問や，その応答「"嫌い"とはっきり言われたから楽になった。気にしていない」がそのまま列挙されているのが分かる。段落が形成されることなく羅列的に書かれているのである。なお左側の「メモ書」をみると，【記述内容分析1】（第6.4.3.1）で明らかにし

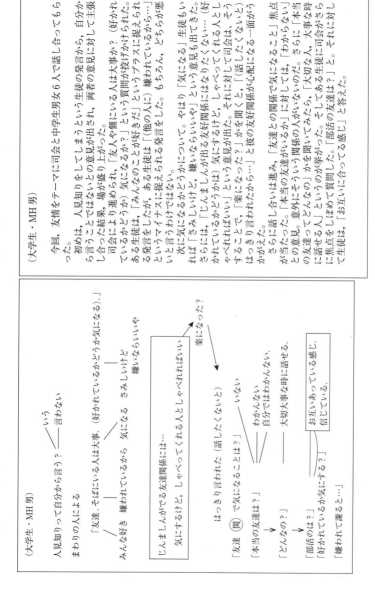

図6.14 大学における「C. 図示化群」の典型的な「メモ書」(左) とその「報告書」(右)

たとおり，実際の発話だけでなく発話者情報が「k」「s」といった省略形で記されていることも確認できる。

「C. 図示化群」の典型的な「メモ書」とその「報告書」の事例（MH男）を示したものが図6.14である。右側の「報告書」をみると次の事が分かる。まず第1段落と第2段落で「友情」というテーマの全体像が話し合いの雰囲気も含めて概観されている。さらに論点ごとに段落が形成されていることも分かる。司会者による論点の提示とそれに対する意見がまとめられているのである。その際，意見間の関係が整理されていることも特徴である。例えば「…というプラスに捉えられる発言をしたが，ある生徒は…マイナスに捉えられる発言をした」など対立する意見間の関係が表されている。なお左側の「メモ書」をみると【記述内容分析1】（第6.4.3.1）で明らかにしたとおり，矢印や線などで発話間の関係が記されていることが確認できる。メモを書く段階で構造化している様子がよく分かる。

6.4.4　調査Ⅱ-3の考察

調査Ⅱ-3の目的は，メモの取り方によって話し合いの報告の内容面に差異が生じるかを明らかにするものである。ここまでの分析結果を考察すると次のようになる。

(1)メモの取り方によって，メモ内容はどう異なってくるのかについて【記述内容分析1】を行った。その結果，発話者情報に記述差がみられた（表6.5）。発話順に記述していく「B. 総記述化群」のメモは，「A. 統制群」「C. 図示化群」に比べて発話者名がSTなどの省略形で書かれやすい。一方，構造化した図示化メモをとる「C. 図示化群」は，「A. 統制群」「B. 総記述化群」に比べ発話外の情報が付加されにくい。ただし，発話間の関係を示した矢印や線は追加される。

両群の差異が生じた要因の考察は次の通りである。「B. 総記述化群」では"誰が何を発言したか"をメモする傾向があり，スピーディーに書くために

人名などが省略されて記述されると考えられる。一方,「C. 図示化群」では複数の発話が記号や線で関連づけられるものの発話者名はメモされない。図示化に力点が置かれたことで,人名などの情報に意識が向かなかった可能性がある。またそれを書き込む余力がなかった可能性もある。いずれにせよ,こういった両群の差異はメモの取り方の差を明瞭に反映しており,非構造化と構造化メモの特質を確認できたことになる。

(2)メモの取り方によって「報告書」がどう変容するかについて【記述内容分析2】を行った。その結果,テーマの詳細記述と意見明示化の2点において差異がみられた（表6.6）。「B. 総記述化群」は,他群よりも発話がそのままの形で時系列で報告される傾向がある（図6.13）。メモを書く段階での語彙や構成などが報告書でもそのまま強く残るのである。一方,「C. 図示化群」は,他群よりもテーマについてより詳しく,意見についてより明示化され報告される傾向がある（図6.14）。メモの段階に比べて語彙や構成が大きく変容する。

(3)以上の(1)と(2)の結果をまとめたものが図6.15である。「B. 総記述化群」は発話をそのまま羅列的に報告するスタイルになりそうだといえる。一方,「C. 図示化群」の報告書は討議のテーマがはっきりと書かれる。このほか意見間の関係が明示されたり,より整理されたりする傾向もみられる。

両群の差異が生じた要因としては,(2)で指摘したメモの影響が大きいと考えられる。

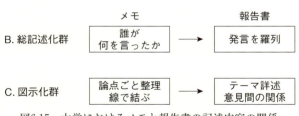

図6.15　大学におけるメモと報告書の記述内容の関係

「B. 総記述化群」は"誰が何を言ったのか"についてメモする傾向があり，報告書も発話がそのまま時系列で記述されやすかった。一方，図示化した「C. 図示化群」のメモは論点ごとにまとめられ，それらが線や記号で結ばれていた。"論点や意見がどのような関係か"が中心的にメモされたのである。つまり，メモ段階で既に構造化して話し合いを捉えていたため，報告書を記述する段階でも改めて全体像を捉え直しやすく，論点ごとに整理された記述になったのであろう。話し合いの報告がより客観的に整理され，テーマが詳述されるようになったのである。なお，調査者が報告書に目を通した実感からも図示化群の報告書が特に読みづらい，あるいは分かりにくい，間違っていたということはなかった。

6.5 調査Ⅱの総合的考察

調査Ⅱの目的は，視覚情報化ツールの記号的な使い方（討議の書き方・デザイン）によって話し合い内容の認識が異なるかどうかを明らかにすることである。視覚情報化ツールの活用に際しては，話の速度に合わせてすべてを書き留めることは困難であり，省略したメモにならざるをえないと思われる。調査Ⅰのケーススタディにおいても話し合いメモはキーワードなどによって記述されていた（第5章）。しかし，そのことでかえって話し合いの内容把握が疎かになってもいけない。果たしてこのような記述方法で参加者は話し合いを的確に認識し遂行できるだろうか。大学生を対象とした調査Ⅱの分析結果を総合的に考察すれば次のようになる。

調査Ⅱ-1では，話し合いメモの取り方のパターンを調査した。その結果，メモの取り方としては大きく二つのパターンがあることが明らかとなった（表6.1）。一つは構造化されたメモであり，もう一つは非構造化されたメモである。前者の構造化されたメモとは図示化したり見出しを付けたりして整理しながらメモをとるものである。後者の非構造化されたメモとは発話順に

そのまま書いていくものである。

調査Ⅱ-2では，記述量の面からメモの書き方によって事後の報告がどのように異なるのかを分析した。メモの書き方について「A. 統制群」，「B. 総記述化群」（非構造化メモ），「C. 図示化群」（構造化メモ）に割り付けて調査した。その結果，「メモ書」の記述量は「C. 図示化群」（構造化）が他の群よりも有意に少なかった。「報告書」の記述量は，「C. 図示化群」（構造化）と他群との間に有意な差は認められなかった。つまり，構造化して書く図示化メモ群は，メモ量は少なくて済むにもかかわらず，報告書の記述量は他群と変わらないといえる（図6.12）。その要因として，図示化メモは構造化しながらメモを取ることで，話し合いがリアルタイムで整理されたり思考されたりしていた可能性が考えられた。調査Ⅱ-3では，記述内容の面からメモの書き方によって事後の報告がどのように異なるのかを分析した。その結果，「C. 図示化群」（構造化）の「報告書」では討議のテーマがはっきりと書かれたうえで，意見間の関係が明示されたり，より整理されたりする傾向が明らかとなった。一方，「B. 総記述化群」（非構造化メモ）の「報告書」では発話がそのまま羅列的に報告される傾向が明らかになった。両群の差異が生じた要因について，調査Ⅱ-2では図示化メモによって話し合いが整理され思考されやすくなる可能性を指摘していた。このことが記述内容の分析からも明確になったとみてよいだろう。すなわち視覚情報化ツールの使い方やデザインで話し合いの認知が変容する可能性がうかがえた（図6.15）。

以上の調査Ⅱを総合的に考察すれば，大学生における視覚情報化ツールの効果を実証的に明らかにできたといえる。視覚情報化ツールによる記録の仕方（デザイン）によって，話し合い内容の認識が異なることが示された。さらに，図示化メモが話し合いにとって効果的である可能性が示唆された。

〈本章のまとめ〉

第6章では，大学生を対象にグループ討議における視覚情報化ツールの影

響について明らかにした。第6.1節では，調査Ⅱの目的と方法について述べ，調査Ⅱ-1〜Ⅱ-3までの調査を設定した。第6.2節では，話し合いメモの書き方のパターンを5つ明らかにした（調査Ⅱ-1）。第6.3節では，メモの取り方で，事後の報告の記述量に差異が生じることを明らかにした（調査Ⅱ-2）。特に図示化メモはメモ量が少なくても，報告量が他群と比べて減少しないことが確認された。第6.4節では，メモの取り方で，事後の報告の内容面に差異が生じることを明らかにした（調査Ⅱ-3）。特に図示化メモによる報告書は，討議のテーマが明瞭に書かれたり，意見間の関係が整理されたりしやすいことが明らかになった。第6.5節では，これらの分析を踏まえ，メモの取り方がその後の報告に影響を与えることを改めて確認した。図示化メモでは話し合いを整理したり思考しやすくなることが示唆されたのである。話し合いにおける視覚情報化ツールの記述方法として図示化メモが有効である可能性を指摘できた。

次章では，小中学生おける視覚情報化ツールの効果について考察していく。

第7章
〈調査Ⅲ〉グループ討議における視覚情報化ツールの発達的分析
―視覚情報化ツールの実践化にむけて―

　本章では，小中学生における視覚情報化ツールの効果について調査を行い実践化に向けた考察をする。具体的に以下の課題を設定した。
1．視覚情報化ツールの実践化にむけてどう分析すればよいか。
2．グループ討議は学年ごとにどう視覚情報化されるのか。
3．グループ討議の図示化メモの効果は学年ごとにどう異なるのか。
4．グループ討議において視覚情報化ツールを実践化するポイントはどこか。

7.1 調査Ⅲの目的と方法

本節では調査Ⅲにおける目的と方法を明らかにする。これまでの調査Ⅰと Ⅱでは，大学生における視覚情報化ツールの活用実態やそのデザインによる効果について考察してきた（第5章〜第6章）。小中学生においても視覚情報化ツールは同じような効果を持つのであろうか。

そこで，調査Ⅲでは小中学校段階における視覚情報化ツールの調査を行う。小学5年生および中学2年生に対して，調査Ⅱと同様の実験的調査を行い，それを大学生の結果（第6章）と比較することで考察していく。具体的には次の調査を行う。

調査Ⅲ-1 話し合いメモの取り方（視覚情報化のデザイン）と報告の仕方は，学年ごとにどう変容していくのだろうか。特段の指示をせず書かれた話し合いメモとその報告書を分析する。小5および中2の分析結果を大学生と比較することで，話し合いの視覚情報化に関する発達的な視点を得る。

調査Ⅲ-2 小中学生においても図示化した話し合いメモ（デザイン）の効果はあるのだろうか。小5および中2を，図示化メモ群・総記述化メモ群・統制群にランダムに割り振り実験的な調査を行う。その結果を大学生と比較することで，学年ごとの視覚情報化ツールの効果について考察する。

調査Ⅲの方法は大学生を対象とした調査Ⅱと基本的には同じ手法である（図6.4）。〈調査1〉として被調査者に対して話し合いが記録された音声CDの聞き取りメモを作らせた。聞き取りの際，メモの取り方についてランダムに3群を設定している。「A. 統制群」は特段の指示をしない群である。「B. 総記述化群」は話し合いの内容を極力そのままメモするように指示したもの

であり，非構造化メモを書かせる群である。「C. 図示化群」は話し合いを図示化しながらメモするように指示しており，構造化メモを書かせる群である。〈調査2〉としてCDを聞き終わったところで，各群の被調査者に話し合いの内容を記述させることで報告させた。

- **調査日**　2007年7月4日（小5）／2007年2月14日（中2）
- **被調査者**　H小学校5年40名（男21名，女19名）／H中学校2年115名（男58名，女57名）。なお，被調査者には調査の目的を説明し，了解を得たうえで調査に参加してもらった。
- **話し合いCD**　「6人の中学生と香山リカさん」（教育出版社の平成14年度中学校国語科教科書内容解説資料CD『群読・朗読・話し合い』所収，約8分）
- **手順**　1．群ごとに調査内容についての「指示書」と「メモ書」用紙を配布し黙読させる。
  2．〈調査1〉「友情についての話し合いを聞いてもらいます」と説明したうえで話し合いCDを再生しながら，「メモ書」用紙に記述させる（約8分）。
  3．〈調査2〉「報告書」用紙を配布し，「今の話し合いを他の人にわかるようにできるだけ詳しく書いてください」と指示し記述させる（約20分）。
  4．全ての用紙を回収する。

調査Ⅲの被調査者の割付を示したものが表7.1である。指示通りの作業をしていない者を除いたデータが「分析対象数」である。

7.2　調査Ⅲ-1：話し合いにおける視覚情報化の発達的分析

本節では，調査Ⅲ-1として小学生・中学生・大学生が話し合いをどう視覚

表7.1 小5と中2における調査の割付

学年	群	〈調査1〉		〈調査2〉	
		調査対象数	分析対象数	調査対象数	分析対象数
小5	A. 統制群	13（男8, 女5）	12（男7, 女5）	13（男8, 女5）	12（男7, 女5）
	B. 総記述化群	13（男6, 女7）	13（男6, 女7）	13（男6, 女7）	13（男6, 女7）
	C. 図示化群	14（男7, 女7）	9（男6, 女3）	14（男7, 女7）	9（男6, 女3）
	小計	40（男21, 女19）	34（男19, 女15）	40（男21, 女19）	34（男19, 女15）
中2	A. 統制群	37（男21, 女16）	37（男21, 女16）	37（男21, 女16）	37（男21, 女16）
	B. 総記述化群	40（男21, 女19）	35（男16, 女19）	40（男21, 女19）	35（男16, 女19）
	C. 図示化群	38（男16, 女22）	32（男16, 女16）	38（男16, 女22）	32（男16, 女16）
	小計	115（男58, 女57）	104（男53, 女51）	115（男58, 女57）	104（男53, 女51）

情報化するのかを明らかにする。まず，調査のねらいと方法を示す。次に，学年ごとの視覚情報化の仕方について記述量と記述内容の点から分析する。最後に，これを踏まえ話し合いのメモの取り方（視覚情報化ツールのデザイン）について考察をする。

7.2.1 調査Ⅲ-1のねらいと方法

話し合いのメモをとる場合，学年ごとにメモの仕方はどう異なるのだろうか。話し合いのメモとその報告について発達的な視点から検討する。特段の指示をしていない小5と中2の「A. 統制群」の分析結果と，調査Ⅱで実施した大学生の「A. 統制群」の分析結果を踏まえて考察する。次の点を具体的に分析する。

1．学年ごとにメモと報告書の記述量はどう変化するか。
2．学年ごとにメモの書き方はどう変化するか。
3．学年ごとに報告書の内容はどう変化するか。

7.2.2 分析

7.2.2.1 【発達的分析1】学年ごとによるメモと報告書の記述量

小5と中2と大学生について，話し合いの事中に書いた「メモ書」と，事後の「報告書」の記述量から分析を行う。記述量については語数を計数す

る。なお,大学生のデータについては調査Ⅱのものを活用した。計数の仕方についても調査Ⅱと同様である(第6.3.2項参照)。この分析結果を示したものが表7.2と図7.1〜7.2である。

メモ書の語数については,3群の分散が等しいとは認められなかったため

表7.2 学年ごとのA群「メモ書」「報告書」の語数

	N	〈調査1〉:メモ書				〈調査2〉:報告書			
		平均	中央値	標準偏差	変動係数 %	平均	中央値	標準偏差	変動係数 %
小5	12	42.3	37.5	28.8	68.1	75.1	74.0	44.3	59.0
中2	37	76.5	78.0	25.4	33.2	117.9	121.0	21.1	17.9
大学	88	111.3	106.5	46.1	41.4	189.7	193.0	63.3	33.4
全体	137	76.7	74.0	33.4	47.6	127.6	129.3	42.9	36.8

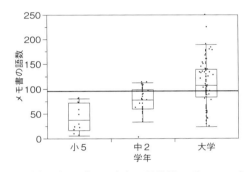

図7.1 学年ごとの「メモ書」の記述量のボックスプロット

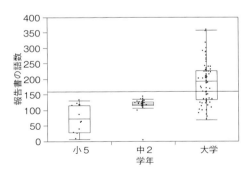

図7.2 学年ごとの「報告書」の記述量のボックスプロット

ウェルチの分散分析を行った。その結果，3群の平均値には有意な差が認められた（$F\,(2, 33) = 29.01, p < 0.0001$）。テューキー・クラマーのHSD法による多重比較を行うと，メモ書の語数の平均値は，「小5＜中2＜大学」となった（$q = 2.37, p < 0.05$）。すなわち，メモの語数は小5，中2，大学となるにつれて有意に大きくなる。

報告書の語数については，3群の分散が等しいとは認められなかったためウェルチの分散分析を行った。その結果，3群の平均値には有意な差が認められた（$F\,(2, 29) = 53.17, p < 0.0001$）。テューキー・クラマーのHSD法による多重比較を行うと，「報告書」の語数の平均値は，「小5＜中2＜大学」となった（$q = 2.37, p < 0.05$）。すなわち，報告書の語数も小5，中2，大学となるにつれて有意に大きくなる。

7.2.2.2 【発達的分析2】学年ごとによるメモのタイプ

学年ごとに，メモの書き方はどのように異なるのだろうか。調査Ⅱでは大学生のメモの詳細な型を明らかにした（第6.2.2項）。「1. 発話順型」は発言をそのまま書こうとするものである。「2. 話者添加型」は発話者を特定するための情報が書かれている。「3. 見出し型」は発話の機能ごとの識別について視覚的に見やすく付加している。「4. 図示化型」は発話と発話の関係を図示化しようとしているものである。

この詳細な型によって小5と中2についても同様に分類した。そのうえで学年と話し合いメモの詳細な型をクロス集計したのが表7.3である。さらに学年とメモの詳細な型とで対応分析を行った結果が図7.3である。

これらの結果から，話し合いメモの取り方（デザイン）は学年によって特定の傾向があるといえる。小5は発話順にすべてを記述していく傾向がある。中2になると，それに加えて見出しや図示化が登場する。大学では，さらに話者の情報を追加したメモが書かれる傾向がある。ただし注目すべきは，小5であっても図示化メモが3例みられることである。特段の指導がな

表7.3 学年ごとの話し合いメモの詳細な型

	不足	発話順	話者添加	見出し	図示化	計
小5	1	8	0	0	3	12
中2	1	12	0	15	9	37
大学	15	12	20	24	17	88
計	17	32	20	39	29	137

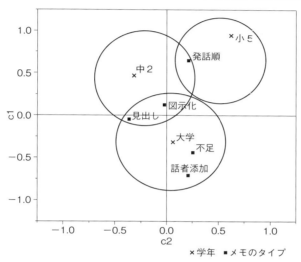

図7.3 学年と話し合いメモ型との対応分析

されなくても5年生で図示化メモを書く被調査者の存在が認められた。

7.2.2.3 【発達的分析3】学年ごとによる報告書の記述内容

　特段の指示をされることなくメモを書いた場合には，話し合いはどのように報告されるのだろうか。テキストマイニングによって学年ごとの報告書の記述内容を分析した。

　「A. 統制群」のメモ書を対象に，「語」×「小5・中2・大学」で頻出度の有意性検定をした結果が表7.4である。検定値の絶対値が1.5以上の上位およ

表7.4 学年別の報告書内容のテキストマイニング

学年	順位	語	検定値	有意確率	群内語数構成比	語数構成比	群内語数	語数
小5	上位1	です	5.83	0.00	2.56	0.50	19	73
	上位2	そう	4.64	0.00	1.62	0.31	12	45
	上位3	1人	3.22	0.00	0.94	0.21	7	30
	上位4	心配	3.20	0.00	0.54	0.06	4	9
	上位5	私	3.07	0.00	0.81	0.17	6	24
	上位6	思う	3.00	0.00	2.43	1.10	18	160
	上位7	CD	2.79	0.00	0.27	0.01	2	2
	上位8	こんな	2.79	0.00	0.27	0.01	2	2
	上位9	はこう	2.79	0.00	0.27	0.01	2	2
	上位10	僕	2.79	0.00	0.27	0.01	2	2
	下位10	司会-しかい	-1.68	0.05	0.00	0.40	0	58
	下位9	なる	-1.72	0.04	0.54	1.25	4	181
	下位8	不安	-1.73	0.04	0.00	0.41	0	60
	下位7	考え	-1.76	0.04	0.00	0.42	0	61
	下位6	気	-1.86	0.03	1.48	2.55	11	370
	下位5	期待	-1.90	0.03	0.00	0.46	0	67
	下位4	ような-ように	-2.76	0.00	0.13	1.05	1	153
	下位3	反対-逆	-2.85	0.00	0.13	1.10	1	159
	下位2	意見	-3.10	0.00	0.13	1.21	1	176
	下位1	生徒達	-3.45	0.00	0.13	1.39	1	202
中2	上位1	人	5.98	0.00	4.79	3.35	205	486
	上位2	謝る-あやまる	4.34	0.00	0.70	0.34	30	50
	上位3	何でも	2.99	0.00	0.19	0.07	8	10
	上位4	自分	2.98	0.00	2.10	1.60	90	232
	上位5	トラブル	2.98	0.00	0.23	0.10	10	14
	上位6	このように	2.70	0.00	0.14	0.05	6	7
	上位7	なりました	2.70	0.00	0.14	0.05	6	7
	上位8	きた	2.62	0.00	0.40	0.22	17	32
	上位9	良い-よい	2.61	0.00	0.91	0.63	39	91
	上位10	たいてい-大抵	2.50	0.01	0.23	0.11	10	16
	下位10	いい	-2.06	0.02	0.35	0.55	15	80
	下位9	進め方	-2.15	0.02	0.02	0.12	1	18
	下位8	話し合い-討議	-2.47	0.01	0.86	1.21	37	176
	下位7	大きい	-2.56	0.01	0.00	0.10	0	15
	下位6	なる	-2.87	0.00	0.84	1.25	36	181
	下位5	述べ	-3.01	0.00	0.00	0.13	0	19
	下位4	行く	-3.60	0.00	0.14	0.43	6	62
	下位3	女子生徒-女子	-4.64	0.00	0.14	0.54	6	79
	下位2	中学生-男女6人	-5.08	0.00	0.63	1.34	27	195
	下位1	生徒達	-9.05	0.00	0.21	1.39	9	202
大学	上位1	生徒達	10.17	0.00	2.03	1.39	192	202
	上位2	女子生徒-女子	5.20	0.00	0.76	0.54	72	79
	上位3	中学生-男女6人	4.10	0.00	1.62	1.34	154	195
	上位4	なる	3.61	0.00	1.49	1.25	141	181
	上位5	述べ	3.42	0.00	0.20	0.13	19	19
	上位6	行く	3.41	0.00	0.56	0.43	53	62
	上位7	反対-逆	3.03	0.00	1.29	1.10	122	159
	上位8	大きい	2.93	0.00	0.16	0.10	15	15
	上位9	司会-しかい	2.78	0.00	0.51	0.40	48	58
	上位10	男子生徒-男子	2.76	0.00	0.44	0.34	42	50
	下位10	みんな	-2.87	0.00	0.14	0.23	13	33
	下位9	自分	-2.90	0.00	1.37	1.60	130	232
	下位8	嫌な-嫌われる	-2.92	0.00	2.12	2.40	201	348
	下位7	みたい	-2.92	0.00	0.00	0.04	0	6
	下位6	心配	-3.01	0.00	0.01	0.06	1	9
	下位5	そう	-3.33	0.00	0.19	0.31	18	45
	下位4	ます	-3.46	0.00	0.62	0.82	59	119
	下位3	です	-4.12	0.00	0.32	0.50	30	73
	下位2	謝る-あやまる	-5.25	0.00	0.15	0.34	14	50
	下位1	人	-6.28	0.00	2.65	3.35	251	486

び下位10位までの結果を示している（テキストマイニングの方法については第6.4.2項参照）。上位はその群の特徴的な語であり，下位はその群において特徴的ではない語である。この表をもとに学年ごとの「報告書」の記述内容を次のように解釈した。

　小5は実際に発話された語を報告する傾向がみられる。上位の3位「1人」や4位「心配」など話し合いにおいて発話された語が大学生に比べて特徴的に多く書かれている。一方，話し合い参加者の情報といった発話外のことは記述されにくい。例えば下位の10位「司会－しかい」などの語は中2や大学生に比べて書かれにくいのである。さらに意見間の関係が整理されにくいこともあげられる。例えば，下位3位の「反対－逆」から分かるように"この意見とあの意見が反対であった"という報告は少ない。

　中2も同様に実際に発話された語を報告する傾向がみられる。上位2位「謝る－あやまる」や5位「トラブル」など，話し合いにおいて発話された語が大学生に比べて特徴的に多く書かれる。一方，下位2位「中学生－男女6人」や3位「女子生徒－女子」など参加者の情報は書かれにくい。また，下位8位「話し合い－討議」から話し合いの全体像をまとめることも少ないことが分かる。

　大学生は，小5や中2に比べて話し合いを話者ごとに整理して説明をおこなっていることが特徴である。上位2位「女子生徒－女子」や10位「男子生徒－男子」や9位「司会－しかい」からは，話し合いの参加者についての情報を説明していることが分かる。また上位3位「中学生－男女6人」など話し合いの参加人数まで記述している。このように大学生は発話者に関する情報も盛り込んでいるのである。そのため"司会は～と問いを発し，それについて女子は～と述べていた"という報告になる。

　これらのことを典型的な事例で確認してみる[1]。

---

[1] 典型例の抽出には，第6.4.3.2と同様にWordMinerの「頻度による有意性テスト要約：有意なサンプルの要約」機能を利用し，その中から選んだ。

小5の典型的な「報告書」の事例（TS男）を示したものが図7.4である。これをみると話者に関する情報，例えば性別などの情報はなく，実際に発話された内容を中心に報告されていることが分かる。意見間の関係が整理されることがなく発話順に記述されていることも確認できる。

　中2の典型的な「報告書」の事例（TS女）を示したものが図7.5である。これをみると，「友達関係は？」など発話がそのまま括弧（「　」）でくくられて記述されることが多い。また，話し合いのテーマやその全体像をまとめた箇所がないことも確認できる。

　大学の典型的な「報告書」の事例（OS男）を示したものが図7.6である。これをみると，第1段落で話し合いのテーマやその全体像がまとめられていることが分かる。また「司会の～」「女の子の方から～」のように話者に関する情報が追加され，内容も整理されていることが確認できる。このように発話外の情報が多く付け加えられるのである。

7.2.3　調査Ⅲ-1の考察

　調査Ⅲ-1の目的は，話し合いメモの取り方と報告は学年ごとにどう変容していくかを明らかにすることである。ここまでの分析結果を考察すると次のようになる。

　(1)学年ごとのメモと報告書の記述量について【発達的分析1】を行った。その結果，小5，中2，大学となるにつれて「メモ書」と「報告書」の語数は増えていく（表7.2）。つまり，学年が進むほどメモおよび報告書の記述量は増える。

　(2)学年ごとのメモの記述内容について【発達的分析2】を行った。その結果，メモの書き方（デザイン）については学年が進むにつれてパターンが多様化していった（図7.3）。小5は発話順に記述していく傾向がある。中2になると見出しや図示化も登場する。大学生では話者情報の追加まで登場する。ただし，小5であっても図示化メモが存在しないわけではなかった。

第7章 〈調査Ⅲ〉グループ討議における視覚情報化ツールの発達的分析　275

（小5・TS男）

この話し合いは「友情」についての話し合いです。
一人の人が友達を作るのが嫌だ，作るまでが嫌だと言っています。理由は，ひとみしりをするからです。
でもじっさい楽しそうだと思っている。
友達から好かれているか気にしている　でも
きらいならいいやと思ってしまう　でも
一人くらいは好かれていてほしいと言っている
気にするけどしゃべれたらいいなと言っている
「本当の友達いる？」というのに「わかんない」「いると思っている」といいました。
ちがう人はきらわれているとは思わない信じている
大事な友達っていうのは？
いつもいっしょにいるわけではないけど大事な時にたすけてくれたりしてくれる。もしあやまったらゆるすといっていました。

図7.4　小5における典型的な「A. 統制群」の「報告書」

（小5・TS女）

「高校生活など期待していたり，たのしみだったりするか？」という質問に対して，「自由な感じ」「楽しみたい」「友達を作るまでが嫌。」（人見知りだから…）という答えが返ってきました。
じゃあ，「友達関係は？」と聞かれ，「自分は好かれているのか」「自分は嫌われているのか」自分がどう思われているのかが気になると返ってきた。
不安を抱えている人と，友達を信じている人，しゃべる人と喋れればよい人，嫌われたら嫌われた。色々な考えの人がいる。人の顔色見て，嫌われないようにしている人もいる。
じゃあ，「本当な友達はいるの？」と聞けば，「いつも一緒にいるとかじゃなく，大事な時に一緒にいる人。」「よく話す人」など，それぞれの価値観があった。

図7.5　中2における典型的な「A. 統制群」の「報告書」

（大学・OS男）

　話し合いのテーマは「友情について」です。司会は精神科医の香山リカさんが行い，中学生の男女6人と話し合いが進んでいきます。
　まず司会の香山さんが女の子に対して現在の交友関係を振り返ってもらいどんな感じで友達と接しているのか聞いていきます。
　女の子の方から「正直，好きになる子もいれば嫌いな子もいる。本当の友達がいればそれでいい。」という意見がでます。そして，司会の香山さんから「じゃあ本当の友達って何だろう？」という問いに6人の中学生はそれぞれの考えを述べていました。
　女の子達は遊ぶだけじゃなくいろいろな面で信頼できるのが本当の友達。男の子は何でも話せて信頼できるのが本当の友達と述べていました。

図7.6　大学における典型的な「A. 統制群」の「報告書」

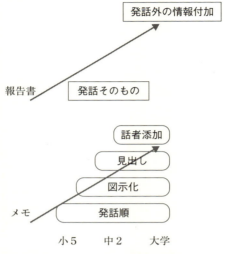

図7.7 話し合いメモと報告内容の学年ごとの特徴

(3)学年ごとの報告書の記述内容について【発達的分析3】を行った。その結果，報告書の内容の特徴を明らかにした（表7.4）。小5や中2は，大学生に比べ実際に発話された語をそのまま報告する傾向がみられた。テーマや参加者情報といった話し合いの全体像は書かれにくく，意見間の関係も示されにくい。一方，大学生では司会についての記述があったり，意見を話者ごとに整理したりする傾向がみられた。

(4)以上の(1)(2)(3)を踏まえ，学年ごとの話し合いメモと報告書の特徴をモデル化すれば図7.7となる。図の下部はメモの書き方の特徴を示しており，上部は報告書の特徴である。小5は，発話順のメモが多く書かれる。それが報告書になると発話がそのまま記述される傾向がある。中2は，発話順のメモが多いが，図示化や小見出しを付けたメモもみられるようになってくる。それが報告書になると基本的には発話順に記述される。大学生は，発話順・図示化・見出しだけでなく話者情報の添加など多様なメモの仕方がある。それ

が報告書になると，発話だけでなく，発話外の情報まで多く付加される傾向がみられる。

このように，小5，中2，大学と進むにつれてメモと報告書の記述量は増え，その内容も発話外の情報が付加され高度化されていくのである。

7.3 調査Ⅲ-2：小中学生における図示化メモの効果に関する分析

本節では調査Ⅲ-2として小中学生における図示化メモの効果を明らかにする。まず，調査の具体的なねらいと方法を示す。次に，小5と中2における図示化メモについて記述量と記述内容の点から分析する。最後に，この結果と大学での結果とを踏まえ話し合いにおける図示化メモの学年ごとの効果について考察する。

7.3.1 Ⅲ-2調査のねらいと方法

調査Ⅱにおいて，大学生では視覚情報化する際のデザインとして図示化がよいことを明らかにした（第6章）。図示化メモを書くことで，報告書には討議のテーマが明瞭に書かれたり意見間の関係が整理されたりしたのである。では小中学生においても図示化した話し合いメモ（デザイン）の効果はあるのだろうか。またその効果は学年ごとに異なるのだろうか。

そこで調査Ⅲ-2では小5と中2に対する調査を分析した。調査の全体像は図6.4と同じである。被調査者の割り付けも表7.1の通りである。具体的に次の点から分析する。

1. 小5と中2について，メモの書き方（デザイン）によって報告書の記述量に差異がみられるか。
2. 小5と中2について，メモの書き方（デザイン）によって報告書の記述内容に差異がみられるか。

7.3.2 分析

7.3.2.1 【発達的分析4】小5と中2のメモの取り方による報告量

話し合いメモの書き方によって報告量はどう変わるのか。小5と中2の報告書の記述量を示したものが表7.5および図7.8～7.9である。

小5については3群の分散が等しいとは認められなかったためウェルチの分散分析を行った。その結果，3群の平均値には有意な差が認められなかった（$F(2, 19) = 0.44, p = 0.65$）。すなわち，メモの取り方によって報告書の語数が変わるとはいえない。

中2については分散分析を行った結果，3群の平均値には有意な差が認められなかった（$F(2, 101) = 0.91, p = 0.40$）。すなわち，メモの取り方によって報告書の語数が変わるとはいえない。

つまり，小5でも中2でもどのようなメモを取るのかということは報告書の記述量には影響を与えていないといえる。

7.3.2.2 【発達的分析5】小5と中2のメモの取り方による報告内容

では，報告書の内容面はどうであろうか。小5の群ごとの報告書の記述内容をテキストマイニングによって分析したものが表7.6である。

「語」×「A群・B群・C群」で頻出度の有意性検定をした。上位および下位10位までの検定値の絶対値が1.5以上を示した。これをもとに小5のメモの書き方によって「報告書」の記述内容がどう変容するのかを次のように解釈した。

「B. 総記述化群」の報告書では，上位1位「期待」，2位「感じ」など他群に比べ話された語がそのまま書かれている。また下位3位「答える－返答」や4位「質問－発問」があり，"～のような質問があり～のような答えがあった"という形では整理されにくい傾向がある。

第7章 〈調査Ⅲ〉グループ討議における視覚情報化ツールの発達的分析　279

表7.5　小5と中2における「報告書」の語数

学年	群	N	平均	中央値	標準偏差	変動係数 %
小5	A. 統制群	12	75.1	74.0	44.3	59.0
	B. 総記述化群	13	78.4	72.0	26.8	34.1
	C. 図示化群	9	88.0	95.0	27.6	31.4
	全体	34	80.5	80.3	32.9	41.5
中2	A. 統制群	37	117.9	121.0	21.1	17.9
	B. 総記述化群	35	117.4	122.0	21.4	18.2
	C. 図示化群	32	123.4	126.5	17.8	14.4
	全体	104	119.6	123.2	20.1	16.8

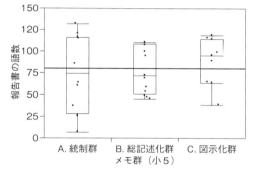

図7.8　小5におけるメモの仕方による報告量のボックスプロット

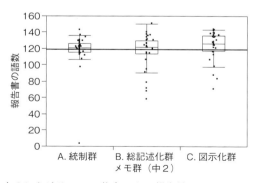

図7.9　中2におけるメモの仕方による報告量のボックスプロット

表7.6 メモの取り方による報告書のテキストマイニング（小5）

調査	順位	語	検定値	有意確率	群内語数構成比	語数構成比	群内語数	語数
A. 統制群	上位1	そう	2.74	0.00	1.72	0.88	12	16
	上位2	いる	2.61	0.00	10.03	7.85	70	143
	上位3	言う-いう	2.09	0.02	5.87	4.50	41	82
	上位4	です	2.09	0.02	2.72	1.81	19	33
	上位5	1人	2.07	0.02	1.00	0.49	7	9
	上位6	しまう	2.03	0.02	0.57	0.22	4	4
	上位7	たら	1.59	0.06	0.43	0.16	3	3
	上位8	違う-異なる	1.59	0.06	0.43	0.16	3	3
	上位9	他	1.59	0.06	0.43	0.16	3	3
	上位10	ある	1.54	0.06	1.72	1.15	12	21
	下位3	感じ	-1.60	0.05	0.00	0.33	0	6
	下位2	期待	-1.83	0.03	0.00	0.38	0	7
	下位1	いい	-1.86	0.03	0.43	1.04	3	19
B. 総記述化群	上位1	期待	3.31	0.00	1.15	0.38	7	7
	上位2	感じ	2.99	0.00	0.98	0.33	6	6
	上位3	できる	2.37	0.01	1.31	0.60	8	11
	上位4	どう	2.06	0.02	0.98	0.44	6	8
	上位5	たち	1.78	0.04	0.49	0.16	3	3
	上位6	解決	1.78	0.04	0.49	0.16	3	3
	上位7	話し	1.64	0.05	1.48	0.88	9	16
	上位8	する	1.56	0.06	4.43	3.40	27	62
	下位5	次	-1.58	0.06	0.00	0.38	0	7
	下位4	質問-発問	-1.59	0.06	0.66	1.32	4	24
	下位3	答える-返答	-1.96	0.03	0.00	0.49	0	9
	下位2	ある	-2.86	0.00	0.16	1.15	1	21
	下位1	言う-いう	-3.80	0.00	1.97	4.50	12	82
C. 図示化群	上位1	質問-発問	2.08	0.02	2.33	1.32	12	24
	上位2	みんな	2.04	0.02	1.95	1.04	10	19
	上位3	学校-学校生活	2.01	0.02	0.58	0.16	3	3
	上位4	でした	1.58	0.06	0.78	0.33	4	6
	上位5	僕	1.58	0.06	0.78	0.33	4	6
	下位5	です	-1.53	0.06	0.97	1.81	5	33
	下位4	1人	-1.64	0.05	0.00	0.49	0	9
	下位3	この	-1.64	0.05	0.00	0.49	0	9
	下位2	そう	-1.80	0.04	0.19	0.88	1	16
	下位1	いる	-2.15	0.02	5.64	7.85	29	143

　一方，「C. 図示化群」の報告書では，上位1位「質問 – 発問」にみられるように他群に比べ司会者の問い（論点）がはっきりと書かれるようになる。"〜という質問があり〜という答えがあった" という形で整理されやすいのである。

　つまり，小5においてはメモを図示化しながら書いた方が司会者からの質問が明瞭となり，話し合いの論点がはっきりと整理される傾向にある。

　典型的な事例でこの結果を確認しておく[2]。

---

2) 典型例の抽出は第6.4.3.2と同様に行った。

(小5・NT男)	(小5・NT男)
自分からいう 楽しそう 友だちにすかれているか どれくらいすかれているか気になる きらいならいいや すこし，らくになった トラブルがあっていわれた 友だちかんけいでなやまない 自分から ストレスが気になる 本当の友だち 自分には，いると思う 友だちにきらわれたらどうしよう 本当の友だち だと思う よくしゃべる人がいるから 好きなともだち 自分でのりこえてきた	中学生の人達は，高校で友だちのことを，きたいしているのかの話し合いを進めた。そして，友だちにすかれているか，きらいならいいや。それで，本当の友だちが自分にはいるのか，そういうと，自分は，いると思う。だけど，友だちにきらわれたらどうしよう。などの意見がでできた。でも自分でのりこえてきたという人もいた。

図7.10 小5における典型的な「B. 総記述化群」の「メモ書」（左）とその「報告書」（右）

「B. 総記述化群」の典型的な「メモ書」とその「報告書」の事例（NT男）を示したものが図7.10である。右側の「報告書」をみると司会者による論点の提示（質問）とそれについての意見とが書き分けられてはいないことがわかる。例えば「友達にすかれているか，きらいならいいや。それで，本当の友だちが自分にはいるのか，そういうと，自分は，いると思う。」などの記述がそうである。「友達にすかれているか」は司会の質問だが，それに対する意見と混ぜられて報告されてしまうのである。

一方，「C. 図示化群」の典型的な「メモ書」とその「報告書」の事例（IR男）を示したものが図7.11である。右側の「報告書」をみると「「本当に嫌われているのかな？」というぎ問がありました。」や「本当の友達とは何かという話題になりました。それは」などのように論点がはっきりと示されている。メモが図示化された場合には論点が明確化され話し合いが整理されている様子を確認できる。

次に中2も同様の分析を行った。中2の群ごとの報告書の記述内容をテキ

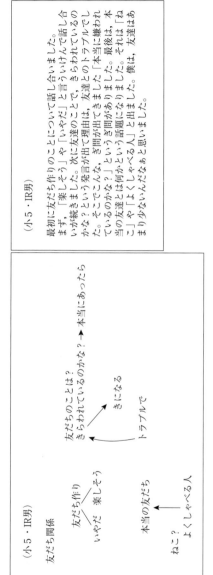

図7.11 小5における典型的な「C. 図示化群」の「メモ書」(左) とその「報告書」(右)

ストマイニングによって分析したものが表7.7である。「語」×「A群・B群・C群」で頻出度の有意性検定をした。上位および下位10位までの結果を示している。これをもとにメモの書き方によって「報告書」の記述内容がどう変容するのかを次のように解釈した。

「B. 総記述化群」の報告書では，上位3位「言う－いう」があり，他群に比べ"〜と言った。〜と言った。"と発話が羅列的に記述される傾向がある。また下位7位「反対－逆」があり，"〜と反対に〜"のような形では意見間の関係は書かれにくいといえる。

一方，「C. 図示化群」の報告書では，上位1位「Bさん」，3位「Aさん」，8位「Cさん」のように他群に比べ人物ごとに意見を整理して書く傾向がみられる。また上位7位「反対－逆」にみられるように，他群に比べ意見間の関係を"〜反対に〜"というパターンで示す。話し合いの意見を羅列するのではなく，整理して関係づけながら書こうとする傾向がみられる。

つまり，中2では発話順にメモしようとすれば（B群），意見間の関係は整理されにくい。しかし，図示化しながら書けば（C群），意見間の関係が整理されやすくなるといえる。

これらのことを典型的な事例で確認してみる。小5と同様の方法で典型例を抽出した。

「B. 総記述化群」の典型的な「報告書」とその「メモ書」の事例（IU女）を示したものが図7.12である。右側の「報告書」をみると，意見間の関係を整理する「反対に」などの記述はみられない[3]。そのような形ではなく「〜という人」「〜というような声」などのように羅列的に意見が記述されている様子が確認できる。

「C. 図示化群」の典型的な「報告書」とその「メモ書」の事例（FT男）を示したものが図7.13である。右側の「報告書」をみると，「友人関係について，人見知りをする方の人としない方の人がいました。」「気にする人の方が

---

[3]「けれど」が登場するがこれは話し手の発言内容であり，意見を対置したわけでない。

表7.7　メモの取り方による報告書のテキストマイニング（中2）

調査	順位	語	検定値	有意確率	群内語数構成比	語数構成比	群内語数	語数
A. 統制群	上位1	テーマ-題	2.37	0.01	0.77	0.54	33	66
	上位2	ストレス	2.36	0.01	0.14	0.06	6	7
	上位3	位	2.28	0.01	0.16	0.07	7	9
	上位4	きた	2.24	0.01	0.40	0.25	17	30
	上位5	どれ	2.17	0.02	0.09	0.03	4	4
	上位6	不安	2.06	0.02	0.47	0.31	20	38
	上位7	しなくても	2.00	0.02	0.12	0.05	5	6
	上位8	自分	2.00	0.02	2.11	1.77	90	215
	上位9	なりました	1.95	0.03	0.14	0.07	6	8
	上位10	そこ	1.94	0.03	0.16	0.08	7	10
	下位10	いる	-1.85	0.03	6.48	7.07	277	861
	下位9	大きい	-2.05	0.02	0.00	0.07	0	9
	下位8	ベタベタ	-2.11	0.02	0.07	0.19	3	23
	下位7	人	-2.22	0.01	4.80	5.42	205	660
	下位6	しかし	-2.35	0.01	0.07	0.21	3	25
	下位5	あまり	-2.47	0.01	0.07	0.21	3	26
	下位4	違う-異なる	-2.48	0.01	0.02	0.14	1	17
	下位3	ので	-2.87	0.00	0.09	0.28	4	34
	下位2	言う-いう	-2.89	0.00	4.70	5.52	201	672
	下位1	生徒達	-3.25	0.00	0.21	0.48	9	59
B. 総記述化群	上位1	生徒達	3.80	0.00	0.85	0.48	34	59
	上位2	ます	3.37	0.00	1.91	1.37	76	167
	上位3	言う-いう	2.62	0.00	6.32	5.52	252	672
	上位4	他	2.53	0.01	0.33	0.17	13	21
	上位5	前-以前	2.21	0.01	0.43	0.26	17	32
	上位6	なった	2.00	0.02	0.65	0.46	26	56
	上位7	次	1.94	0.03	0.63	0.44	25	54
	上位8	いちいち	1.81	0.04	0.08	0.02	3	3
	上位9	ほかに	1.81	0.04	0.08	0.02	3	3
	上位10	体験談	1.81	0.04	0.08	0.02	3	3
	下位10	しまった	-1.54	0.06	0.00	0.06	0	7
	下位9	持って	-1.54	0.06	0.00	0.06	0	7
	下位8	中学生-男女6人	-1.60	0.06	0.45	0.62	18	76
	下位7	反対-逆	-1.66	0.05	0.73	0.94	29	115
	下位6	切り捨てる	-1.66	0.05	0.05	0.14	2	17
	下位5	なりました	-1.73	0.04	0.00	0.07	0	8
	下位4	これ	-1.88	0.03	0.03	0.12	1	14
	下位3	答える-返答	-2.18	0.01	0.93	1.25	37	152
	下位2	話し	-2.42	0.01	0.28	0.50	11	61
	下位1	テーマ-題	-2.80	0.00	0.28	0.54	11	66
C. 図示化群	上位1	Bさん	3.39	0.00	0.18	0.06	7	7
	上位2	しかし	3.08	0.00	0.41	0.21	16	25
	上位3	Aさん	3.06	0.00	0.15	0.05	6	6
	上位4	答える-返答	3.02	0.00	1.71	1.25	67	152
	上位5	人	2.60	0.00	6.22	5.42	243	660
	上位6	大きい	2.48	0.01	0.18	0.07	7	9
	上位7	反対-逆	2.47	0.01	1.28	0.94	50	115
	上位8	Cさん	2.30	0.01	0.10	0.03	4	4
	上位9	そうだ	2.30	0.01	0.10	0.03	4	4
	上位10	のだ	2.30	0.01	0.10	0.03	4	4
	下位10	では	-1.63	0.05	0.74	0.96	29	117
	下位9	できて	-1.69	0.05	0.00	0.07	0	8
	下位8	でて	-1.69	0.05	0.00	0.07	0	8
	下位7	寂しい	-1.69	0.05	0.00	0.07	0	8
	下位6	ます	-1.71	0.04	1.10	1.37	43	167
	下位5	ない	-1.71	0.04	0.33	0.50	13	61
	下位4	位	-1.87	0.03	0.00	0.07	0	9
	下位3	他	-2.12	0.02	0.05	0.17	2	21
	下位2	する	-2.36	0.01	2.02	2.51	79	306
	下位1	話し合い-討議	-2.48	0.01	0.41	0.68	16	83

第7章 〈調査Ⅲ〉グループ討議における視覚情報化ツールの発達的分析　285

（中2・IU女）	（中2・IU女）
高校期待していない。 友達作るまでがいや。 周りの人による。 友達に好かれているか気になる。 すごい友達関係，気にしていたけど， 最近は，しゃべってくれる人だけ喋れればいい。 友達の顔を見ちゃう。ヤな顔するとあやまる。 本当の友達いると思う。 いつもベタベタしているんじゃなくて，肝心な時に話せて，信頼できる人。 話さなくてもわかる友達。 大抵のことは言い合える。 嫌われたら嫌われたでいい。	今回の話し合いは「友情について」というテーマです。 始めは「高校は期待しているか」ということで，"高校は期待していない"という人と，"自由そうなところはいい"という人，"友達をつくるまでがいや"という人や，"周りの人による"というような声があがってきていました。 次に，「友達に好かれているか気になるか」ということについては，前は"友達関係をすごく気にしていた"けれど，友達にはっきり「話したくない」と言われ，最近は"話してくれる人だけ話せばいい"という考えになり，気が楽になった人や，"すぐ友達の顔見ちゃって，少しでも相手がヤな顔をすると，自分が悪くないのに謝ってしまう"という人，"嫌いなら嫌いそれでいい"というような人などもいました。 最後に，「本当の友達はなにか」ということは，"自分では，本当の友達がいると思う"と言う人が多く，「いつもベタベタしているじゃなくて，かんじんなときに話すことができて，信頼できるのが本当の友達」という人や，「話さなくてもわかるのは本当の友達」という人，「大抵のことは言い合えるのが本当の友達」という人がいました。

図7.12　中2における典型的な「B. 総記述化群」の「メモ書」（左）とその「報告書」（右）

多かったと思います。逆にあまり気にしない人が男子にいました。」という記述がある。"～する方の人としない方の人""逆に～"など意見間の関係が整理されていることが確認できる。なお左側の「メモ書」をみると，記述量も少なくポイントしか書かれていない。それにもかかわらずこのような報告がなされている。話し合いの内容を聞きながらメモすべき項目を取捨選択し，同時に内容も整理していた様子がうかがえるのである。つまり，メモを整理しながら書いていたからこそ，少ない記述量であっても話し合いの内容を想起しやすかったと考えられる。

| (中2・FT男)

◯友人かんけい

人見しりする← →人見しりしない

人にきらわれているか　きらわれてないか
　　　きらわれたらもうどうでもいい

友人とは？　　　しんようできる人 | (中2・FT男)

今回話し合いのテーマは友情についてです。友人関係について，人見しりをする方の人としない方の人がいました。人にきらわれているかきらわれていないかどうか，けっこう気にする方ですか？という質問に対しては，気にする人の方が多かったと思います。逆にあまり気にしない人が男子にいました。その人はべつにきらわれたら，どうでもいい。きらってきたら，自分もきらっちゃえばいいという人でした。
自分がきらわれているな，と思ったら，あやまって，友人関係がよくなった。と言っている人もいました。逆にあやまってもきらわれちゃうかもという人も中にはいました。
司会の人は，それぞれの中学生に本当の友達っている？というふうなかんじで，いってって，それぞれの中学生がいけんや，いいたいことをいっていました。さいごに，友人とは？というしつもんに対して，しんようできる人，なやみごとがあっても相談できる人，けっこうよくしゃべる人，などがありました。話はけっこうもり上がっていました。 |

図7.13　中2における典型的な「C. 図示化群」の「メモ書」(左) とその「報告書」(右)

7.3.3　調査Ⅲ-2の考察

　調査Ⅲ-2の目的は，小中学生においても，図示化した話し合いメモ（デザイン）の効果はあるのか，あるとすればどのような効果なのかを明らかにすることである。ここまでの分析結果を考察すると次のようになる。

　(1)学年ごとのメモの取り方による報告書の記述量について【発達的分析4】を行った。その結果，小5と中2においてはメモの取り方によって報告書の語数が量的に変わるとはいえなかった（表7.5）。

　(2)学年ごとのメモの取り方による報告書の記述内容について【発達的分析5】を行った。その結果，小5と中2においてはメモの取り方が異なると報告書の記述内容は変容した。小5ではメモを図示化しながら書いた方が報告書には質問がはっきりと書かれ論点も明瞭になった。（表7.6）。中2ではメ

モを図示化すると意見間の関係が整理できるようになった（表7.7）。

(3)以上の(1)(2)を踏まえれば，話し合いを視覚情報化する際のデザインとしては小5と中2でも図示化がよいことが示唆される。即時的に発話されていく話し合いのメモはできるだけスピーディに書けた方がよいはずである。しかし，そのような省略された図示化メモでは話し合いが不適切に把握される可能性もある。だが小5，中2とも図示化メモによって報告書の記述量が減ることはなかった。むしろ小5では論点，中2では意見間の関係が明瞭になったのである。

7.4　調査Ⅲの総合的考察

　調査Ⅲの目的は小中学生における視覚情報化ツールの有効性や可能性について明らかにすることである。そのうえで実践化についての示唆を得ることがねらいである。

　調査Ⅲ-1では特段の指示がされない場合に話し合いが学年によってどのように視覚情報化されるのかを明らかにした。その結果，小5から大学生までの視覚情報化のデザインに関する段階をモデル化することができた（図7.7）。学年が進むにつれてより高度化される傾向がみられたのである。

　調査Ⅲ-2では小中学生における図示化メモの効果を考察した。その結果，小5と中2においても話し合いを視覚情報化するには図示化メモがよいことが明らかになった（表7.6～7.7）。

　以上の調査Ⅲの結果を踏まえれば，小中学生に対しても話し合いメモのデザインとしては図示化が効果的であるといえる。しかもその効果は学年ごとに異なることが明らかになったのである。

　この結果と，調査Ⅱにおける大学生の分析結果とを合わせた図示化メモの効果を示したものが図7.14である。図の下部「報告書の発達」は特段の指示がない場合に報告書がどう書かれるかを表したものである（調査Ⅲ-1）。一

方，図の上部「図示化メモの効果」はメモを図示化した場合に報告書がどう変容するのかを下向き矢印で表したものである（調査Ⅱ-3・調査Ⅲ-2）。

　この図から次のことが分かる。小中学生では特段の指示がなければ話し合いの報告は発話がそのまま書かれるだけであるが，大学生になれば話者ごとに整理されたり参加者の情報が書かれたりするなど「発話外の情報」が付加されるようになる（下部）。しかし，話し合いメモを図示化するだけで，小5では「論点」，中2では「意見間の関係」，大学生では「意見間の関係」と「論題」が明瞭に把握されるようになる（上部）。図示化の効果は「論点」「意見間の関係」「論題」の順に出現する傾向がみられたのである。

　したがって，実践化のポイントは，図示化メモというデザインで視覚情報化ツールを活用することだといえる。図示化メモを活用すれば小5から中2にかけては話し合いにおける「論点」や「意見間の関係」を，中2から大学にかけては「意見間の関係」や「論題」を効果的に指導しやすくなるだろう。もちろん適切な教育課程を編成し指導を積み上げていけば，ある程度下

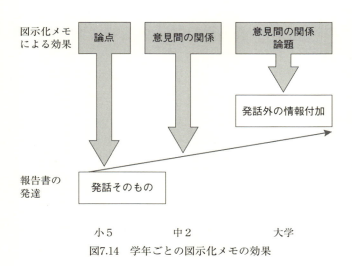

図7.14　学年ごとの図示化メモの効果

位の学年にこれらの指導を降ろすこともできるだろう。本調査の結果，発達的な視点からこのような見通しを得ることができた点に大きな意義があるといえる。

〈本章のまとめ〉

　第7章では，小中学生における視覚情報化ツールの効果について明らかにした。第7.1節では，調査Ⅲの目的と方法について述べた。第7.2節では，話し合いのメモの仕方は学年ごとに高度化されていく様子を明らかにした（調査Ⅲ-1）。第7.3節では，小中学生においても図示化メモが効果的である可能性を明らかにした（調査Ⅲ-2）。小5の報告では「論点」，中2では「意見間の関係」が図示化することで明瞭になった。第7.4節では，これらを踏まえ，小中学生から大学生にかけての視覚情報化ツールの効果について論じた。さらに，学年ごとの図示化メモのポイントについても提案した。

　次の終章においては，本研究の総括を行う。

終　章

8.1 本研究の成果

8.1.1 各課題に対する成果

　本研究は話し合い指導における「視覚情報化ツール」の活用について考察したものである。

　話し合いとは「複数の人間が，主として音声を媒介として共同で思考するコミュニケーション」である（序章）。共同でのコミュニケーションによって，個人的レベルの思考がグループという社会的レベルの思考へ変換される。そのため論理性だけでなく，他者との関係性も話し合いに大きな影響を与える。このような話し合いについて「他者と共同で問題解決するための方法を国語科で教えてきたか」と「話し合い指導において言語活動の全体性を保障してきたか」という二つの大きな問題が存在していた。

　これらの問題を解決する一つの方法として，本研究では視覚情報化ツールを取り上げ，特にグループ討議への活用を念頭に研究を進めてきた。視覚情報化ツールとは，主として音声言語（聴覚情報）でやりとりされている話し合いを文字化や図示化（視覚情報化）しながら支援するもの全般を指す（序章）。ポイントは，話し合いにおける聴覚情報を，即時的に共同で視覚情報へ変化させることにある。なお，ツールには鉛筆やペンなどの物理的道具だけでなく，そこに表現される記号的道具も含まれている。

　このような視覚情報化ツールは，話し合いによる問題解決にとって有望な方法と考えられる。しかし，学校教育におけるその理論的・実証的な究明は十分になされてこなかった。そこで本研究では次の課題を設定した（序章）。

1. コミュニケーション能力の点から話し合いの視覚情報化はどのように捉えることができるか。

2．話し言葉指導の目標論と内容論からみた話し合い指導を開発する際の要件は何か。
3．話し合い指導に視覚情報化ツールをどう位置づければよいか。
4．グループ討議において視覚情報化ツールを活用する意義は何か。
5．グループ討議における視覚情報化ツールはどのような機能や効果を発揮しているのか。
6．グループ討議における効果的な視覚情報化ツールのデザインは何か。
7．学校教育において話し合いの視覚情報化ツールを実践化するためのポイントはどこか。

　それぞれの課題について本研究でどのような結果が得られたのかについて確認していく。1〜4は視覚情報化ツールに関する理論的な検討であり、5〜7は実証的な分析である。
　「1．コミュニケーション能力の点から話し合いの視覚情報化はどのように捉えることができるか」について考察した結果、次の点が明らかとなった（第1章）。多くの領域で論じられてきたコミュニケーション能力について「認知的」「コミュニケーションスキル」「社会・対人」パースペクティブから検討した。そこではコミュニケーション能力という視点から身体性や環境なども重視されつつある傾向が明らかになった。次に状況的認知論を援用し、話し合いにおけるコミュニケーション能力についてさらに検討した。その結果、視覚情報化ツールは話し合いの能力を拡張し、時間や空間を超えて使える可能性があることを指摘した。話し合いの能力とはけっして音声言語の能力のみではない。「他者と共同で問題解決を図る」ためには非言語の駆使はもちろんのこと、話し合いそのものを効果的に文字化・図示化する能力も含まれるのである。したがって、視覚情報化ツールの活用はコミュニケーション能力の点からも極めて自然だと結論づけた。

「2．話し言葉指導の目標論と内容論からみた話し合い指導を開発する際の要件は何か」について考察した結果，次の点が明らかとなった（第2章）。目標論については「課題領域」と「社会的情緒領域」の枠組みから整理できるが，両者を止揚する指導実践の開発が鍵である。教育内容の編成については「特設」と「融合」の往復こそが重要になる。これらを踏まえて，話し言葉指導の目標・教育内容・指導方法の関係について明らかにした（図2.3）。そのうえで，今後の話し合い指導を開発する際の要件として「人間形成を目指すために課題領域と社会的情緒領域の両極を重視できること」「あらゆる教科で比較的簡単に使えること」を示した。

「3．話し合い指導に視覚情報化ツールをどう位置づければよいか」について考察した結果，次の点が明らかとなった（第3章）。状況的認知論に基づき，指導媒体（音声・映像・文字媒体）と指導時期（事前・事中・事後指導）から話し合い指導の方法を体系化した（表3.3）。視覚情報化ツールの活用を国語教育に明瞭に位置づけ，代表的な実践事例も検討した。そのうえで視覚情報化ツールの利点を検討したところ「思考の支援」「学習の支援」「指導の支援」のツールであり，「質と量の保障」が可能になることを明らかにした。ただし，実践的な課題として(1)話し合いをどう視覚情報化すればよいか，(2)視覚情報化ツールをどう教育課程に位置づけるのか，があることを述べた。

「4．グループ討議において視覚情報化ツールを活用する意義は何か」について考察した結果，次の点が明らかとなった（第4章）。教室討議とグループ討議の差異について検討したところ，自律的な話し合いにはグループ討議の指導が極めて重要であった。またその指導には視覚情報化ツールが有効であることを指摘した。だが，それを実証するためには「調査Ⅰ：物理的道具としての視覚情報化ツールの使い方はどのようなものか」「調査Ⅱ：記号的道具としての視覚情報化ツールのデザインによる影響は何か」「調査Ⅲ：視覚情報化ツールを実践化するためのポイントはどこか」が究明される必要

がある。

「5．グループ討議における視覚情報化ツールはどのような機能や効果を発揮しているのか」（調査Ⅰ）について大学生を考察した結果，次の点が明らかとなった（第5章）。これまで不明瞭であったグループ討議における視覚情報化ツールの使用行為を体系化できた（表5.1）。特に，高度な思考や判断が必要な場合に「見る」「書く」「指す」など視覚情報化ツールの使用率が高くなる傾向があることが分かった（図5.10）。論理性などの「課題領域」だけでなく，対人関係構築の「社会的情緒領域」のコミュニケーションにおいても活用されていた。また導入部・展開部・終結部という話し合いの流れに応じてツールの使用方法は異なっていた（図5.13）。このように，話し合いとは音声言語だけでなく，複合的な言語行為によって成立していることを明らかにした。

「6．グループ討議における効果的な視覚情報化ツールのデザインは何か」（調査Ⅱ）について大学生を考察した結果，次の点が明らかとなった（第6章）。話し合いを図示化してメモした場合，最終的な報告書の記述量は他群と変わらないにもかかわらず，メモ量は少なくて済んだ（図6.12）。内容面の分析からも，報告書において討議のテーマがはっきりと書かれたり，意見間の関係がより整理されたりする傾向がみられた（図6.15）。図示化したメモのデザインによる効果が明らかになったといえる。メモの取り方一つで話し合いにおける認知が変容する可能性が示唆されたのである。

「7．学校教育において話し合いの視覚情報化ツールを実践化するためのポイントはどこか」（調査Ⅲ）について小中学生および大学生を考察した結果，次の点が明らかとなった（第7章）。特段の指示をせずに話し合いのメモを書かせた場合，学年が進むにつれてメモの取り方（デザイン）は高度化される傾向がみられた（図7.7）。さらに実験的な調査の結果によれば図示化メモはどの学年でも有効であった。ただし，その効果は学年ごとに異なっていた。小5では「論点」，中2では「意見間の関係」，大学生では「テーマ」

が図示化メモにするだけで明瞭に書かれるようになったのである（図7.14）。つまり，小中学生においても視覚情報化ツールは有効であり，学年に応じた指導ポイントの存在が示唆されるのである。

8.1.2 話し合い指導における本研究の成果

以上を踏まえ，「他者と共同で問題解決するための方法を国語科で教えてきたか」と「話し合い指導において言語活動の全体性を保障してきたか」という問題に，視覚情報化ツールがどのように答えられるのかについて考察し，本研究の最終的な成果を明らかにしていく。

8.1.2.1 他者と共同で問題解決するための方法としての視覚情報化ツール

まず「他者と共同で問題解決するための方法を国語科で教えてきたか」について検討する。視覚情報化ツールは国語科で教えるべき問題解決の手法として有効なのだろうか。

問題解決を図るための話し合い指導においてグループ討議は極めて重要である（第4章）。なぜなら教師主導の教室討議だけでは，自律的な問題解決に欠かせない論点構築や，社会的情緒領域のコミュニケーションに慣れさせることが難しいためである。本研究での理論面の検討からは，視覚情報化ツールを活用すれば，グループ討議でこれらの点に従事させやすくなる可能性があった（第4章）。しかも，他者と共同で問題解決を図るには非言語の駆使はもちろんのこと，話し合いそのものを効果的に文字化・図示化することが求められていた（第1章）。この点こそがまさに視覚情報化ツールの特徴であり，共同での問題解決の方法としての可能性が示された（第4章）。

では，実証的な分析の結果はどうだったのか。調査Ⅰの結果から次の点が明らかになった（第5章）。高度な思考や判断が必要な場合には，視覚情報化ツールの使用率が比較的高くなる傾向があった。また話し合いの導入部，展開部，終結部に応じた使用がなされていた。そればかりでなく対人関係構

築の社会的情緒領域においても使われていた。つまり，創造的に問題解決を行う重要なポイントにおいて活用されていたのである。話し合いにおいては集団思考こそが問題解決の中核となる。視覚情報化ツールはその集団思考を支援するツールだということが実証的に明らかになったのである。したがって，視覚情報化ツールはグループ討議での問題解決に大きく寄与する指導方法であるとみることができる。

ただし，視覚情報化ツールを実践化するうえでは(1)話し合いをどう視覚情報化すればよいか，(2)視覚情報化ツールをどう教育課程に位置づけるのか，という課題が存在した（第3章）。

(1)については次の点が明らかになった。調査Ⅱ・Ⅲの結果から，図示化したメモは記述量が少なくてすむうえ，記述内容の点からも話し合いの内容が整理されたり，よく理解されたりする可能性がみられた。この結果は大学生だけでなく小5および中2についても認められた。また調査Ⅰのケーススタディの観察結果からは，大学生はキーワードなどで省略した話し合いメモを作成しており，話し合いのテンポに合わせて，書いたり見たりしていた。つまり，図示化メモによって話し合いを認識し遂行していた様子がうかがえたのである。したがって，話し合いにおける問題解決のためにはその書き方のデザインとして図示化がよいとひとまずいえるだろう。

(2)については次の点が明らかとなった。調査Ⅱ・Ⅲの結果から，図示化によって小5から中2では「論点」，中2から大学では「意見間の関係」や「テーマ」がよりよく捉えられるようになっていた。話し合いメモの仕方については，学年段階に応じた発達がみられたのである。もちろん適切な教育課程を編成し指導を積み上げていけば，下位学年でもこれらは十分に指導できるようになるだろう。本研究によって視覚情報化ツールを教育課程に位置づけるための見通しを得ることができた点は大きい。

ここまでの議論を踏まえれば，視覚情報化ツールは他者と共同で問題解決するために有効であるとみてよく，実践化にむけた課題も一定程度解決でき

たといえるだろう。

8.1.2.2 言語活動の全体性を支援する視覚情報化ツール

次に「話し合い指導において言語活動の全体性を保障してきたか」について検討する。話し合いは本当に音声言語以外も活用する複合的・全体的な言語活動なのだろうか。仮にそうであったとして，視覚情報化ツールは全体性のある言語活動を効果的に支援する方法なのだろうか。

これまでの話し合い指導においては，音声言語に焦点化された理論や実践の究明がなされてきた。「話し合い能力は音声言語能力である」「話し合いの能力は個人内に存在する」という暗黙の前提が存在していたため，書いたり見たりする視覚情報化ツールの活用は不十分だった。つまり国語教育では，話し合いの言語活動の全体性が保障されていなかったのである。しかし，本研究の理論的な検討からは，コミュニケーション能力として複合的な言語活動や外部ツールを視野に収めることの重要性が示された（第1章）。この点についての調査結果を改めて整理すれば次のようになる。調査Ⅰでは，具体的な視覚情報化ツールの使用行為を13種類も見出すことができた。そのような行為は，話し合いの8割以上にわたっており，話し合いの進展に重要な役割を果たす可能性が認められた。したがって，話し合いとは，何かを書いたり見たりする行為も含む極めてダイナミックで複合的な言語活動であるといえる。

では，視覚情報化ツールは複合的・全体的な言語活動を効果的に支援するのだろうか。調査結果を改めて整理すれば次のようになる。調査Ⅱ・Ⅲからは，メモの書き方（デザイン）で話し合いのプロセスや結果が変容する可能性が明らかになった。特に構造化された図示化メモを書くことで，話し合いが効果的に進められる可能性が示唆された。視覚情報化ツールは，物理的側面だけでなく，ツールにどう書く（描く）のかという記号的側面によっても話し合いを支援しているのである。複合的・全体的な言語活動である話し合

いにとって，視覚情報化ツールは極めて効果的な方法だということができる。

以上のように，話し合いとは，単に話すだけでなく外部ツールやそこに書かれる記号まで含めた全体が複雑に絡み合って遂行されているものである。したがって，その指導においても複合的な言語活動の全体性を踏まえることが重要であると結論づけることができる。特に図示化メモはこのような全体性のある話し合いを効果的に支援できる可能性がある。

8.1.2.3 これから求められる話し合い指導としての視覚情報化ツール

研究成果のまとめとして，これから求められる話し合い指導という点から最後に考察しておく。本研究では今後の話し合い指導の開発に求められる二つの要件を明らかにしていた（第2章）。この要件から改めて視覚情報化ツールについて検討する。

第一の要件は「人間形成を目指すために課題領域と社会的情緒領域の両極を重視できること」であった。調査Ⅰの分析結果からは，視覚情報化ツールは論理性などの課題領域だけでなく，対人関係構築の社会的情緒領域においても活用されていたことを明らかにしていた。論理性だけでなく，問題解決に関わるコミュニケーション全般に効力を発揮する可能性があるのである。よって，第一の要件は十分に満たすと考えてよいだろう。

第二の要件は「あらゆる教科で比較的簡単に使えること」であった。調査Ⅰのフィールドワークからは，書くことに夢中になるあまり相手の話が聞けなくなってしまうような状況はみられなかった。参加者たちは上手にタイミングを取り，話し，そして書いたのである。調査Ⅱ・Ⅲの実験的調査に際しても，小学校高学年から大学生にかけてほぼ問題なく話し合いを記述することができていた。小5であっても図示化メモが書けない生徒はいなかったのである。これらを踏まえれば，話し合いの事中でも図示化メモは書きやすいといえる。つまり，視覚情報化ツールは誰もが使えるツールであり，学校教

育のあらゆる場面において活用することが期待できる。よって，第二の要件も満たすと考えてよいだろう。

したがって，視覚情報化ツールは今後求められる話し合い指導としてもふさわしいと結論づけることができる。

8.2 研究成果の意義

本研究の成果を意義づければ次の三点となる。

第一に，話し合いにおける実践的な指導方法の提案である。視覚情報化ツールという簡単でありながらも問題解決に大きく寄与する指導方法を提案することができた。これまでも視覚情報化ツールは学校教育の中で単発的に活用されることはあった。だが言語の教育として明瞭に位置づけられてはこなかったのである。一般的に学校教育において，話し合いを「手段」として用いる場合にはどうしても当該教科の内容学習に力点が置かれてしまいがちになる。話し合いの意義や方法についての意識が薄くなりがちであり，その結果として教師の指示のもとでその時間にしか話し合えない学習者が産み出されてしまう。しかし，話し合いが「目的」となることで初めて自律的・主体的に話し合う学習者の育成が視野に収められる。つまり，国語科での話し合い指導は，そのような自律的・主体的に問題解決を図る学習者の育成を目指さなければならないのである。本研究ではその具体的な方法として視覚情報化ツールを理論面や実証面から追究してきた。理論的には，コミュニケーション能力を幅広く捉えることで，物理的・記号的ツールの活用が自然であり重要になることを示してきた。さらに国語科での特設された話し合いだけでなく，国語科における融合的な実践や他教科・学校生活の中での話し合いとの往復や連携を図ることが，結果的に言語の教育として話し合いの力をつけることに繋がることを主張した。また実証的な調査からは図示化メモの有効性を明らかにし，「論点」「意見間の関係」「テーマ」の指導が重要になるこ

とを指摘した。このように視覚情報化ツールを言語の教育として位置づけ，具体的な話し合い指導の方法として提案できたことに意義がある。

　第二に，話し合いに関する調査方法の開発である。音声言語のみが注目されてきた話し合い研究において，本研究では複合的な行為や記述されたメモを分析する手法を二つ開発した。一つは，話し合いを複合的な言語行為から分析するフィールドワークの開発（調査Ⅰ）である。話し合い全体をビデオ撮影し，質的研究支援ソフトウェアを活用して分析した。この手法によって，発話だけではない話し合い行為を見出すことができた。もう一つは，話し合いにおけるメモや報告書の分析手法の開発（調査Ⅱ，調査Ⅲ）である。話し合う行為だけでなく，発話者の外部に存在するツールを物理的・記号的に分析した。記号的分析に際してはテキストマイニングを国語教育研究において導入したことも特徴である。語彙レベルで統計的に記述内容を分析する手法を話し合い指導研究に持ち込んだのである。これらの調査は互いに補完するようにも仕組まれていた。調査Ⅰはケーススタディであり数名の大学生を対象とした質的な分析である。そこで調査Ⅱ・Ⅲでは，異なった学年段階の一定規模の児童・生徒を対象に，実験的な調査を行い量的に分析した。複数の調査手法を組み合わせることで，ツールの実態や効果をより的確に究明することを試みたのである。本研究で豊かな研究成果が得られたのは，こういった調査手法を一から開発した点が大きい。従来にはない手法で話し合いを捉えたことによって，討議における共同思考やコミュニケーションをより実態に即した形で見出すことが可能になったのである。

　第三に，「複合的な言語行為」や「外部ツール」への注目を国語教育研究にもたらしたことである。従来は「読む」「書く」「聞く」「話す」が個別に捉えられ，コミュニケーション能力も個人の中に閉じて想定されがちだった。このような状況の中で，本研究は「書く」「見る」なども含めた複合的な行為や，個人の外に存在する物理的なツールとの関わりが重要であることを明らかにしてきた。この成果によって話し合いの指導観は大きく転換せざ

るをえなくなるだろう。音声言語への過度な注目から，話し合いを複合的な言語活動として捉え直すようになっていくはずである。また指導における外部ツールの役割にも注目が集まってくることだろう。本研究の意義は，単に新たな指導方法を提案しただけでなく，理論的・実証的にこのような指導観の転換をもたらしたことにある。しかもそれは話し合い指導だけにはとどまらずに，国語教育の様々な指導へも波及していくことになるだろう。話し合いですら「書く」「見る」などの行為が重要なのである。言葉の学びを「話す」「聞く」「読む」「書く」などに分離せずに捉えていくことの必要性がますますクローズアップされていくに違いない。本研究の重要な意義は，理論的・実証的な研究成果をもとに，複合的な言語行為や外部ツールという国語教育研究の新たな視点を切り拓いた点にある。

8.3 学校教育への示唆

　本研究の成果を踏まえ，話し合い指導における視覚情報化ツールの活用を学校教育に示唆すれば次の二つとなる。
　一つは，コミュニケーションの視点から国語科を再構築していくことである。これまでは話し合いの能力やコミュニケーション能力があまりにも狭く捉えられすぎていた。本研究で明らかにしたように，言語以外の行為もコミュニケーションによる相互作用場面では極めて重要なのである。学校教育に視覚情報化ツールを正当に位置づけていくためにも，国語科の教育目標や教育内容をコミュニケーションの視点から再構築していく必要がある。そのためには学習者に対しても，話し合いを「話す」「聞く」だけでなく，「書くこと」（描くこと）や「見ること」まで含めて捉えさせておくべきであろう。その際，重要なのは論理性だけでなく関係性の面も重視することである。本研究でみてきたように，話し合いは他者との関係性からも大きく影響される。学級の仲間たちの個性をそれぞれ見出したり，自己を見つめ直したりす

る中で，自己と他者の関係性に改めて気づかせていくことが大切である。視覚情報化ツールを活用して，このような点からも国語科の再構成をはかることが必要であろう。

　もう一つは，国語科を中核としつつも，様々な教科や学校生活でツールを活用するような教育課程を編成していくことである。切実な話し合いの場面という点ではむしろ他教科・学校生活の中に多くの話題が求められる場合も多い。ただし，本研究で明らかにしたように，国語科で明瞭に位置づけられなければ話し合い指導は縮小してしまう可能性があった。国語科で指導を行いながらも，他教科や学校生活のなかで積極的に活用していくことがやはり必要である。一方，他教科などで問題となった点を国語科にフィードバックしてもらい指導を積み上げていくことも必要だろう。国語科での話し合い指導と他教科での話し合いが，往復的に実施されていくことが重要なのである。そのためには国語科を中核とした教育課程をどう編成していくのかが学校の中で議論される必要があるだろう。また学習者に対しては，国語科で使うだけの技能として話し合いを捉えさせないことが重要になる。話し合いを活用すれば他教科の学習や日常生活が豊かになる。このような話し合いの意義を実感できる教育課程の編成が学校教育において求められる。視覚情報化ツールはその一助としてふさわしいものだろう。

8.4　本研究に残された課題

　本研究に残された課題は次の二つにまとめられる。
　第一に，視覚情報化ツールを事後指導でどう活用すればよいかである。話し合いの事中指導と事後指導はそれぞれ機能が異なっていた（第3章）。事中指導のねらいは学習者を体験モードに集中させることであり，それまでに得た知識やスキルを練習することで「調整」する。事後指導のねらいは学習者を内省モードにさせることであり，話し合い・他者・コミュニケーション

に対する認知を「再構造化」する。本研究では，理論的な検討から視覚情報化ツールがこの両者の指導において有効であると示唆されていた（第3章）。調査Ⅰ・Ⅱ・Ⅲでは話し合いをリアルタイムで視覚情報化させており，事中指導における効果は十分に確認できたといえる（第5章・第6章・第7章）。だが，より効果的な話し合い指導を開発するためには事中指導と事後指導が往復的になされることが望ましい。特に話し方と，書き方とを対照させる指導が重要になるだろう。書いたメモから話し合いの仕方を振り返り，またこの話し合いであればこう書いた方がよかった，とも振り返る。つまり，話し方と，共同メモの書き方の両面からの指導である。目に見えない話し合いを見えるようにするのが視覚情報化ツールのメリットであった。この点を最大限に活用した指導の開発が求められる。そのためにもこのような振り返りに関する実証的な調査を行い，効果や指導のポイントを明らかにしていく必要があるだろう[1]。これによって視覚情報化ツールを基盤とした事中・事後指導を一体的に開発することが可能になるはずである。

　第二に，話し合い指導の総合的なプログラムの開発とその調査である。本研究は従来の指導を完全に否定するものではない。それまでは困難であった指導を視覚情報化ツールの活用によって効果的に行うことが目的である（第3章）。最終的には，視覚情報化ツールがなくても話し合いができたり，必要に応じてツールを選択的に使用できたりすることが望まれる。そのためには，視覚情報化ツールを従来の指導とどう組み合わせていくのかがポイントになるだろう。小学生であればどの段階から，視覚情報化ツールを活用することが可能なのか。ツールの有無それぞれに適した「話題」とはどのようなものだろうか。このような点を明らかにするためにも，評価方法までも含めた話し合い指導の総合的なプログラムを構築し調査する必要がある。本研究の調査Ⅱ・Ⅲはあくまでも視覚情報化ツールを活用した話し合いに対する認知を調べるものであった。実際の学習者たちがツールを活用していく現場を

---

[1] 事前指導においてもツールを活用してこれまでの話し合いを振り返ることができる（第3.2.3.4）。

長期にわたってフィールドワークすることが今後の重要な課題である。

　以上のように残された課題はありつつも，本研究では視覚情報化ツールの理論的な基盤を確立し，その効果を実証的に明らかにしてきた。本研究を契機として，話し合いにおける視覚情報化ツールの有効性が多くの学校現場で認識され，その実践が積み重ねられることを期待したい。

あ と が き

　本書は平成24年度提出の筑波大学博士（教育学）学位取得論文「話し合い指導における視覚情報化ツールの活用」に加筆修正したものである。
　話し合い指導の研究を行うきっかけとなったのは千葉大学での卒業論文である。文学教育や作文教育は先行研究の厚みのため手を出すことができなかった。当時，平成元年度版学習指導要領の影響で音声言語指導が隆盛しつつあったが手応えを感じるものがなく，特に話し合い指導については全くイメージがつかめなかった。そこで指導教官である寺井正憲先生からのご助言があり，大村はま実践における話し合い指導について卒論で取り扱うことになったのである。大学院の修士論文においても研究を進めたが，膨大な実践事例と要領を得た大村自身のわかりやすい解説の前で，研究としてはほとんど何もなすことができなかったというのが正直なところである。ただし本書において大村実践への言及がなされてるが，少しでも意味あるものであったとしたらそれはこの時に指導を受け学んだことが大きい。
　その後，筑波大学大学院博士課程教育学研究科の人文科教育学研究室に進学するが，雲をつかむような状態は院生の間ずっと続いていた。自分の力量では大村はま実践の研究は困難であることは分かっており，必死で代替する研究テーマを見つけようともがいていた。ただしコミュニケーションこそが今後の国語教育を切り拓くキーワードになると考えていたことは確かである。そのことを千葉大学大学院の修了時に首藤久義先生に話したときに「コミュニケーションと名の付く文献は全て読むように」というアドバイスをいただいた。そのため国語教育に限らずコミュニケーション関連の文献をひたすら読み漁っていたのである。図書館はもちろんのこと，倉澤栄吉先生のご自宅の書庫でも多くの文献を見せていただいた。だが研究テーマは思うよう

には見つからなかった。筑波大学大学院での中間評価論文（修士論文）のテーマをアメリカでのコミュニケーション教育となんとか設定できたのは提出のわずか半年前である。指導教官の桑原隆先生の影響でアメリカでの事例に興味を持ったことと，コミュニケーション論を今後学んでいくには英語文献を読解できなければならないと考えたため選んだテーマであった。論文提出後もコミュニケーション関係の勉強は重ねていたが，話し合い指導の研究については相変わらずどうすればよいかが分からない状態であった。ただ漠然とではあるが，話し合いを「言語」だけでなく「行為」の視点からも捉えなければならないとは感じ始めていた。

　十分な成果を得ぬまま就職した先は北海道教育大学函館校である。だが，そこで視覚情報化ツールについての着想を得ることになった。小中学校の教室での話し合い指導を数多く見学させてもらったこともその一因だったと思う。同僚である内藤一志先生には，話し合い指導について様々な話をさせていただいた。わがままをいわせてもらい研究へのご配慮もいただいた。コミュニケーションについて院生の時から勉強していたことがすべて繋がったと感じたのは，函館市内の「ラッキーピエロ」というハンバーガーショップで読書をしていた最中であった。話し合いの調査データを数多く収集できたのもこの時期である。

　筑波大学へ異動後に，調査データの分析とともに，いよいよ博士論文としてまとめ上げる作業を始めた。執筆にあたっては，主査である塚田泰彦先生に草稿段階から丁寧なご指導をいただいた。院生の時からもご指導いただいており，アシスタントとして先生の調査へ同行した経験は本研究での調査にも大きく役立った。副査の甲斐雄一郎先生からも多くの面でご指導いただいた。先生の御論考は卒論執筆の折から基本文献としてずっと読み込んできたものである。直接ご指導いただけるようになってからは本当に様々な面でご助言くださった。このほか副査の根津朋実先生（教育課程学），樋口直宏先生（教育方法学），茂呂雄二先生（教育心理学）には専門のお立場から論文全体に

わたって有益なご指導をいただいた。テキストマイニングや統計的手法については幸いにも統計数理研究所名誉教授の大隅昇先生にご指導いただく機会を得ることができた。

　学生に戻ったかのように勉強ができたり，様々な先生方にご指導いただけたりした時間は本当に幸福であったと思う。本書の大部分は院生の時から公表してきたものがベースとなっており，筑波大学大学院の指導教官であった桑原隆先生には長い間多くのご指導をいただいてきた。遅々として進まない研究を温かく見守って下さったことには感謝の言葉しか見つからない。

　振り返ってみれば，二十歳前後の「話し合い指導ってなんだ」という自分の疑問に対して，一定の解答を与えることができたのではないかと考える。博士論文の執筆途中からその点を自分自身でも意識してまとめ始めていた。もちろん課題は残されているが，それでもなんとか一区切りできた実感は持っている。ご指導いただいたすべての先生方にお礼を申し上げなければならない。

　また，小中学校の先生方や児童・生徒のみなさん方のご協力なしには本書が完成することはなかった。残念ながら全ての調査を本書で取り扱うことはできなかったが，実際の教室での調査や観察が本研究に与えた影響は大きい。調査用素材の使用に関しては教育出版の梶野明子様にご尽力いただいた。本書の刊行に際してはお茶の水女子大学名誉教授の内田伸子先生にお力添えいただき，風間書房の風間敬子様と斉藤宗親様にお世話になることができた。

　妻の由美子には学会発表や論文などで原稿を最初に読んでもらいコメントをもらっている。本書のチェックも行ってもらっており家族の時間をだいぶ使わせてもらったことを感謝すると同時に申し訳なかったと思う。

　最後になるが本書の初出となった論文作成および本書の刊行では，次の科学研究費補助金による支援を受けている。

　ご指導，ご協力いただいた全ての皆様方に感謝申し上げたい。

・平成17～19年度　科学研究費補助金　若手研究 B（17730490）研究代表者：長田友紀「協働での視覚情報化ツールを活用した話し合い指導の開発」
・平成20～22年度　科学研究費補助金　若手研究 B（20730544）研究代表者：長田友紀「話し合い指導における視覚情報化ツールの活用に関する発達的研究」
・平成23～26年度　科学研究費補助金　若手研究 B（23730818）研究代表者：長田友紀「発達や話題に応じた視覚情報化ツールによる話し合い指導の実証的・実践的研究」
・独立行政法人日本学術振興会平成27年度科学研究費助成事業（科学研究費補助金）（研究成果公開促進費　課題番号15HP5207）

初　出　一　覧

　初出は以下の通りである。ただし本書執筆にあたって，大幅な削除や加筆修正，データの再分析・再考察などを行っている。

序章
・長田友紀（2012）「討論・話し合い指導の問題点―グループ討議の充実と視覚情報化ツールの活用にむけて―」，『月刊国語教育研究』，第477号，28-31頁，1月．日本国語教育学会編．

第1章
・長田友紀（2008）「話し合い指導におけるコミュニケーション能力観の拡張―事中・事後指導における視覚情報化ツール―」，桑原隆（編）『新しい時代のリテラシー教育』，東洋館出版社，196-207頁．
・長田友紀（2010）「国語教育におけるコミュニケーション能力研究の課題」，『人文科教育研究』，第37号，33-53頁．人文科教育学会編．

第2章
・長田友紀（1999）「「思考」と「コミュニケーション」を統合する話し言葉教育の検討―対人コミュニケーション論をてがかりとして―」，『人文科教育研究』，第26号，49-58頁．人文科教育学会編．
・長田友紀（2002）「話すこと・聞くことの「特設」カリキュラム」，全国大学国語教育学会（編）『国語科教育学研究の成果と展望』，明治図書出版，97-102頁．
・長田友紀（2002）「学校教育における話すこと・聞くことの位置づけをめぐって」，全国大学国語教育学会（編）『国語科教育学研究の成果と展望』，明治図書出版，102-104頁．
・長田友紀（2005）「アメリカにおける1990年代のオーラルコミュニケーション教育の位置づけ―全米レベルの動向と州カリキュラム調査研究の検討―」，『国語科教育』，第58号，50-57頁．全国大学国語教育学会編．
・長田友紀（2009）「教材研究の視点⑴「話すこと・聞くこと」」，田近洵一・大熊徹・塚田泰彦（編）『小学校国語科授業研究』，教育出版，第4版，20-25頁．
・長田友紀（2011）「国語教育における話し言葉指導の目標論の検討」，『文藝言語研究　文藝編』，第60巻，27-46頁．筑波大学大学院人文社会科学研究科文芸・

言語専攻編.

第 3 章

- 長田友紀（2002）「話し合い指導における教材化研究－談話理論による大村はま「話し合い指導の手引」の分析－」,『日本語と日本文学』, 第35号, 49-60頁. 筑波大学国語国文学会編.
- 長田友紀（2005）「話し合いの構造把握のための事中指導―視覚情報化による可能性―」,『月刊国語教育研究』, 第393号, 46-51頁, 1月. 日本国語教育学会編.
- 長田友紀（2008）「話し合い指導における学習過程上の困難点―状況的認知アプローチからみた事前・事中・事後指導―」,『日本語と日本文学』, 第47号, 1-12頁. 筑波大学日本語日本文学会.
- 長田友紀（2009）「教材研究の視点(1)「話すこと・聞くこと」」, 田近洵一・大熊徹・塚田泰彦（編）『小学校国語科授業研究』, 教育出版, 第4版, 20-25頁.
- 長田友紀（2013）「戦後の学校教育における話し合い指導研究レビュー―視覚情報化ツールの活用に注目して―」,『文藝言語研究　言語編』, 第64号, 23-39頁. 筑波大学大学院人文社会科学研究科文芸・言語専攻編.
- 長田友紀（2014）「大村はま実践にみる話し合いの視覚情報化」,『月刊国語教育研究』, 第504号, 50-57頁, 4月. 日本国語教育学会編.

第 4 章

- 長田友紀（2002）「国語科グループディスカッションにおける社会的相互作用―相互作用分析（IPA）による話し合いプロセスの分析―」,『国語科授業分析研究』, 第Ⅳ巻, 114-123頁. 筑波大学教育学系人文教育学研究室編.
- 長田友紀（2009）「グループ討議において学習者が抱える二重性―なぜグループ討議の指導は必要なのか―」,『月刊国語教育研究』, 第443巻, 50-57頁, 3月. 日本国語教育学会編.

第 5 章

- 長田友紀（2011）「グループ討議における視覚情報化ツールのケーススタディ―視覚情報化ツール使用行為の種類―」,『人文科教育研究』, 第38号, 77-90頁. 人文科教育学会編.
- 長田友紀（2012）「グループ討議における視覚情報化ツールの使用行為―相互作用場面と討議の全体構造からの分析―」,『人文科教育研究』, 第39号, 39-54頁. 人文科教育学会編.

第 6 章

- 長田友紀（2007）「国語科での話し合い指導における視覚情報化ツールの実証的研究―大学生の事中メモの類型と事後報告との関係―」，『人文論究』，第76号，25-37頁．北海道教育大学函館人文学会編．
- 長田友紀（2009）「話し合いの視覚情報化によって事後の報告はどのように変化するか－大学生によるメモと報告書の語数の量的分析による一考察－」，『人文科教育研究』，第36号，1-12頁．人文科教育学会編．
- 長田友紀（2010）「メモの取り方による話し合い報告内容の差異―視覚情報化ツールのテキストマイニングによる質的データ分析―」，『読書科学』，第53巻，第3号．60-70頁．日本読書学会編．

第 7 章

- 長田友紀（2013）「話し合いにおける視覚情報化の学年ごとの特徴―テキストマイニングによる小学生・中学生・大学生の分析―」，『人文科教育研究』，第40号，1-12頁．人文科教育学会編．
- 長田友紀（2014）「話し合いにおける視覚情報化ツールのテキストマイニングによる発達的分析―小・中・大学生にみる図示化メモの効果―」，『国語科教育』，第75集，16-23頁．全国大学国語教育学会編．

終章

- 書き下ろし

文　　献

Anderson, J. A. (1983) "Television Literacy and the Critical Viewer," in Bryant, J. and D. R. Anderson eds. *Children's Understanding of Television: Research on Attention and Comprehension*, New York: Academic Press, pp. 297-327.

Argyris, C. (1962) *Interpersonal Competence and Organizational Effectiveness*, Homewood, IL: Dorsey Press.

Aronson, E. (1978) *The Jigsaw Classroom*, Calif.: Sage Publications.

Arrow, K. J. (1963) *Social Choice and Individual Values*, New Haven, CT: Yale University Press, 2nd edition.

Bachman, L. F. (1990) *Fundamental Considerations in Language*, Oxford: Oxford University Press.

Bachman, L. F. and A. S. Palmer (1996) *Language Testing in Practice: Designing and Developing Useful Language Tests*, Oxford: Oxford University Press.

Backlund, P. (1990) "Communication Competence and Its Impact on Public Education." Paper presented at the Annual Meeting of the Speech Communication Association (76th, Chicago, IL, November 1-4, 1990).

Backlund, P. and J. Backlund (1997) "Reviews," *Communication Education*, Vol. 46, No. 1, pp. 68-70. Speech Communication Association.

Bales, R. F. (1950) *Interaction Process Analysis: A Method for Study of Small Groups*, Chicago: University of Chicago Press.

Balzer, W. K., M. E. Doherty, and R. O'Connor (1989) "Effects of Cognitive Feedback on Performance," *Psychological Bulletin*, Vol. 106, No. 3, pp. 410-433. American Psychological Association.

Bangert-Drowns, R. L. and C. Kulik et al. (1991) "The Instructional Effect of Feedback in Test-Like Events," *Review of Educational Research*, Vol. 61, No. 2, pp. 213-238.

Barker, L. L. (1987) *Communication*, New Jersey: Prentice-Hall, 4th edition.

Barnes, J. A. and A. F. Hayes (1995) ""Integration" of the Language Arts and Teacher Training: An Examination of Speech Communication Instruction in High School English Classrooms," *Communication Education*, Vol. 44, No. 4, pp.

307-20.

Bellack, A. S. and M. Hersen eds. (1979) *Research and Practice in Social Skills Training*, New York: Plenum Press.

Berko, R. M., S. P. Morreale, P. J. Cooper, and C. D. Perry (1998) "Communication Standards and Competencies for Kindergarten through Grade 12: The Role of the National Communication Association," *Communication Education*, Vol. 47, No. 2, pp. 174-82.

Book, C. L. (1985) "Providing Feedback: The Research on Effective Oral and Written Feedback Strategies," *Central States Speech Journal*, Vol. 36, No. 1 & 2, pp. 14-23. Central States Speech Association.

Book, C. L. and E. J. Pappas (1981) "The Status of Speech Communication in Secondary Schools in the United States: An Update," *Communication Education*, Vol. 30, No. 3, pp. 199-208.

Brown, J. S., A. Collins, and P. Duguid (1988) "Situated Cognition and the Culture of Learning in Bolt Beranek and Newman Inc. Research Report 68866," Technical Report IRL880008, Institute of Research on Learning.

Brumfit, C. (1984) *Communicative Methodology in Language Teaching: The Roles of Fluency and Accuracy*, Cambridge: Cambridge University Press. (Revision of thesis (Ph.D.), University of London, 1983).

Bruner, J. S. (1975) "From Communication to Language: A Psychological Perspective," *Cognition*, Vol. 3, No. 3, pp. 255-287.

Butler, R. and M. Nisan (1986) "Effects of No Feedback, Task-Related Comments, and Grades on Intrinsic Motivation and Performance," *Journal of Educational Psychology*, Vol. 78, No. 3, pp. 210-216. American Psychological Association.

Butterworth, B. (1982) "Speech Errors: Old Data in Search of New Theory," in Cutler, A. ed. *Slips of the Tongue and Language Production*, Amsterdam: Mouton De Gruyter, pp. 73-108.

Cambell, R. and R. Wales (1970) "The Study of Language Acquisition," in Lyons, J. ed. *New Horizons in Linguistics*, Harmondsworth: Penguin, pp. 242-260.

Canale, M. (1983) "From Communicative Competence to Communicative Language Pedagogy," in Richards, J. C. and R. W. Schmidt eds. *Language and Communication*, London: Longman, pp. 2-27.

Canale, M. and M. Swain (1980) "Theoretical Bases of Communicative Approaches to Second Language Teaching and Testing," *Applied Linguistics*, Vol. I, No. 1, pp. 1-47.

Chomsky, N. (1965) *Aspects of the Theory of Syntax*, Cambridge, Mass.: M.I.T. Press.

Cole, M. (1996) *Cultural Psychology: A Once and Future Discipline*, Cambridge: Belknap Press.

Condorcet, M. (1785) *Essai sur l'application de l'analyse à la probabilité des décisions rendues à la pluralité des voix*, Paris: l'Imprimerie Royale.

Cook, G. (1999)「communicative competence (伝達能力)」, ジョンソン, K.・H. ジョンソン (編)『外国語教育学大辞典』, 大修館書店, 87-95 頁. 岡秀夫監訳 (Keith Johnson and Helen Johnson (1998) *The Encyclopedic Dictionary of Applied Linguistics: A Handbook for Language Teaching*, Oxford: Blackwell).

Davis, J. H. (1973) "Group Decision and Social Interaction: A Theory of Social Decision Schemes," *Psychological Review*, Vol. 80, No. 2, pp. 97-125.

Department of Labor and Secretary's Commission on Achieving Necessary Skills (1991) "What Work Requires of Schools. A SCANS Report for America 2000."

Diehl, M. and W. Stroebe (1987) "Productivity Loss in Brainstorming Groups: Toward the Solution of a Riddle," *Journal of Personality and Social Psychology*, Vol. 53, No. 3, pp. 497-509.

Diehl, M. and W. Stroebe (1991) "Productivity Loss in Idea-generating Groups: Tracking Down the Blocking Effect," *Journal of Personality and Social Psychology*, Vol. 61, No. 3, pp. 392-403.

Di Salvo, V. S. (1980) "A Summary of Current Research Identifying Communication Skills in Various Organizational Contexts," *Communication Education*, Vol. 29, No. 3, pp. 283-290.

Dykeman, C. and D. Sampson (1995) "The Use of a Fishbowl Training Facility with Counselor Education Students," Technical report, Eastern Washington University.

Edward, D. B. (1985) *Six Thinking Hats*, Boston: Little, Brown, and Company.

Farrell, E. J. (1991) "Instruction Models for English Language Arts, K-12," in Flood, J., J. M. Jensen, and D. Lapp eds. *Handbook of Research on Teaching the English Language Arts*: Macmillan Library Reference, 2nd edition, pp. 61-84.

Feldman, R. and J. Sanger (2007) *The Text Mining Handbook: Advanced Approaches in Analyzing Unstructured Data*, New York: Cambridge University Press.

Finnegan, R. (1973) "Literacy Versus Non-literacy: The Great Divide," in Horton, R. and R. Finnegan eds. *Modes of Thought: Essays on Thinking in Western and Non-Western Societies*, London: Faber and Faber, pp. 112-144.

Fried, Y. and G. R. Ferris (1987) "The Validity of the Job Characteristics Model: A Review and Meta-Analysis," *Personnel Psychology*, Vol. 40, No. 2, pp. 287-322.

Gergen, K. J. (1994) *Toward Transformation in Social Knowledge*, London: Sage Publications, 2nd edition.

Gergen, K. J. (1999) *An Invitation to Social Construction*, London: Sage Publications.

Gibson, J. J. (1950) *The Perception of the Visual World*, Boston: Houghton Mifflin.

Gibson, J. J. (1966) *The Senses Considered as Perceptual Systems*, Boston: Houghton Mifflin.

Gibson, J. J. (1979) *The Ecological Approach to Visual Perception*, Boston: Houghton Mifflin.

Girard, R. (1961) *Mensonge Romantique et Vérité Romanesque*, Paris: Bernard Grasset.

Goffman, E. (1963) *Behavior in Public Places: Notes on the Social Organization of Gatherings*, New York: The Free Press.

Goody, J. (1977) *The Domestication of the Savage Mind*, Cambridge: Cambridge University Press.

Goulden, N. R. (1998) "The Roles of National and State Standards in Implementing Speaking, Listening, and Media Literacy," *Communication Education*, Vol. 47, No. 2, pp. 194-208.

Habermas, J. (1970) "Towards a Theory of Communicative Competence," *Inquiry*, Vol. 13, No. 1-4, pp. 360-375.

Habermas, J. (1981) *Theorie des Kommunikativen Handelns*, Frankfurt am Main: Suhrkamp Verlag Kg.

Hall, B. I., S. P. Morreale, and J. L. Gaudino (1999) "A Survey of the Status of Oral Communication in the K-12 Public Education System in the United States," *Communication Education*, Vol. 48, No. 2, pp. 139-48.

Halliday, M. A. K. (1970) "Language Structure and Language Function," in Lyons, J. ed. *New Horizons in Linguistics*, Harmondsworth: Penguin, pp. 140-165.

Halliday, M. A. K. and R. Hasan (1985) *Language, Context, and Text: Aspects of*

Language in a Social-Semiotic Perspective, Victoria: Deakin University Press.

Hargie, O. D. ed. (1997) *The Handbook of Communication Skills*, London: Routledge, 2nd edition.

Haste, H. (2001) "Ambiguity, Autonomy and Agency: Psychological Challenges to New Competence," in Rychen, D. S. and L. H. Salganik eds. *Defining and Selecting Key Competencies*, WA: Hogrefe & Huber, pp. 93-120.

Hirokawa, R. Y. and R. Pace (1983) "A Descriptive Investigation of the Possible Communication-based Reasons for Effective and Ineffective Group Decision Making," *Communication Monographs*, Vol. 50, No. 4, pp. 363-379.

Hirsch, E. D. (1987) *Cultural Literacy: What Every American Needs to Know*, Boston: Houghton Mifflin Company.

Hutchins, E. (1993) "Learning to Navigate," in Chaiklin, S. and J. Lave eds. *Understanding Practice: Perspectives on Activity and Context*, New York: Cambridge Univ Pr (Sd).

Hymes, D. (1972) "On Communicative Competence," in Pride, J. B. and J. Holmes eds. *Sociolinguistics: Selected Readings*, Harmondsworth: Penguin Books, pp. 269-293. (Dell Hymes(1971) *On Communicative Competence*, Philadelphia: University of Pennsylvania Press).

Katz, J. J. and P. M. Postal (1964) *Integrated Theory of Linguistic Descriptions*, Cambridge: M. I. T. Press.

King, P. E., M. J. Young, and R. R. Behnke (2000) "Public Speaking Performance Improvement as a Function of Information Processing in Immediate and Delayed Feedback Interventions," *Communication Education*, Vol. 49, No. 4, pp. 365-374. National Communication Association.

Kluger, A. N. and A. DeNisi (1996) "Effects of Feedback Intervention on Performance: A Historical Review, a Meta-Analysis, and a Preliminary Feedback Intervention Theory," *Psychological Bulletin*, Vol. 119, No. 2, pp. 254-284. American Psychological Association.

Lancaster, L. and L. Lawrence (1993) "Handbook for Local Goals Reports: Building a Community of Learners, 1992. Publication 93-01," Technical report, National Education Goals Panel.

Laughlin, P. R. and G. C. Futoran (1985) "Collective Induction: Social Combination and Sequential Transition," *Journal of Personality and Social Psychology*, Vol.

48, No. 3, pp. 608-613.
Laughlin, P. R. and A. B. Hollingshead (1995) "A Theory of Collective Induction," *Organizational Behavior and Human Decision Processes*, Vol. 61, No. 1, pp. 94-107.
Litterst, J. K., D. D. VanRheenen, and M. H. Casmir (1994) "Practices in Statewide Oral Communication Assessment: 1981-1994." NCA Summer conference proceedings.
McClelland, D. C. (1973) "Testing for Competence rather than "Intelligence"," *American Psychologist*, Vol. 28, No. 1, pp. 1-14.
McGrath, J. E. and A. B. Hollingshead (1994) *Groups Interacting with Technology: Ideas, Evidence, Issues and an Agenda*, Thousand Oaks, Calif: Sage Publications.
McNamara, T. F. (1996) *Measuring Second Language Performance*, London: Longman.
McNeill, D. (1987) *Psycholinguistics: A New Approach*, New York: Harper & Row.
Mead, G. H. (1934) *Mind, Self, & Society from the Standpoint of a Social Behaviorist*, Chicago: The University of Chicago Press.
Mehan, H. (1979) *Learning Lessons: Social Organization in the Classroom*: Harvard University Press.
Mitzel, H. E., J. H. Best, and W. Rabinowits (1982) "Instructional Models for English Language Arts, K-12," in Mitzel, H. E. ed. *Encyclopedia of Educational Research*, Vol. 4: Free Press, 5th edition, pp. 370-371.
Morreale, S. P. and P. M. Backlund (2002) "Communication Curricula: History, Recommendations, Resources," *Communication Education*, Vol. 51, No. 1, pp. 2-18. National Communication Association.
National Council of Teachers of English and International Reading Association eds. (1996) *Standards for the English Language Arts*: International Reading Association.
Norman, D. A. (1988) *The Psychology of Everyday Things*: Basic Books.
Norman, D. A. (1993) *Things that Make Us Smart: Defending Human Attributes in the Age of the Machine*, Massachusetts: Addison-Wesley Publishing.
Paxman, C. G. (2011) "Map Your Way to Speech Success! Employing Mind Mapping as a Speech Preparation Technique," *Communication Teacher*, Vol. 25, No. 1, pp.

7-11.
Ruben, B. D. and D. J. Kealey (1979) "Behavioral Assessment of Communication Competency and the Prediction of Cross-cultural Adaptation," *International Journal of Intercultural Relations*, Vol. 3, No. 1, pp. 15-47.
Rubin, D. L. and S. Hampton (1998) "National Performance Standards for Oral Communication K-12: New Standards and Speaking/ Listening/ Viewing," *Communication Education*, Vol. 47, No. 2, pp. 183-93.
Rubin, R. B. (1990) "Communication Competence," in Phillips, G. M. and J. T. Wood eds. *Speech Communication: Essays to Commemorate the 75th Anniversary of the Speech Communication Association*, Carbondale: Southern Illinois University Press, pp. 94-129.
Rychen, D. S. and L. H. Salganik eds. (2001) *Defining and Selecting Key Competencies*, Kirkland: Hogrefe & Huber.
Savignon, S. J. (1997) *Communicative Competence: Theory and Classroom Practice*, New York: McGraw-Hill Companies, 2nd edition.
Scardamalia, M. and C. Bereiter (2009)「知識構築――理論，教育，そしてテクノロジー――」，ソーヤー，R.K.（編）『学習科学ハンドブック』，培風館，80-96頁．森敏昭・秋田喜代美監訳（R. Keith Sawyer (2006) *The Cambridge Handbook of the Learning Sciences*, New York: Cambridge University Press）．
Schlesinger, I. M. (1977) "Components of a Production Model," in Rosenberg, S. ed. *Sentence Production: Developments in Research and Theory*, Hillsdale: Lawrence Erlbaum Associates, pp. 169-194.
Scribner, S. and M. Cole (1978) "Literacy without Schooling: Testing for Intellectual Effects," *Harvard Educational Review*, Vol. 48, No. 4, pp. 448-461.
Selinker, L. (1972) "Interlanguage," *International Review of Applied Linguistics in Language Teaching*, Vol. 10, No. 3, pp. 209-232.
Sibbet, D. (2001) "A Graphic Facilitation Retrospective," IAF Conference 2001 Minnesota, May 16-20, 2001. Adapted from a presentation at the International Association of Facilitators. http://www.davidsibbet.com/david_sibbet/2011/08/advice-to-beginning-graphic-facilitators.html.
Sibbet, D. (2006) *Graphic Facilitation: Transforming Groups with the Power of Visual Listening*, CA: The Grove Consultants International.
Spitzberg, B. H. and W. R. Cupach eds. (1998) *The Dark Side of Close Relationships*,

Mahwah: Lawrence Erlbaum.

Steiner, I. D. (1972) *Group Process and Productivity*, New York: Academic Press.

Stroebe, W. and M. Diehl (1994) "Why Groups are less Effective than their Members: On Productivity Losses in Idea-generating Groups," *European Review of Social Psychology*, Vol. 5, No. 1, pp. 271-303.

Tannen, D. (1990) *You Just Don't Understand: Women and Men in Conversation*, New York: William Morrow & Company.

The National Commission on Excellence in Education (1983) "A Nation at Risk: The Imperative for Educational Reform," Technical report, The Secretary of Education United States Department of Education. http://www.ed.gov/pubs/NatAtRisk/index.html.

The National Education Goals Panel (1991) "The National Education Goals Report: Building a Nation of Learners. Executive Summary," Technical report.

Toulmin, S. E. (1958) *The Uses of Argument*, Cambridge: Cambridge University Press.

Trower, P., B. Bryant, M. Argyle, and J. Marzillier (1978) *Social Skills and Mental Health*, London: Methuen.

Watzlawick, P., J. B. Bavelas, and D. D. Jackson (1967) *Pragmatics of Human Communication: A Study of Interactional Patterns, Pathologies, and Paradoxes*, New York: W. W. Norton & Company.

Wertsch, J. V. (1998) *Mind as Action*, Oxford: Oxford University Press.

Widdowson, H. G. (1978) *Teaching Language as Communication*, Oxford: Oxford University Press.

Widdowson, H. G. (1983) *Learning Purpose and Language Use*, Oxford: Oxford Univ Press.

Wiemann, J. M. and P. Backlund (1980) "Current Theory and Research in Communicative Competence," *Review of Educational Research*, Vol. 50, No. 1, pp. 185-199.

Witkin, B. R., M. L. Lovern, and S. W. Lundsteen (1996) "Oral Communication in the English Language Arts Curriculum: A National Perspective," *Communication Education*, Vol. 45, No. 1, pp. 40-58.

Young, M. (1958) *The Rise of the Meritocracy, 1870-2033: An Essay on Education and Equality*, London: Thames and Hudson.

青木幹勇（1981）「表現力の指導内容論」,『講座　国語科教育の探究2　表現指導の整理と展望』, 明治図書出版, 29-48頁.
青木幹勇（1986）『第三の書く―読むために書く, 書くために読む―』, 国土社.
浅田孝紀（2002）「言語感覚の育成に関する学習指導研究の成果と展望」, 全国大学国語教育学会（編）『国語科教育学研究の成果と展望』, 明治図書出版, 382-386頁.
浅海義治・伊藤雅春（編）（1998）『参加のデザイン道具箱 Part3 ―ファシリテーショングラフィックとデザインゲーム―』, 世田谷区都市整備公社まちづくりセンター．（同センターにて取り扱い）.
東浩紀（2007）『ゲーム的リアリズムの誕生―動物化するポストモダン2―』, 講談社.
足立幸子（2010）「グラフィック・オーガナイザーを使用した情報を活用する読書の指導」,『月刊国語教育研究』, 第461号, 4-9頁, 9月. 日本国語教育学会編.
足立幸男（1984）『議論の論理―民主主義と議論―』, 木鐸社.
縫部義憲・鳥取大学教育学部附属中学校（編）（1986）『教師と生徒の人間づくり―エクササイズ実践記録集・グループ・エンカウンターを中心に―』, 瀝々社. 國分康孝監修.
新井孝喜（2000）「解説「わたしの総合学習」実現に向けた附属中の挑戦」, 茨城大学教育学部附属中学校（編）『総合学習と教育課程経営―コミュニケーションを基盤とした Webbing 学習―』, 東洋館出版社, 149-158頁.
新井雅晶（2009）「話し合い活動の充実と「思考すること」の指導」,『月刊国語教育研究』, 第445号, 10-15頁, 5月. 日本国語教育学会編.
新垣宏一（1961）『行動的思考学習』, 明治図書出版.
有沢俊太郎（1992）「外国における単元学習の動向2　―トピック学習（イギリス）―」,『ことばの学び手を育てる国語単元学習の新展開Ⅰ　理論編』, 東洋館出版, 128-145頁.
有元秀文（1994）「論理的表現力の育成に関する研究―コミュニケーション能力の育成をめざした調査と分析―」,『国立教育研究所研究集録』, 第28巻, 1-17頁.
有元秀文（1996）「音声言語教育で相互交流的なコミュニケーションは達成されたか」,『教育科学　国語教育』, 第528号, 65-66頁, 7月. 臨時増刊号「戦後国語教育研究の到達点と改革課題」, 明治図書出版.
飯田英明（2011）『ノート・手帳・企画書に使える！図解表現　基本の基本』, 明日香出版社.
育成すべき資質・能力を踏まえた教育目標・内容と評価の在り方に関する検討会（2014）『育成すべき資質・能力を踏まえた教育目標・内容と評価の在り方に関す

る検討会―論点整理―について』, 文部科学省. http://www.mext.go.jp/b_menu/shingi/chousa/shotou/095/houkoku/1346321.htm.

生田久美子（1999）「問題としての「知識教育」」, 原聡介・森田尚人・宮寺晃夫・今井康雄（編）『近代教育思想を読みなおす』, 新曜社, 167-182頁.

池田修（1995）『中学校国語科ディベート授業入門』, 学事出版.

池田謙一（1993）『社会のイメージの心理学―ぼくらのリアリティはどう形成されるか―』, サイエンス社.

石川勤（1982）「学び方指導の試み―学び方学習―」, 東洋・中島章夫・梶田叡一（編）『授業改革事典 第2巻―授業の設計―』, 第一法規出版, 75-80頁.

石黒修（1988）『「討論」で授業を変える』, 明治図書出版.

板倉聖宣（1974）『仮説実験授業―授業書＜ばねと力＞によるその具体化―』, 仮説社.

板橋友子（2002）「「表現力3K（核心を／簡潔に／感じよく）」を培う」, 堀裕嗣（編）『総合的学習を支え活かす国語科5 インタビュー・スキルを鍛える授業づくり』, 明治図書出版, 96-106頁.

板場良久（2000）「日本のコミュニケーション論再考―教育開発のプロローグとして―」, 東海大学教育開発研究所（編）『コミュニケーション教育の現状と課題（コミュニケーション教育フォーラム'99）』, 英潮社, 79-110頁.

市川則文（1997）『「話し合い・討論」でつくる中学校社会科の授業』, 明治図書出版.

位藤紀美子（編）（2004）『国語科教育改善のための言語コミュニケーション能力の発達に関する実証的・実践的研究（科学研究費補助金（基盤研究（B）（1））研究成果報告書）』.

位藤紀美子（編）（2007）『国語科教育改善のための言語コミュニケーション能力の発達に関する実験的・実践的研究（平成16年度 - 平成18年度科学研究費補助金（基盤研究（B））研究成果報告書）』.

位藤紀美子（編）（2014）『言語コミュニケーション能力を育てる―発達調査をふまえた国語教育実践の開発―』, 世界思想社.

伊藤京子・鮫島良太・松井康治・吉川榮和（2004）「コンピュータ化したグループ議論支援システムの学校教育への適用―高等学校と大学院での利用方法の提案―」, 『日本社会情報学会学会誌』, 第16巻, 第2号, 5-19頁. 日本社会情報学会編.

井上一郎（2003）『「伝え合う力」を豊かにする自己発見学習―人間関係力を高める授業実践と15の扉―』, 明治図書出版.

井上尚美（1977）『言語論理教育への道―国語科における思考―』, 文化開発社.

井上尚美（1989）『言語論理教育入門―国語科における思考―』, 明治図書出版.

井上尚美・福沢周亮（1995）『国語教育・カウンセリングと一般意味論』，明治図書出版．

井上雅彦（2008）『伝え合いを重視した高等学校国語科カリキュラムの実践的研究』，渓水社．

茨城大学教育学部附属中学校（編）（2000）『総合学習と教育課程経営―コミュニケーションを基盤とした Webbing 学習―』，東洋館出版社．

岩井千秋（2000）『第二言語使用におけるコミュニケーション方略』，渓水社．

岩田勝人（1994）「「座席票」を活用して話し合う」，高橋俊三（編）『講座『音声言語の授業』第3巻 話し合うことの指導』，明治図書出版，78-89頁．

岩槻恵子（2003）『知識獲得としての文章理解―読解過程における図の役割―』，風間書房．

ウィドウソン，H. G.（1991）『コミュニケーションのための言語教育』，研究社．東後勝明・西出公之訳（Henry George Widdowson（1978）*Teaching Language as Communication*, Oxford: Oxford University Press）．

上野直樹（2001）「シリーズ「状況論的アプローチ」発刊にあたって」，加藤浩・有元典文（編）『認知的道具のデザイン』，金子書房，i-ii 頁．

上原秀一（2000）「能力」，教育思想史学会（編）『教育思想事典』，勁草書房，551-553頁．

上山伸幸（2013）「話し合い学習指導に関する基礎的研究―話し合いを対象化する活動を取り入れた実践の分析を中心に―」，『広島大学大学院教育学研究科紀要 第二部 文化教育開発関連領域』，62号，143-150頁．広島大学大学院教育学研究科編．

上山伸幸（2014）「話し合う力を育てる学習指導方法の検討―話し合いを対象化する活動を中心に―」，『論叢 国語教育学』，5号，9-18頁．広島大学大学院教育学研究科国語文化教育学講座編．

宇佐美寛（2003a）『論理的思考と授業の方法』，明治図書出版．

宇佐美寛（2003b）『論理的思考をどう育てるか』，明治図書出版．

宇佐美寛（2009）『＜論理＞を教える』，明治図書出版．

内田剛（2009）「終戦直後の国語科における「討議」と「討論」―民主主義教育を背景とした受容主体の変遷―」，『全国大学国語教育学会発表要旨集』，第117巻，69-72頁．全国大学国語教育学会編．

卯月啓子・首藤久義（1999）『ことばがひろがる II―教科をこえて広がる国語―』，東洋館出版社．

有働玲子（1994）「話すことの指導実践史　戦前―明治期を中心にして―」，高橋俊三（編）『講座『音声言語の授業』第1巻　話すことの指導』，明治図書出版，200-206頁．

有働玲子（1999）「昭和＜戦後＞期の音声言語指導」，高橋俊三（編）『音声言語指導大事典』，明治図書出版，374-375頁．

有働玲子（2000）「「批判的な思考」の育成―音声言語教材の必要性―」，井上尚美（編）『言語論理教育の探究』，東京書籍，128-142頁．

有働玲子（2011）『話しことば教育の実践に関する研究―大正期から昭和30年代の実践事例を中心に―』，風間書房．

梅下敏之（1980）『高校言語教育の実際―話すことを主にして―』，溪水社．

及川平治（1912）『分団式動的教育法』，弘学館書店．

大河原麻衣（2008）「リテラシー教育におけるマタイ効果を超えて」，『Mobile Society Review 未来心理』，第12号，14-23頁．モバイル社会研究所編．

大久保忠利（1959）『思考力を育てる話しコトバ教育』，春秋社．

大久保忠利（1961）「集団思考のための話し合いへの指導―とくに『言語面』での指導にしぼって―」，『岩波講座　現代教育学7　言語と教育Ⅱ』，岩波書店，177-194頁．

大久保忠利・小林喜三男（編）（1961）『話しコトバ指導の技術』，明治図書出版．

大久保忠利・小林喜三男（編）（1967）『思考力・言語能力を高める討論指導』，明治図書出版．

大島純（2006）「情報テクノロジの教育への導入」，大島純・野島久雄・波多野誼余夫（編）『教授・学習過程論―学習科学の展開―』，放送大学教育振興会，167-183頁．

大島尚（1987）「社会的認知」，大島尚（編）『ワードマップ　認知科学』，新曜社，44-47頁．

大隅昇（2006）「よくある質問へのヒント」．（テキストマイニング研究会　配付資料），http://wordminer.comquest.co.jp/wmtips/pdf/20060910_a_kaitei.pdf．

大隅昇・保田明夫（2004）「テキスト型データのマイニング―定性調査におけるテキスト・マイニングをどう考えるか―」，『理論と方法』，第19巻，第2号，135-157頁．数理社会学会編．

大津由紀雄（編）（2009）『危機に立つ日本の英語教育』，慶應義塾大学出版会．

大槻和夫（1979）「学力問題」，倉澤栄吉・田近洵一・湊吉正（編）『教育学講座第8巻　国語教育の理論と構造』，学習研究社，160-171頁．

大西忠治（1989）『討議つくり上達法―会議・話しあいの指導A・B・C―』，民衆社．

大西忠治・授業技術研究所（編）(1986)『国語教育評論5―大西忠治の文学作品の授業記録―』，明治図書出版．
大橋富貴子 (1981)「音声言語の指導」，全国大学国語教育学会（編）『講座　国語科教育の探求1　総論・言語指導の整理と展望』，明治図書出版，235-248頁．
大村はま (1950)「新しい国語学習の実際」，『国文学　解釈と鑑賞』，第171号，8月．至文堂．
大村はま (1982)『大村はま国語教室　第1巻』，筑摩書房．
大村はま (1983a)『大村はまの国語教室②―さまざまのくふう―』，小学館．
大村はま (1983b)『大村はま国語教室　第2巻』，筑摩書房．
大村はま (1983c)『大村はま国語教室　第3巻』，筑摩書房．
大村はま (1983d)『大村はま国語教室　第5巻』，筑摩書房．
大村はま (1983e)『大村はま国語教室　第9巻』，筑摩書房．
大村はま (1994a)『新編　教室をいきいきと1』，筑摩書房．
大村はま (1994b)『新編　教室をいきいきと2』，筑摩書房．
岡田敬司 (1998)『コミュニケーションと人間形成―かかわりの教育学Ⅱ―』，ミネルヴァ書房．
岡本明人 (1992)『授業ディベート入門』，明治図書出版．
岡本浩一・足立にれか・石川正純 (2006)『会議の科学―健全な決裁のための社会技術―』，新曜社．
小川雅子 (1996)『内在価値を感じさせる国語教育の根幹』，溪水社．
小川雅子 (2001)『「生きる力」を発揮させる国語教育―内言を主体とした理論と実践―』，牧野出版．
小川雅子 (2003)『国語表現力の構造と育成―内的言語活動を主体とする理論と実践―』，溪水社．
小川雅子 (2006)『「自分さがし」からはじまる人間学的国語教育の探究』，溪水社．
沖山光（編）(1969)『思考過程の分析と評価―理解・表現・思考能力開発のために―』，新光閣書店．
長田友紀 (1999)「「思考」と「コミュニケーション」を統合する話し言葉教育の検討―対人コミュニケーション論をてがかりとして―」，『人文科教育研究』，第26号，49-58頁．人文科教育学会編．
長田友紀 (2000)「アメリカにおける「機能的コミュニケーション論」の成立―「スピーチ・コミュニケーション能力に関する全米プロジェクト」を中心に―」，『教育学研究集録』，第24号，145-155頁．筑波大学大学院博士課程教育学研究科編．

長田友紀（2001）「アメリカにおける機能的コミュニケーション論の成立と変容―1980年代の州カリキュラムの検討を中心に―」,『国語科教育』,第49号,81-88頁.全国大学国語教育学会編.

長田友紀（2002a）「国語科グループディスカッションにおける社会的相互作用―相互作用分析（IPA）による話し合いプロセスの分析―」,『国語科授業分析研究』,第Ⅳ巻,114-123頁.筑波大学教育学系人文科教育学研究室編.

長田友紀（2002b）「話し合い指導における教材化研究―談話理論による大村はま「話し合い指導の手引」の分析―」,『日本語と日本文学』,第35号,49-60頁.筑波大学国語国文学会編.

長田友紀（2003a）「古典教材のプレゼンテーションにみる学習者の表現意識の分析―帯単元「私が選ぶ百人一首の一首」―」,『筑波大学附属坂戸高等学校研究紀要』,第40号,159-167頁.筑波大学附属坂戸高等学校編.

長田友紀（2003b）「話し合いにおける協同話題構築過程の分析―大学院生による構造見通し学習の予備的考察―」,『人文科教育研究』,第30号,49-68頁.人文科教育学会編.

長田友紀（2003c）「話題の構造分析に基づく話し合い指導―小学校段階における実践化の検討―」,『函館国語』,第19巻,1-9頁.北海道教育大学函館校国語会編.

長田友紀（2003d）「コミュニケーション教育における相互作用」,『月刊国語教育研究』,第380号,42-43頁,12月.日本国語教育学会編.

長田友紀（2004）「類似の話題構造をもつ話し合いにおける協同話題構築過程の質的変容―大学院生による第2次・第3次話し合いの予備的考察―」,『語学文学』,第42号,25-35頁.北海道教育大学語学文学会編.

長田友紀（2005a）「アメリカにおける1990年代のオーラルコミュニケーション教育の位置づけ―全米レベルの動向と州カリキュラム調査研究の検討―」,『国語科教育』,第58号,50-57頁.全国大学国語教育学会編.

長田友紀（2005b）「アメリカの初等・中等教育段階における話すこと・聞くことの実施率および内容に関する統計的調査」,『人文科教育研究』,第32号,117-128頁.人文科教育学会編.

長田友紀（2005c）「話し合いの構造把握のための事中指導―視覚情報化による可能性―」,『月刊国語教育研究』,第393号,46-51頁,1月.日本国語教育学会編.

長田友紀（2007）「国語科での話し合い指導における視覚情報化ツールの実証的研究―大学生の事中メモの類型と事後報告との関係―」,『人文論究』,第76号,25-37頁.北海道教育大学函館人文学会編.

長田友紀（2008a）「話し合い指導におけるコミュニケーション能力観の拡張―事中・事後指導における視覚情報化ツール―」，桑原隆（編）『新しい時代のリテラシー教育』，東洋館出版社，196-207頁．

長田友紀（2008b）「話し合い指導における学習過程上の困難点―状況的認知アプローチからみた事前・事中・事後指導―」，『日本語と日本文学』，第47号，1-12頁．筑波大学日本語日本文学会編．

長田友紀（2009a）「教材研究の視点（1）「話すこと・聞くこと」」，田近洵一・大熊徹・塚田泰彦（編）『小学校国語科授業研究』，教育出版，第4版，20-25頁．

長田友紀（2009b）「話し合いの視覚情報化によって事後の報告はどのように変化するか―大学生によるメモと報告書の語数の量的分析による一考察―」，『人文科教育研究』，第36号，1-12頁．人文科教育学会編．

長田友紀（2009c）「グループ討議において学習者が抱える二重性―なぜグループ討議の指導は必要なのか―」，『月刊国語教育研究』，第443号，50-57頁，3月．日本国語教育学会編．

長田友紀（2009d）「話合いの構造把握を可能にする視覚情報化」，『初等教育資料』，第850号，74-77頁，8月．文部科学省教育課程課・幼児教育課編．

長田友紀（2010a）「メモの取り方による話し合い報告内容の差異―視覚情報化ツールのテキストマイニングによる質的データ分析―」，『読書科学』，第53巻，第3号，60-70頁．日本読書学会編．

長田友紀（2010b）「国語教育におけるコミュニケーション能力研究の課題」，『人文科教育研究』，第37号，33-53頁．人文科教育学会編．

長田友紀（2011a）「グループ討議における視覚情報化ツールのケーススタディ―視覚情報化ツール使用行為の種類―」，『人文科教育研究』，第38号，77-90頁．人文科教育学会編．

長田友紀（2011b）「国語科授業分析の方法と研究の実際2―国語科グループディスカッションにおける社会的相互作用―」，全国大学国語教育学会（編）『全国大学国語教育学会・公開講座ブックレット1　国語科授業分析の方法』，21-30頁．http://www.gakkai.ac/JTSJ/kouza/．

長田友紀（2011c）「国語教育における話し言葉指導の目標論の検討」，『文藝言語研究　文藝篇』，第60巻，27-46頁．筑波大学大学院人文社会科学研究科　文芸・言語専攻編．

長田友紀（2012a）「グループ討議における視覚情報化ツールの使用行為―相互作用場面と討議の全体構造からの分析―」，『人文科教育研究』，第39号，39-54頁．人文

科教育学会編.

長田友紀（2012b）「討論・話し合い指導の問題点―グループ討議の充実と視覚情報化ツールの活用にむけて―」,『月刊国語教育研究』, 第477号, 28-31頁, 1月. 日本国語教育学会編.

長田友紀（2013a）「戦後の学校教育における話し合い指導研究レビュー―視覚情報化ツールの活用に注目して―」,『文藝言語研究　言語篇』, 第64巻, 23-39頁. 筑波大学大学院人文社会科学研究科文芸言語専攻編.

長田友紀（2013b）「話し合いにおける視覚情報化の学年ごとの特徴―テキストマイニングによる小学生・中学生・大学生の分析―」,『人文科教育研究』, 第40号, 1-12頁. 人文科教育学会編.

長田友紀（2013c）「話すこと・聞くことの学習指導の内容・方法に関する研究の成果と展望」, 全国大学国語教育学会（編）『国語科教育学研究の成果と展望Ⅱ』, 学芸図書, 69-76頁.

長田友紀（2014a）「話し合いにおける視覚情報化ツールのテキストマイニングによる発達的分析―小・中・大学生にみる図示化メモの効果―」,『国語科教育』, 第75巻, 16-23頁. 全国大学国語教育学会編.

長田友紀（2014b）「大村はま実践にみる話し合いの視覚情報化」,『月刊国語教育研究』, 第504号, 50-57頁, 4月. 日本国語教育学会編.

長田友紀（2015a）「コミュニケーション能力」, 高木まさき・寺井正憲・中村敦雄・山元隆春（編）『国語科重要用語事典』, 72頁, 明治図書出版.

長田友紀（2015b）「図解」, 高木まさき・寺井正憲・中村敦雄・山元隆春（編）『国語科重要用語事典』, 45頁, 明治図書出版.

長田友紀（2015c）「話し合い指導における可視化―国語教育における視覚情報化ツールの意義―」, 全国大学国語教育学会（編）『全国大学国語教育学会・公開講座ブックレット5　「考えること」の指導研究』.（印刷中）.

オズボーン, A. F.（1982）『独創力を伸ばせ』, ダイヤモンド社. 上野一郎訳（Alex F. Osborn (1953) *Applied Imagination: Principles and Procedures of Creative Thinking*, New York: C. Scribner）.

オズボーン, A. F.（2008）『創造力を生かす―アイディアを得る38の方法―』, 創元社. 新装版. 豊田晃訳（Alex F. Osborn (1948) *Your Creative Power: How to Use Imagination*, New York: Charles Scribner's sons）.

尾関周二（1995）「コミュニケーション的行為と人間・社会観の基底」, 吉田傑俊・尾関周二・渡辺憲正（編）『ハーバマスを読む』, 大月書店, 45-86頁.

落合幸子・築地久子（1993）『教育実践の全体像を描く1　築地久子の授業と学級づくり』，明治図書出版．

オング，W. J.（1991）『声の文化と文字の文化』，藤原書店．桜井直文ほか訳（Walter J. Ong (1982) *Orality and Literacy: The Technologizing of the Word*, London: Methuen Publishing Ltd）．

甲斐伊織（2014）「話し合い指導における話題選択の観点—大村はまによる入門単元の検討を通して—」，『月刊国語教育研究』，第503巻，50-57頁．日本国語教育学会編．

甲斐雄一郎（1989）「話しことば教育研究の到達点と課題」，望月善次・飛田多喜雄（編）『国語科教育学—到達点の整理と今後の展望—』，日本教育図書センター，137-150頁．

甲斐雄一郎（1990a）「戦後音声言語教育の総括と展望」，『国語指導研究』，第3号，1-12頁．筑波大学国語指導研究会編．

甲斐雄一郎（1990b）「対話の教育—国語科におけるコミュニケーション教育と思考の教育との統合の試み—」，『文教大学国文』，第19号，1-14頁．文教大学国語研究室・文教大学国文学会編．

甲斐雄一郎（1990c）「国語科における二元論の自覚」，『現代教育科学』，第406号，72-75頁，9月．明治図書出版．

甲斐雄一郎（1991）「「話合い」教材産出の視点」，『文教大学国文』，第20号，22-30頁．文教大学国語研究室・文教大学国文学会編．

甲斐雄一郎（1992）「『言語生活モデル』再考（上）」，『月刊国語教育研究』，第239号，42-45頁，4月．日本国語教育学会編．

甲斐雄一郎（1993）「聴解能力の分析」，甲斐睦朗（編）『聴解能力の基礎研究』，31-47頁．（科研費重点領域研究「「日本語音声」日本語における韻律的特徴の実態とその教育に関する総合的研究」E11班「聴解指導研究資料文献の現状と問題点—国語教育・日本語教育の実践に役立てるための方策—」研究成果報告書）．

甲斐雄一郎（1994a）「教材化研究の視点」，安居総子・東京中学校青年国語研究会（編）『中学校の表現指導　聞き手話し手を育てる』，東洋館出版社，16-29頁．

甲斐雄一郎（1997）「討論指導における教育内容の再検討」，『国語科教育』，第44号，4-8頁．全国大学国語教育学会編．

甲斐雄一郎（1999）「素材による教材の性格」，高橋俊三（編）『音声言語指導大事典』，明治図書出版，172-173頁．

甲斐雄一郎（2002）「目的と談話の並行性に注目する」，『月刊国語教育』，第22巻，第

7号，20-23頁，9月．東京法令出版．
甲斐雄一郎・長田友紀（2002）「話すこと・聞くことの教育課程に関する研究の成果と課題」，全国大学国語教育学会（編）『国語科教育学研究の成果と展望』，明治図書出版，96-105頁．
甲斐利恵子（1994b）「入門期におけるコミュニケーション能力の育成」，『月刊国語教育研究』，第264号，16-21頁，4月．日本国語教育学会編．
海保博之（編）（1997）『「温かい認知」の心理学―認知と感情の融接現象の不思議―』，金子書房．
梶田正巳・塩田勢津子・石田裕久・杉江修治（1980）「小・中学校における指導の調査的研究Ｉ―グループによる学習指導の実態―」，『名古屋大学教育学部紀要　教育心理学科』，第27巻，147-182頁．名古屋大学編．
片岡徳雄（編）（1975）『集団主義教育の批判』，黎明書房．
加藤一己（2008）「役割取得と自我形成―G. H. ミード『精神・自我・社会』（1934）―」，井上俊・伊藤公雄（編）『自己・他者・関係』，世界思想社，55-64頁．
加藤秀俊（1966）『人間関係―理解と誤解―』，中央公論社．
香取一昭・大川恒（2009）『ワールド・カフェをやろう！』，日本経済新聞出版社．
金本良通（1998）『数学的コミュニケーション能力の育成』，明治図書出版．
上條晴夫（2000）『みんなが発言したくなる討論・話し合い授業』，学事出版．
亀田達也（1997）『合議の知を求めて―グループの意志決定―』，共立出版．
萱野稔人（2008）「「承認格差」を生きる若者たち―なぜ年長世代と話がつうじないのか―」，文春新書編集部（編）『論争若者論』，文藝春秋，41-54頁．
狩俣正雄（1994）『組織のコミュニケーション論』，中央経済社．
苅谷剛彦（2001）『階層化日本と教育危機―不平等再生産から意欲格差社会（インセンティブ・ディバイド）へ―』，有信堂高文社．
川喜田二郎（1967）『発想法―創造性開発のために―』，中央公論社．
河野順子（2006）『〈対話〉による説明的文章の学習指導―メタ認知の内面化の理論提案を中心に―』，風間書房．
河野順子（2009）『入門期のコミュニケーションの形成過程と言語発達―実践的実証的研究―』，溪水社．
河村望（2000）『自我とコミュニケーションの理論』，人間の科学新社．
川本信幹（1993）「ディベートの効用」，『月刊国語教育』，第13巻，第3号，10-13頁，5月．「教室ディベート・ハンドブック」，東京法令出版．

歓喜隆司・山住勝広・木下百合子（1995）『現代授業論―典型的な授業を構成するために―』，ミネルヴァ書房.
関西大学初等部（編）（2013）『思考ツール―関大初等部式 思考力育成法〈実践編〉―』，さくら社.
関西大学初等部（編）（2014）『思考ツール―関大初等部式 思考力育成法〈教科活用編〉―』，さくら社.
菊池章夫・堀毛一也（1994）『社会的スキルの心理学―100のリストとその理論―』，川島書店.
菊池省三（2011）『話し合い活動を必ず成功させるファシリテーションのワザ』，学事出版.
岸英光（2003）『エンパワーメント・コミュニケーション』，あさ出版.
岸本睦久（1998）「「教育スタンダード」をめぐる動向」，現代アメリカ教育研究会（編）『カリキュラム開発をめざすアメリカの挑戦』，教育開発研究所，17-37頁.
喜多壮太郎（2002）『ジェスチャー―考えるからだ―』，金子書房.
北岡宏章（2005）「特別活動における討論の指導について―西洋の弁論の伝統に学ぶ―」，『四天王寺国際仏教大学紀要』，第41号，171-187頁．四天王寺国際仏教大学編.
木田剛（2012）「「百聞は一見にしかず」―日本人フランス語学習者によるL2談話理解と視覚情報の関係について―」，『文藝言語研究 言語篇』，第61巻，103-145頁．筑波大学大学院 人文社会科学研究科 文芸・言語専攻編.
貴戸理恵（2011）『「コミュニケーション能力がない」と悩むまえに―生きづらさを考える―』，岩波書店.
木下竹次（1923）『学習原論』，目黒書店.
木下竹次（1926）『学習各論 上巻』，目黒書店.
ギブソン，J. J.（1985）『生態学的視覚論―ヒトの知覚世界を探る―』，サイエンス社．古崎敬ほか訳（James Jerome Gibson（1979）*The Ecological Approach to Visual Perception*, Boston: Houghton Mifflin）.
釘原直樹（2013）『人はなぜ集団になると怠けるのか』，中央公論新社.
串田秀也・定延利之・伝康晴（編）（2005）『活動としての文と発話』，ひつじ書房.
工藤武雄（1974）『基本話型の指導―話しことば教育の改革―』，明治図書出版.
蔵内保明・船瀬安仁・山元悦子（1998）「話し合いの能力の発達に関する研究―同一課題による小学2年・4年の授業分析を通して―」，『福岡教育大学紀要 第1分冊 文科編』，第47号，75-100頁．福岡教育大学編.

倉澤栄吉（1958）「話す生活とその教育」，西尾実・時枝誠記（編）『国語教育のための国語講座　第7巻　言語生活の理論と教育』，朝倉書店，177-218頁．

倉澤栄吉（1968）「国語科教育における話しことばの指導」，『児童心理』，第22巻，第4号，34-45頁，4月．東京教育大学内児童研究会編．

倉澤栄吉（1969）『話しことばとその教育』，新光閣書店．

倉澤栄吉（1974）『聞くことの学習指導』，明治図書出版．

倉澤栄吉（1994）「教室コミュニケーションの基礎理論」，安居総子・東京中学校青年国語研究会（編）『中学校の表現指導　聞き手話し手を育てる』，東洋館出版社，2-15頁．

倉澤栄吉（編）（2002）「財団法人言語教育振興財団助成研究（平成11.12.13年度）報告書　小・中学校のコミュニケーション能力の育成に適した学習材の開発—対話の実例とその考察—」．

倉澤栄吉・青年国語研究会（編）（1970）『国語科対話の指導』，新光閣書店．

グリフィン，P.・B.マクゴー・E.ケア（編）（2014）『21世紀型スキル—学びと評価の新たなかたち—』，北大路書房．益川弘如・望月俊男編訳（Patrick Griffin and Barry McGaw and Esther Care (2011) *Assessment and Teaching of 21st Century Skills*, Netherlands: Springer）．

黒谷和志（1998）「ホール・ランゲージの学習論的検討—多文化共存・共同の学習集団論の視点—」，『教育学研究紀要』，第44巻，第1号，241-246頁．中国四国教育学会編．

黒谷和志（1999）「ホール・ランゲージにおけるリテラシー教育の構造と課題—C.エデルスキーの再理論化を中心に—」，『教育方法学研究』，19-27頁．日本教育方法学会編．

桑原隆（1992a）『ホール・ランゲージ—言葉と子どもと学習　米国の言語教育運動—』，国土社．

桑原隆（1992b）「外国における単元学習の動向1—ホール・ランゲージ（アメリカ）—」，日本国語教育学会（編）『ことばの学び手を育てる国語単元学習の新展開Ⅰ　理論編』，東洋館出版社，108-127頁．

桑原隆（1996a）「言語環境の変化と国語教育の課題」，『国語科教育』，第43巻，4-8頁．全国大学国語教育学会編．

桑原隆（1996b）『言語生活者を育てる—言語生活論＆ホール・ランゲージの地平—』，東洋館出版社．

桑原隆（1998）『言語活動主義・言語生活主義の探究—西尾実国語教育論の展開と発

展—』,東洋館出版社.
桑原隆（2007）「伝える技術―コンテクスト（脈絡・状況）感覚―」,『教育研究』,第62巻,第6号,18-21頁,6月.初等教育研究会編.
ケイン,S.（2013）『内向型人間の時代―社会を変える静かな人の力―』,講談社.古草秀子訳（Susan Cain (2012) *Quiet: The Power of Introverts in a World That Can't Stop Talking*, London: Viking）.
小池治（2011）「アメリカの教育改革とガバナンス」,『横浜国際社会科学研究』,第16巻,第1号,1-17頁.横浜国際社会科学学会編.
幸坂健太郎（2010）「国語科教育におけるトゥルミン・モデルの受容についての批判的検討」,『論叢国語教育学』,第1号,54-66頁.広島大学大学院教育学研究科国語文化教育学講座編.
香西秀信（1995）『反論の技術―その意義と訓練方法―』,明治図書出版.
香西秀信（2003）「立場を変更できないことの効用」,『社会科教育』,第40巻,第533号,9頁,12月.明治図書出版.
香西秀信・中嶋香緒里（2004）『レトリック式作文練習法―古代ローマの少年はどのようにして文章の書き方を学んだか―』,明治図書出版.
香西秀信・高明会系香西流レトリック道場（2008）『反論の技術・実践資料編―学年別課題文と反論例―』,明治図書出版.
河野哲也（2003）『エコロジカルな心の哲学』,勁草書房.
声とことばの会（編）（2002）『話すこと聞くことの活動事例集―教師による学習材の開発―』,明治図書出版.
國分康孝（編）（1992）『構成的グループ・エンカウンター』,誠信書房.
國分康孝・片野智治（2001）『構成的グループ・エンカウンターの原理と進め方―リーダーのためのガイド―』,誠信書房.
国分一太郎・滑川道夫（1962）「生活綴方の本質」,日本作文の会（編）『講座・生活綴方 第1巻―生活綴方概論―』,百合出版,15-92頁.
小久保美子（2002）『GHQ/SCAP機密文書 CIEカンファレンス・リポートが語る改革の事実―戦後国語教育の原点―』,東洋館出版社.
国立教育研究所（編）（1996）『国際化の進展に対応したコミュニケーション能力の育成を目指す,カリキュラムの開発研究―各教科等における,論理的表現力の育成に重点を置いて―小学校調査報告書（平成6年度調査）』,国立教育研究所.
国立教育研究所（編）（1997）『国際化の進展に対応したコミュニケーション能力の育成を目指す,カリキュラムの開発研究―各教科等における,論理的表現力の育成

に重点を置いて―中学校調査報告書（平成7年度調査）』，国立教育研究所．

国立教育政策研究所（編）(2002)『生きるための知識と技能―OECD生徒の学習到達度調査（PISA）2000年調査国際結果報告書―』，ぎょうせい．

国立教育政策研究所（編）(2004)『生きるための知識と技能2―OECD生徒の学習到達度調査（PISA）2003年調査国際結果報告書―』，ぎょうせい．

国立教育政策研究所（編）(2007)『生きるための知識と技能3―OECD生徒の学習到達度調査（PISA）2006年調査国際結果報告書―』，ぎょうせい．

国立教育政策研究所教育課程研究センター（編）(2012)『教育課程の編成に関する基礎的研究報告書3　社会の変化に対応する資質や能力を育成する教育課程―研究開発事例分析等からの示唆―』，国立教育政策研究所．

国立教育政策研究所教育課程研究センター（編）(2013)『教育課程の編成に関する基礎的報告書5　社会の変化に対応する資質や能力を育成する教育課程編成の基本原理』，国立教育政策研究所．

国立教育政策研究所教育課程研究センター（編）(2014)『教育課程の編成に関する基礎的報告書7　資質や能力の包括的育成に向けた教育課程の基準の原理』，国立教育政策研究所．

国立国語研究所（編）(1964)『小学生の言語能力の発達』，明治図書出版．

輿水実(1963)「話すことの学習指導に対する新しい接近」，『国語教育の近代化』，第5号，1-22頁，12月．国語教育の近代化のための研究会編．

輿水実(1975a)『輿水実独立講座／国語科教育学大系　第5巻―国語科教育計画―』，明治図書出版．

輿水実(1975b)『輿水実独立講座／国語科教育学大系　第12巻―国語科言語・聞く話す・書写の指導―』，明治図書出版．

輿水実(1986)『国語教育解釈学―その理論と実践―』，明治図書出版．

古田島真樹(1994)「話し合いの仕方を身につける」，高橋俊三（編）『講座『音声言語の授業』第3巻　話し合うことの指導』，明治図書出版，46-53頁．

子どものコミュニケーション研究会（編）(2003)『イラスト版　こころのコミュニケーション―子どもとマスターする49の話の聞き方・伝え方―』，合同出版．

小西卓三(2011)「議論の論理」，日本コミュニケーション学会（編）『現代日本のコミュニケーション研究―日本のコミュニケーション学の足跡と展望―』，三修社，225-236頁．

小林一貴(2011)「書くことの「足場づくり」の談話構造」，『月刊国語教育研究』，第465号，50-57頁，1月．日本国語教育学会編．

コーバリス，M.（2008）『言葉は身振りから進化した―進化心理学が探る言語の起源―』，勁草書房．（Michael C. Corballis (2002). *From Hand to Mouth: The Origins of Language*. Princeton University Press）．

小室俊明（1997）「スピーキングの能力」，馬場哲生（編）『英語スピーキング論―話す力の育成と評価を科学する―』，河源社，40-51頁．

小森茂（2001）「伝え合う力」，日本国語教育学会（編）『国語教育辞典』，朝倉書店，276頁．

コール，M.（1985）「リテラシーの文化的起源」，佐伯胖編（編）『理解とは何か』，東京大学出版会，99-126頁．久富節子訳．

近藤国一（1981）「話す力（含む聞く力）の指導方法」，全国大学国語教育学会（編）『講座　国語科教育の探究2　表現指導の整理と展望』，明治図書出版，69-84頁．

近藤国一・授業技術研究所（編）（1984）『学び方学習の指導』，明治図書出版．

近藤頼道（1979）「話しことば教育論」，倉澤栄吉・田近洵一・湊吉正（編）『教育学講座第8巻　国語教育の理論と構造』，学習研究社，50-60頁．

後藤将之（1987）『ジョージ・ハーバート・ミード―コミュニケーションと社会心理学の理論―』，弘文堂．

埼玉言語教育研究会（1996）『話し言葉の基礎「基本聴型・基本話型」の教材開発』，明治図書出版．

斎藤喜博（1960）『授業入門』，国土社．

サヴィニョン，S.（2009）『コミュニケーション能力―理論と実践―』，法政大学出版局．草野ハベル清子・佐藤一嘉，田中春美訳（Sandra J. Savignon (1997) *Communicative Competence: Theory and Classroom Practice*, 2nd, New York: McGraw-Hill Companies）．

佐伯胖（1980）『「きめ方」の論理―社会的決定理論への招待―』，東京大学出版会．

佐伯胖・三宅なほみ（1991）「状況的教育とはなにか」，『現代思想』，第19巻，第6号，40-56頁，6月．青土社．

酒井千春（2000）「話し合いの生成過程に関する一考察―個人間の調整を促す要因を中心に―」，『国語科教育』，第47巻，73-80頁．全国大学国語教育学会編．

坂口京子（2009）『戦後新教育における経験主義国語教育の研究―経験主義教育観の摂取と実践的理解の過程―』，風間書房．

坂本旬（2008）「「協働学習」とは何か」，『生涯学習とキャリアデザイン』，第5巻，49-57頁．法政大学キャリアデザイン学会編．

作田啓一（1981）『個人主義の運命―近代小説と社会学―』，岩波書店．

佐々木定夫（1980）「話しことば指導の現状とその打開」,『月刊国語教育研究』, 第102号, 1-5頁, 11月. 日本国語教育学会編.

佐々木正人（1994）『アフォーダンス―新しい認知の理論―』, 岩波書店.

佐々木正人・松野孝一郎・三嶋博之（1997）『アフォーダンス』, 青土社.

佐藤郁哉（2006）『定性データ分析入門―QDA ソフトウェア・マニュアル―』, 新曜社.

佐藤郁哉（2008）『QDA ソフトを活用する 実践 質的データ分析入門』, 新曜社.

佐藤三郎（1997）『アメリカ教育改革の動向―1983年『危機に立つ国家』から21世紀へ―』, 教育開発研究所.

佐藤正二・相川充（編）（2005）『実践！ソーシャルスキル教育―対人関係能力を育てる授業の最前線―』, 図書文化社. 小学校編, 中学校編.

佐藤雅彦・大塚史朗・池邊良介（2000）「話しことば学習指導の在り方―八年間の軌跡―」,『国語の研究』, 第26号, 12-33頁. 大分大学国語国文学会編.

佐藤学（2003）「リテラシーの概念とその再定義」,『教育学研究』, 第70巻, 第3号, 292-301頁. 日本教育学会編.

里野清一・真木利貢・斎藤雄三・多久竜太郎・田岡稔（1985）『どの場面で「小集団学習」を生かすか』, 明治図書出版.

ザトラウスキー, P.（2005）「情報処理, 相互作用, 談話構造からみた倒置と非言語行動との関係」, 串田秀也・定延利之・伝康晴（編）『活動としての文と発話』, ひつじ書房, 159-208頁.

サルガニク, L. H.・M. スティーブン（2006）「政策と実践にみるコンピテンスの優先順位」, ライチェン, D. S.・L. H. サルガニク（編）『キー・コンピテンシー―国際標準の学力をめざして―』, 明石書店, 36-62頁. 立田慶裕監訳（Dominique Simone Rychen and Laura Hersh Salganik (2003) *Key Competencies for a Successful Life and a Well-Functioning Society*, Seattle: Hogrefe & Huber Publishers）.

塩田芳久（編）（1970）『バズ学習の実践的研究―その困難点・問題点の解明―』, 黎明書房.

塩田芳久・阿部隆（1962）『バズ学習方式―落伍者をつくらぬ教育―』, 黎明書房.

鹿内信善（2003）『やる気をひきだす看図作文の授業―創造的「読み書き」の理論と実践―』, 春風社.

鹿内信善（2010）『看図作文指導要領―「みる」ことを「書く」ことにつなげるレッスン―』, 溪水社.

シベット，D.（2013）『ビジュアル・ミーティング―予想外のアイデアと成果を生む「チーム会議」術―』，朝日新聞出版．堀公俊監訳（David Sibbet (2010) *Visual Meetings: How Graphics, Sticky Notes and Idea Mapping Can Transform Group Productivity*, N.J.: John Wiley & Sons Inc）．
島村直己（2012）「大分水嶺理論について」，『国語科教育研究　第122回筑波大会発表要旨集』，371-373頁．全国大学国語教育学会編．
社会人基礎力に関する研究会（2006）『社会人基礎力に関する研究会―「中間取りまとめ」―』，経済産業省．http://www.meti.go.jp/policy/kisoryoku/torimatome.htm．
若年者就職基礎能力修得のための目安策定委員会（2004）『若年者就職基礎能力修得のための目安策定委員会報告書』，厚生労働省．http://www.mhlw.go.jp/houdou/2004/07/dl/h0723-4h.pdf．
シャラン，Y.・S. シャラン（2001）『「協同」による総合学習の設計―グループ・プロジェクト入門―』，北大路書房．石田裕久・杉江修治ほか訳（Yael Sharan and Shlomo Sharan (1992) *Expanding Cooperative Learning through Group Investigation*, New York: Teachers College Press）．
シュワーツ，R.（2005）『ファシリテーター完全教本―最強のプロが教える理論・技術・実践のすべて―』，日本経済新聞社．寺村真美・松浦良高訳（Roger Schwarz (2002) *The Skilled Facilitator: A Comprehensive Resource for Consultants, Facilitators, Managers, Trainers, and Coaches*, San Francisco: Jossey-Bass）．
ジョンソン，D. W.・R. T. ジョンソン・E. J. ホルベック（1998）『学習の輪―アメリカの協同学習入門―』，二瓶社．杉江修治・石田裕久・伊藤康児・伊藤篤訳（David W. Johnson, Roger T. Johnson and Edythe Holubec Johnson (1984) *Circles of Learning: Cooperation in the Classroom*, Edina: Interaction Book Co.）．
末吉悌次（編）（1959）『集団学習の研究』，明治図書出版．
菅井勝雄（2002）「『情報教育論』の概説」，菅井勝雄・赤堀侃司・野嶋栄一郎（編）『情報教育論―教育工学へのアプローチ―』，放送大学教育振興会，9-24頁．
杉哲（2004）「話し言葉学習の形態」，倉澤栄吉・野地潤家（編）『話し言葉の教育』，朝倉書店，82-98頁．
杉江修治（1999）『バズ学習の研究―協同原理に基づく学習指導の理論と実践―』，風間書房．
鈴木明夫（2009）『図を用いた教育方法に関する心理学的研究―外国語の文章理解における探索的効率性―』，開拓社．

鈴木明夫・栗津俊二（2009）「外国語で書かれた文章の理解を促進する図解の役割」，『実践女子大学人間社会学部紀要』，第5巻，189-212頁．実践女子大学編．

鈴木治・井上尚美・福沢周亮（編）（1972）『国語科における思考の発達』，明治図書出版．

鈴木一徳（編）（2004）『「伝え合う力」を育てる基本話型・基本聴型ワーク　中学年』，明治図書出版．

鈴木聡志（2007）『会話分析・ディスコース分析―ことばの織りなす世界を読み解く―』，新曜社．

鈴木栄幸・加藤浩（1995）「共同学習のための教育ツール「アルゴブロック」」，『認知科学』，第2巻，第1号，36-47頁．日本認知科学会編．

鈴木栄幸・加藤浩（2001）「協同学習環境のためのインターフェイスデザイン」，加藤浩・有元典文（編）『認知的道具のデザイン』，金子書房，66-94頁．

スタッキー，J. E.（1995）『読み書き能力のイデオロギーをあばく―多様な価値の共存のために―』，勁草書房．菊地久一訳（J. Elspeth Stuckey (1991) *The Violence of Literacy*, Portsmouth: Boynton/ Cook Publishers）．

スピッツバーグ，B. H.・W. R. キューパック（編）（2008）『親密な関係のダークサイド』，北大路書房．谷口弘一・加藤司訳（Brian H. Spitzberg and William R. Cupach (1998) *The Dark Side of Close Relationships*, Mahwah: Lawrence Erlbaum）．

スペンサー，L. M.・S. M. スペンサー（2001）『コンピテンシー・マネジメントの展開―導入・構築・活用―』，生産性出版．梅津祐良ほか訳（Lyle M. Spencer, Signe M. Spencer (2001) *Competence at work: models for superior performance*, New York: Wiley）．

関田一彦・安永悟（2005）「協同学習の定義と関連用語の整理」，『協同と教育』，第1号，10-17頁．日本協同教育学会編．

全生研常任委員会（編）（1971）『学級集団づくり入門』，明治図書出版，第2版．

ソーヤー，R. K.（編）（2009）『学習科学ハンドブック』，培風館．森敏昭・秋田喜代美監訳（Robert Keith Sawyer (2006) *The Cambridge Handbook of the Learning Sciences*, New York: Cambridge University Press）．

宗我部義則（1999）「目的による教材の性格」，高橋俊三（編）『音声言語指導大事典』，明治図書出版，168-171頁．

平俊一（1996）「良き提案者になろう―能率良く会議を進めるために―」，高橋俊三（編）『音声言語指導のアイデア集成　第3巻　小学校高学年』，明治図書出版，

124-127頁.

高木光太郎（1996）「実践の認知的所産」，波多野誼余夫（編）『学習と発達』，東京大学出版会，37-58頁.

高木光太郎（2010）「文化・歴史学派（ヴィゴツキー学派）の理論とその展開」，渡部信一（編）『「学び」の認知科学事典』，大修館書店，403-422頁. 佐伯胖監修.

高木まさき（2001）『「他者」を発見する国語の授業』，大修館書店.

高橋俊三（1981）「聞く力」，『講座 国語科教育の探求3 理解指導の整理と展望』，明治図書出版，53-60頁.

高橋俊三（1990）『群読の授業―子どもたちと教室を活性化させる―』，明治図書出版.

高橋俊三（1993）『対話能力を磨く―話し言葉の授業改革―』，明治図書出版.

高橋俊三（編）（1994a）『講座『音声言語の授業』第3巻 話し合うことの指導』，明治図書出版.

高橋俊三（1994b）「話すことの指導実践史 戦後」，高橋俊三（編）『講座『音声言語の授業』第1巻 話すことの指導』，明治図書出版，207-213頁.

高橋俊三（1994c）「コミュニケーション能力育成のための話し合い活動」，『月刊国語教育研究』，第264号，4-9頁，4月. 日本国語教育学会編.

高橋俊三（編）（1996）『音声言語指導のアイデア集成〈1〉小学校低学年』，明治図書出版.

高橋俊三（1997）「批判的に聞き取る能力の達成状況―小中高校生の聞き取り能力に関する調査研究―」，『群馬大学教育学部紀要 人文・社会科学編』，第46巻，181-207頁. 群馬大学教育学部編.

高橋俊三（編）（1999）『音声言語指導大事典』，明治図書出版.

高橋俊三（編）（2000a）『音声コミュニケーションの教材開発・授業開発―国語科から総合的学習へ― 第1巻 小学校低学年編』，明治図書出版.

高橋俊三（編）（2000b）『音声コミュニケーションの教材開発・授業開発―国語科から総合的学習へ― 第2巻 小学校中学年編』，明治図書出版.

高橋俊三（編）（2000c）『音声コミュニケーションの教材開発・授業開発―国語科から総合的学習へ― 第3巻 小学校高学年編』，明治図書出版.

高橋俊三（編）（2000d）『音声コミュニケーションの教材開発・授業開発―国語科から総合的学習へ― 第4巻 中学校編』，明治図書出版.

高橋俊三（2001）『国語科話し合い指導の改革―グループ討議からパネル討論まで―』，明治図書出版.

高森邦明（1982）「表現指導資料」，『国語科指導資料 第三巻 言語表現編』，東京法

令出版，254-270頁.
竹内洋（1995）『日本のメリトクラシー─構造と心性─』，東京大学出版会.
武長脩行（2012）『「友だちいない」は"恥ずかしい"のか』，平凡社.
田近洵一（編）（2002）『子どものコミュニケーション意識─こころ，ことばからかかわり合いをひらく─』，学文社.
竜田徹（2009）「国語科教育の授業方法論に関する一考察─行為的アフォーダンスと道具的アフォーダンスの関係を手がかりとして─」，『教育学研究紀要』，第55巻，第1号，172-177頁．中国四国教育学会編.
竜田徹（2011）「学習者の言語構想力を育成する国語科学習指導─アフォーダンス理論を援用した国語教育研究の考察を通して─」，『教育学研究ジャーナル』，第9号，61-69頁．中国四国教育学会編.
田中愛子（編）（2004）『「伝え合う力」を育てる基本話型・基本聴型ワーク 低学年』，明治図書出版.
田中詠（1996）「ジグソーパズル式パネルディスカッション─全員参加の工夫─」，高橋俊三（編）『音声言語指導のアイデア集成 第3巻 小学校高学年』，明治図書出版，118-123頁.
田中敏（1995）『スピーチの言語心理学モデル─音声の生産と意味処理の関係の実証的検討─』，風間書房.
中央教育審議会（1996）『中央教育審議会答申「21世紀を展望した我が国の教育の在り方について（第一次答申）」』，文部省．http://www.mext.go.jp/b_menu/shingi/chuuou/toushin/960701.htm.
中央教育審議会（2008）『中央教育審議会答申「学士課程教育の構築に向けて」』，文部科学省．http://www.mext.go.jp/b_menu/shingi/chukyo/chukyo0/toushin/1217067.htm.
チョムスキー，N.（1970）『文法理論の諸相』，研究社．安井稔訳（Noam Chomsky (1965) *Aspects of the Theory of Syntax*, Cambridge: M. I. T. Press）.
塚田泰彦（1984）「国語教室における談話の再発見について─談話レベルでの言語能力の位置づけを中心に─」，『富山大学 国語教育』，第9号，1-15頁．富山大学国語教育学会編.
塚田泰彦（2001）『語彙力と読書─マッピングが生きる読みの世界─』，東洋館出版社.
筑波大学教育学系人文科教育学研究室編（2002）『国語科授業分析研究Ⅳ』.
津田幸男（2006）『英語支配とことばの平等─英語が世界標準語でいいのか？─』，慶應義塾大学出版会.

鶴田清司(1998)「討論の授業をめぐって―先行実践の整理と総括―」，日本言語技術教育学会(編)『言語技術教育 第7号―討論の授業がどんな言語技術を身につけさせるか―』，明治図書出版，120-125頁．

鶴田清司・松本修(2002)『総合学習に生きる国語科練習単元 中学校編』，明治図書出版．

寺井正憲(2001)「国語科と他教科」，日本国語教育学会(編)『国語教育辞典』，朝倉書店，142頁．

寺井正憲(編)(2007a)『語りに学ぶコミュニケーション教育 上巻―コミュニティを育てるコミュニケーション教育―』，明治図書出版．

寺井正憲(編)(2007b)『語りに学ぶコミュニケーション教育 下巻―コミュニケーション能力を向上させる学習指導―』，明治図書出版．

寺井正憲(編)(2009)『聞き手参加型の音読学習』，寺井正憲・青木伸生(2001)『ことばと心をひらく「語り」の授業』，東洋館出版社．

出口拓彦(2001)「グループ学習に対する教師の指導と児童による認知との関連」，『教育心理学研究』，第49巻，第2号，219-229頁．日本教育心理学会編．

出口拓彦(2002)「グループ学習に対する教師の指導および児童の特性と学習中の発言頻度との関連」，『教育心理学研究』，第50巻，第3号，323-333頁．日本教育心理学会編．

東井義雄・野口芳弘・森和雄・鈴木優・小田島郁夫(1985)『「話し合い」をどう効果的に進めるか』，明治図書出版．

トマセロ，M.(2013)『コミュニケーションの起源を探る』，勁草書房．松井智子・岩田彩志訳(Michael Tomasello (2008) *Origins of Human Communication*, Cambridge: MIT Press)．

中岡成文(2003)『ハーバーマス―コミュニケーション行為―』，講談社．

中沢政雄(1972)「音声言語教育の問題点とその克服」，『季刊国語教育誌』，第2巻，第1号，33-43頁．全日本国語教育学会．

中島梓(1991)『コミュニケーション不全症候群』，筑摩書房．

中島国太郎(1981)「話しことば教育の理論」，増淵恒吉・小海永二・田近洵一(編)『講座 中学校国語科教育の理論と実践 第3巻 作文・話しことば』，有精堂出版，189-199頁．

中西昇(1981)「話しことば指導の推移と展望」，全国大学国語教育学会(編)『講座 国語科教育の探究2 表現指導の整理と展望』，明治図書出版，110-133頁．

中村敦雄(1990)「討論指導論の研究―昭和三十年代前後における，大久保忠利の理

論の歴史的位置―」,『国語科教育』, 第37巻, 115-122頁. 全国大学国語教育学会編.
中村敦雄（1993）『日常言語の論理とレトリック』, 教育出版センター.
中村敦雄（1998）『コミュニケーション意識を育てる発信する国語教室』, 明治図書出版.
中村敦雄（1999）「音声言語指導の能力表」, 高橋俊三（編）『音声言語指導大事典』, 明治図書出版, 22-26頁.
中村敦雄（2001）「戦後国語科教育における「スピーチの教育」の史的展開」,『日本語学』, 第20巻, 第6号, 66-78頁, 5月.
中村敦雄（2002a）「昭和20年代における議論指導論の研究―「新教育方針」における「討論法」の検討を中心に―」,『語学と文学』, 第38号, 39-54頁. 群馬大学語文学会編.
中村敦雄（2002b）「話すこと・聞くことの学習指導方法に関する研究の成果と展望」, 全国大学国語教育学会（編）『国語科教育学研究の成果と展望』, 明治図書出版, 114-125頁.
中村敦雄（2002c）「メディア・リテラシーと国語科教育」,『日本語学』, 第21巻, 第12号, 14-25頁, 10月.
中村敦雄（2003a）「国語科教育とメディアの接点をどう設定するか?」,『国語科教育』, 第53巻, 4-5頁. 全国大学国語教育学会編.
中村敦雄（2003b）「桜田小学校における討議法による授業の実践的考察」,『群馬大学教育学部紀要 人文・社会科学編』, 第52巻, 193-206頁. 群馬大学教育学部編.
長井和雄（1993）『言語力形成の論理』, 玉川大学出版部.
永山嘉昭（2002）『説得できる図解表現200の鉄則―ロジカル思考をアピールする概念図はこう描く―』, 日経BP社.
灘光洋子（2011）「コミュニケーション学におけるコミュニケーション能力の捉え方」, 日本コミュニケーション学会（編）『現代日本のコミュニケーション研究―日本のコミュニケーション学の足跡と展望―』, 三修社, 158-167頁.
楢原理恵子（2001）『話しことば教育の研究―討議指導を中心に―』, 溪水社.
鳴島甫（2008）「「対話・話し合い活動の充実」に関しての歴史的考察と提言」,『文教大学国文』, 第37号, 12-25頁. 文教大学国文学会編.
難波博孝（2008）『母語教育という思想―国語科解体／再構築に向けて―』, 世界思想社.
難波博孝・尾道市立因北小学校（編）（2010）『ジグソー学習を取り入れた文学を読む

力の育成』,明治図書出版.
難波博孝・福山市立湯田小学校(編)(2007)『PISA型読解力にも対応できるイメージの形成と共有によるコミュニケーションの授業づくり』,明治図書出版.
荷方邦夫(2001)「図を伴う問題の理解が類推的問題解決に及ぼす効果」,『読書科学』,第45巻,第2号,77-84頁.日本読書学会編.
西尾実(1947a)『言葉とその文化』,岩波書店.
西尾実(1947b)「国語教育の構想」,『国語の教育』,第1巻,第1号,5-11頁.言語文化研究所編,日本教育図書.
西尾実(1951)『国語教育学の構想』,筑摩書房.
西尾実(1952)『これからの国語教育のためにⅥ 書くことの教育』,習文社.
西尾実(1975)『西尾実国語教育全集 第4巻』,教育出版.
西本喜久子(1988)「アメリカにおける話しことば教育─機能的コミュニケーション開発研究の一書をとりあげて─」,『国語教育研究誌』,第10巻,NK-1-30頁.大阪教育大学国語教育研究室編.
西本喜久子(1992)「話しことばの教育」,森田信義(編)『アメリカの国語教育』,渓水社,137-195頁.
西本喜久子(2006)『アメリカの話し言葉教育』,渓水社.
日経連教育特別委員会・エンプロイヤビリティ検討委員会(編)(1999)『エンプロイヤビリティの確立をめざして─「従業員自律・企業支援型」の人材育成を─』,日本経営者団体連盟教育研修部.
日本経済団体連合会(2014)『新卒採用(2013年4月入社対象)に関するアンケート調査結果の概要』. https://www.keidanren.or.jp/policy/2014/001.html.
日本国語教育学会(2007)『国語教育に関する教師の意識』.(国語教育全国大会第70回記念 アンケート調査研究報告書).
人間力戦略研究会(2003)『人間力戦略研究会報告書 若者に夢と目標を抱かせ,意欲を高める─信頼と連携の社会システム─』,内閣府. http://www5.cao.go.jp/keizai1/2004/ningenryoku/0410houkoku.pdf.
ノーマン,D. A.(1996)『人を賢くする道具─ソフトテクノロジーの心理学─』,新曜社.佐伯胖監訳.(Donald A. Norman (1993) *Things that Make Us Smart: Defending Human Attributes in the Age of the Machine*, Massachusetts: Addison-Wesley Publishing).
野口芳宏(1990)『野口芳宏著作集 第6巻─話し方の技術を高める─』,明治図書出版.

野地潤家（1958）「話しことば学習論」，全国大学国語教育学会（編）『国語科教育科学講座　第4巻　国語学習論』，明治図書出版，228-273頁．

野地潤家（1980）『話しことば教育史研究』，共文社．

ハーシュ，E. D.（1989）『教養が国をつくる―アメリカ建て直し教育論―』，TBSブリタニカ．中村保男訳（Eric Donald Hirsch, Jr. (1987) *Cultural Literacy*, New York: Houghton Mifflin）．

萩原和夫（2010）「子どもが育つカリキュラムづくりを―教科と総合を連携し，追究し続ける学習活動を目ざす　岐阜県山県市高富小学校―」，『月刊　はるか★プラス』，第27巻，第4号，34-37頁，4月．ぎょうせい．

橋爪貞雄（1992）『2000年のアメリカ教育戦略―その背景と批判―』，黎明書房．

橋本暢夫（2001）『大村はま「国語教室」に学ぶ―新しい創造のために―』，渓水社．

波多野完治（1975）『波多野完治国語教育著作集（上）』，明治図書出版．

服部百合子（1984）「能力とコミュニケ－ション―能力研究の系譜とその再構造化―」，『和光大学人文学部紀要』，第19号，75-99頁．

初谷和行（2012）「話し合い活動における準備学習やふり返り学習の効果に関する一考察」，『人文科教育研究』，第39号，55-65頁．人文科教育学会編．

花田修一（1994）『国語科ディベート授業入門』，明治図書出版．

浜田寿美男（2004）「学校という制度空間におけるコミュニケーション」，『国語科教育』，第56巻，4-5頁．全国大学国語教育学会編．

ハヤカワ，S. I.（1974）『思考と行動における言語』，岩波書店．原書第3版，大久保忠利訳（Samuel Ichiyé Hayakawa (1972) *Language in Thought and Action*, New York: Harcourt, Brace Jovanovich, 3rd.）．

林進治・横浜児童言語研究会（編）（1979）『一読総合読み実践入門2　話し・話し合いの系統指導』，明治図書出版．

原田曜平（2010）『近頃の若者はなぜダメなのか―携帯世代と「新村社会」―』，光文社．

樋口太郎（2010a）「能力を語ること―その歴史的，現代的形態―」，松下佳代（編）『〈新しい能力〉は教育を変えるか―学力・リテラシー・コンピテンシー―』，ミネルヴァ書房，45-78頁．

樋口とみ子（2010b）「リテラシー概念の展開―機能的リテラシーと批判的リテラシー―」，松下佳代（編）『〈新しい能力〉は教育を変えるか―学力・リテラシー・コンピテンシー―』，ミネルヴァ書房，80-106頁．

樋口直宏（2013）「グラフィック・オーガナイザーを用いた思考指導―スウォーツら

の理論を中心に─」,『学校教育学研究紀要』, 第6号, 1-17頁. 筑波大学大学院人間総合科学研究科学校教育学専攻編.

樋口直宏 (2014)『批判的思考指導の理論と実践─アメリカにおける思考技能指導の方法と日本の総合学習への適用─』, 学文社.

久恒啓一 (1990)『コミュニケーションのための図解の技術』, 日本実業出版社.

飛田多喜雄 (1984)『国語科教育方法論大系3 表現教育の理論』, 明治図書出版.

平井昌夫 (1954)『国語学習とテープ・レコーダー』, 光風出版.

平田オリザ (2012)『わかりあえないことから─コミュニケーション能力とは何か─』, 講談社.

広島文芸教育研究会 (1987)『文芸研・授業研究ハンドブック14 班・グループ討議のさせ方』, 明治図書出版. 西郷竹彦監修.

広野昭甫 (1994)「単元 形と中身」, 安居総子・東京中学校青年国語研究会(編)『中学校の表現指導 聞き手話し手を育てる』, 東洋館出版社, 150-169頁.

福岡教育大学国語科 (1997)『共生時代の対話能力を育てる国語教育』, 明治図書出版.

福村貴博 (2003)『一年生の学力保障シリーズ1「聞く力・話す力」を確実に育てる』, 明治図書出版.

藤田和生 (2006)「比較認知科学から見たヒトの学習」, 大島純・野島久雄・波多野誼余夫(編)『教授・学習過程論─学習科学の展開─』, 放送大学教育振興会, 25-41頁.

藤森裕治 (1995)『対話的コミュニケーションの指導』, 明治図書出版.

藤森裕治 (2002)「話すこと・聞くことの学習指導目標設定に関する研究の成果と課題」, 全国大学国語教育学会(編)『国語科教育学研究の成果と展望』, 明治図書出版, 86-95頁.

藤森裕治 (2007)『バタフライ・マップ法─文学で育てる〈美〉の論理力─』, 東洋館出版社.

藤森裕治 (2011)「国語科でコミュニケーション力を育てる」,『指導と評価』, 第678号, 9-12頁, 6月. 日本図書文化協会.

藤森裕治 (2013)『すぐれた論理は美しい─Bマップ法でひらくことばの学び─』, 東洋館出版社.

藤原友和 (2011)『教師が変わる!授業が変わる!「ファシリテーション・グラフィック」入門』, 明治図書出版.

船津衛 (1989)『ミード自我論の研究』, 恒星社厚生閣.

ブザン, T.・B. ブザン (2005)『ザ・マインドマップ』, ダイヤモンド社. 神田昌典訳.

(Tony Buzan and Barry Buzan (2003) *The Mind Map Book*, London: BBC, First published in 1993, Revised and updated 2000, 2003).

ブラウン，J.・D. アイザックス（2007）『ワールド・カフェ―カフェ的会話が未来を創る―』，ヒューマンバリュー．香取一昭・川口大輔訳（Juanita Brown, David Isaacs and World Café Community (2005) *The World Café: Shaping Our Futures Through Conversations That Matter*, San Francisco: Berrett-Koehler Publishers).

ブラウン，R.（1993）『グループ・プロセス―集団内行動と集団間行動―』，北大路書房．黒川正流訳（Rupert Brown (1988) *Group Processes: Dynamics Within and Between Groups*, Oxford: Basil Blackwell).

文化庁（1971）『外国人のための基本語用例辞典』，大蔵省印刷局．

米国教育使節団（編）（1947）『米国教育使節団報告書―原文・訳文―』，目黒書店．渡辺彰訳．

星野由子（2009）「視覚情報―英文以外からのリーディング―」，卯城祐司（編）『英語リーディングの科学―「読めたつもり」の謎を解く―』，研究社．

堀公俊（2003）『問題解決ファシリテーター―「ファシリテーション能力」養成講座―』，東洋経済新報社．

堀公俊（2004）『ファシリテーション入門』，日本経済新聞社．

堀公俊・加藤彰（2006）『ファシリテーション・グラフィック―議論を「見える化」する技法―』，日本経済新聞社．

堀裕嗣・研究集団ことのは編（2002）『総合的学習を支え活かす国語科』，総合的学習を支え活かす国語科〈1〉，明治図書出版．

堀江祐爾（1994）「国語科コミュニケーションの学習指導の目的―コミュニケーション能力が育つ学習指導を考えるための基礎となる観点―」，『月刊国語教育研究』，第264号，28-33頁，4月．日本国語教育学会編．

堀江祐爾（2002）「アメリカ合衆国におけるカリキュラム―その2―」．国立教育政策研究所『国語科系教科のカリキュラムの改善に関する研究：歴史的変遷・諸外国の動向』（「教科等の構成と開発に関する調査研究」研究成果報告書）．

堀毛一也（1990）「社会的スキルの習得」，斎藤耕二・菊池章夫（編）『社会化の心理学／ハンドブック』，川島書店，79-100頁．

堀毛一也（1994）「社会的スキル研究の動向」，『社会的スキルの心理学―100のリストとその理論―』，川島書店，256-266頁．

堀田昌英・榎戸輝揚・岩橋伸卓（2003）「多元的議論構造の可視化手法―社会技術と

しての政策論議支援―」,『社会技術研究論文集』, 第1巻, 67-76頁. 社会技術研究会編.

ボルフ, C.（2014）『ニクラス・ルーマン入門―社会システム理論とは何か―』, 新泉社. 庄司信訳（Christian Borch（2003）*Niklas Luhmann*, London: Routledge）.

本田由紀（2005）『多元化する「能力」と日本社会―ハイパー・メリトクラシー化のなかで―』, NTT出版.

本堂寛（1999）「教育内容」, 高橋俊三（編）『音声言語指導大事典』, 明治図書出版, 50-51頁.

牧戸章（1993）「戦後「話し合い」研究文献目録1」,『兵庫教育大学近代文学雑誌』, 第4巻, 85-106頁. 兵庫教育大学言語系教育講座前田研究室編.

増田信一（1994）『音声言語教育実践史研究』, 学芸図書.

間瀬茂夫・守田庸一・松友一雄・田中俊弥（2007）「小学生の話し合い能力の発達に関する研究―同一課題による調査を通した考察―」,『国語科教育』, 第62巻, 67-74頁. 全国大学国語教育学会編.

間瀬茂夫・守田庸一（2011）「小グループによる中学生の話し合い過程の分析―協同的な論証に着目して―」,『学校教育実践学研究』, 第17巻, 27-37頁. 広島大学大学院教育学研究科附属教育実践総合センター編.

松澤文人（編）（2004）『「伝え合う力」を育てる基本話型・基本聴型ワーク　高学年』, 明治図書出版.

松下佳代（2010）「〈新しい能力〉概念と教育―その背景と系譜―」, 松下佳代（編）『〈新しい能力〉は教育を変えるか―学力・リテラシー・コンピテンシー―』, ミネルヴァ書房, 1-41頁.

松村真宏・加藤優・大澤幸生・石塚満（2003）「議論構造の可視化による論点の発見と理解」,『知能と情報』, 第15巻, 第5号, 554-564頁. 日本知能情報ファジィ学会編.

松本道弘（1982）『「ディベート」入門』, 中経出版.

丸野俊一（編）（2002）『自己表現力と創造的・批判的思考を育むディスカッション教育に関する理論的・実践的考察（平成11-13年度科学研究費補助金（基盤研究A(1)）研究成果報告書）』.

丸野俊一・生田淳一・堀憲一郎（2001）「目標の違いによって, ディスカッションの過程や内容がいかに異なるか」,『九州大学心理学研究』, 第2巻, 11-33頁. 九州大学大学院人間環境学研究科編.

丸山圭三郎（1985）「ソシュールの理論の基本概念」, 丸山圭三郎（編）『ソシュール

小事典』，大修館書店，63-90頁．
三浦和尚（2002）『「話す・聞く」の実践学』，三省堂．
湊吉正（1987）『国語教育新論』，明治書院．
湊吉正（1989）「話しことば指導の基礎的諸問題」，『月刊国語教育研究』，第208号，23-27頁，9月．日本国語教育学会編．
湊吉正（1992）「読む，聴く，書く，話す—言語活動の展開—」，『児童心理』，第46巻，第14号，1616-1620頁．
峰本義明（2013）「小集団討議の活性化が読解方略の伸長に及ぼす効果—ファシリテーション・グラフィックを活用した『こころ』の授業実践を基に—」，『国語科教育』，第73巻，55-62頁．全国大学国語教育学会編．
巳野欣一・奈良県国語教育研究協議会（編）（1997）『音声言語授業の年間計画と展開 中学校編』，明治図書出版．
美馬のゆり（2001）「思考の道具・学習の道具」，加藤浩・有元典文（編）『認知的道具のデザイン』，金子書房，118-138頁．
三宅なほみ（2010）「協調的な学び」，渡部信一（編）『「学び」の認知科学事典』，大修館書店，459-478頁．
迎勝彦（2005）「話し合い活動時における聴解過程—中学生を対象とした実相把握と学習支援の方途—」，『上越教育大学研究紀要』，第25巻，第1号，15-32頁．上越教育大学編．
迎勝彦（2008）「話し合い学習における「振り返り」の意味と役割—内的活動を顕在化させるための視点—」，桑原隆（編）『新しい時代のリテラシー教育』，東洋館出版社，399-411頁．
向山洋一（1989）『「分析批評」で授業を変える』，明治図書出版．
向山洋一（2003）『教え方のプロ・向山洋一全集47 発問一つで始まる「指名なし討論」』，明治図書出版．
村田久美子・原田哲男（2008）「日本の応用言語学と言語教育におけるヘンリー・ウィドウソン氏の貢献—コミュニケーション能力の解釈を中心に—」，村田久美子・原田哲男（編）『コミュニケーション能力育成再考—ヘンリー・ウィドウソンと日本の応用言語学・言語教育—』，ひつじ書房，15-26頁．
村松賢一（1998）『いま求められるコミュニケーション能力』，明治図書出版．
村松賢一（2001）『対話能力を育む話すこと・聞くことの学習—理論と実践—』，明治図書出版．
村松賢一（2005）「図形伝達課題における理解の共同構築方略の発達—小・中学生の

対話データから─」，お茶の水女子大学日本言語文化学研究会（編）『共生時代を生きる日本語教育─言語学博士上野田鶴子先生古稀記念論集─』，凡人社.

森美智代（2001）「「語られる身体」としての「聞くこと」─「聞くこと」の学びの生成─」，『国語科教育』，第49巻，65-72頁．全国大学国語教育学会編.

森美智代（2011）『〈実践＝教育思想〉の構築─「話すこと・聞くこと」教育の現象学─』，溪水社.

森岡健二（1972）「言語教育の本質と目的─母国語教育の立場から─」，西尾実・石橋幸太郎（編）『言語教育学叢書　第1期-1─言語教育の本質と目的─』，文化評論出版.

森久保安美（1989a）『話しことば教育の復興1　話しことば教育のプログラム』，明治図書出版.

森久保安美（1989b）『話しことば教育の復興2　話しことばが育つ学級』，明治図書出版.

森久保安美（1989c）『話しことば教育の復興3　話しことばを磨く実践』，明治図書出版.

森久保安美（1996）『聞く力を育て生かす国語教室』，明治図書出版.

森元孝（1993）「コミュニケーション能力」，森岡清美・塩原勉・本間康平（編）『新社会学辞典』，有斐閣，476-477頁.

茂呂雄二（1991）「教室談話の構造」，『日本語学』，第10巻，第10号，63-72頁．明治書院.

茂呂雄二・汐見稔幸（1988）『なぜ人は書くのか』，東京大学出版会.

文部科学省（編）（2009）『小学校学習指導要領』，東京書籍，第4版.

文部科学省・国立教育政策研究所（編）（2014a）『平成26年度　全国学力・学習状況調査　報告書【小学校　国語】』.

文部科学省・国立教育政策研究所（編）（2014b）『平成26年度　全国学力・学習状況調査　報告書【中学校　国語】』.

文部省（編）（1946）『新教育指針　付録─マッカーサー司令部発教育関係指令─』.

文部省（編）（1947）『新教育指針　第四分冊（第二部）─第二部　新教育の方法─』.

文部省（編）（1954）『中学校高等学校学習指導法　国語科編』，明治図書出版.

安直哉（1988）「学校教育における話しことば教育の存立─教育課程全体へ融合した指導の有効性─」，『日本語と日本文学』，第10号，20-28頁．筑波大学国語国文学会編.

安直哉（1996）『聞くことと話すことの教育学─国語教育基礎論─』，東洋館出版社.

安直哉（2005）『イギリス中等音声国語教育史研究』，東洋館出版社．

安居總子（1982）「言語生活の教材化と学習指導の展開―調査をどのように位置づけたらよいか―」，『月刊国語教育研究』，第117号，19-24頁，2月．日本国語教育学会編．

安居總子（1994）「聞き手話し手を育てる国語教室」，安居總子・東京都青年国語研究会（編）『中学校の表現指導　聞き手話し手を育てる』，東洋館出版社，32-41頁．

安河内義己（2004）「話し言葉の育ちを評価するということ」，『朝倉国語教育講座3　話し言葉の教育』，朝倉書店，169-181頁．

柳瀬陽介（2006）『第二言語コミュニケーション力に関する理論的考察―英語教育内容への指針―』，溪水社．

柳瀬陽介（2008）「言語コミュニケーション力の三次元的理解」，JLTA journal，第11号，77-95頁．日本言語テスト学会編．

山県市立高富小学校（2010）「平成22年度　高富小学校公表会」．公開研究会配付資料（私家版）．

山岸俊男（1990）『社会的ジレンマのしくみ―「自分1人ぐらいの心理」の招くもの―』，サイエンス社．

山竹伸二（2011）『「認められたい」の正体―承認不安の時代―』，講談社．

山田雅夫（2010）『図解力の基本―ちょっとしたコツだけど，だれも教えてくれない88のテクニック―』，日本実業出版社．

山田弘史（1994）「ことばのキャッチボールを楽しむ」，高橋俊三（編）『講座『音声言語の授業』第3巻　話し合うことの指導』，明治図書出版，10-17頁．

山元悦子（1990）「昭和20年代の中学校国語科単元学習の考察（3）―聞くことと話すことの指導を中心に―」，『広島大学教育学部紀要第2部』，第38巻，295-302頁．広島大学教育学部編．

山元悦子（1991）「昭和20年代における話しことば学習指導論の開拓」，『広島大学教育学部紀要　第2部』，第39巻，39-49頁．広島大学教育学部編．

山元悦子（1993）「話しことば指導の教材に関する一考察」，『教育学研究紀要　第2部』，第39巻，109-114頁．中国四国教育学会編．

山元悦子（1995）「話しことば指導の領域とその系統について」，『福岡教育大学紀要』，第44号，55-65頁．福岡教育大学編．

山元悦子（1996）「対話能力の発達に関する研究―対話展開力を中心に―」，『国語科教育』，第43巻，39-49頁．全国大学国語教育学会編．

山元悦子（1997a）「対話能力の育成を目指して―基本的な考え方を求めて―」，福岡

教育大学国語科・福岡教育大学附属（福岡・小倉・久留米）中学校（編）『共生時代の対話能力を育てる国語教育』，明治図書出版，14-48頁．

山元悦子（1997b）「対話能力の発達をとらえるための対話行為モデル」，大槻和夫研究代表（編）『国語科教育改善のための国語能力の発達に関する総合・実証的研究Ⅱ―平成8年度文部科学省研究費補助金（基盤研究（A）（1））研究成果報告書―』，73-85頁．

山元悦子（2000）「音声言語教育の研究」，森田信義・山元隆春・山元悦子・千々岩弘一（編）『新・国語科教育学の基礎』，溪水社，188-221頁．

山元悦子（2002）「話すこと・聞くことの発達論的研究の成果と展望」，全国大学国語教育学会（編）『国語科教育学研究の成果と展望』，明治図書出版，133-144頁．

山元悦子（2003）「話し合う力を育てる学習指導の研究―メタ認知の活性化を図る手だてを通して―」，『国語科教育』，第54巻，51-58頁．全国大学国語教育学会編．

山元悦子（2004）「聞き話す双方向性のある音声言語活動の学習指導―対話と話し合い―」，倉澤栄吉・野地潤家（編）『話し言葉の教育』，朝倉書店，134-153頁．

山元悦子（2006）「小学校国語科におけるコミュニケーション教育の方向」，『福岡教育大学紀要第1分冊　文科編』，第55号，71-81頁．福岡教育大学編．

山元悦子（2009）「コミュニケーション能力の発達に関する研究―小学5年生における認知・思考の発達特性―」，『福岡教育大学紀要　第1分冊　文科編』，第58号，113-128頁．福岡教育大学編．

山元悦子（2013）「話すこと・聞くことの発達論に関する研究の成果と展望」，全国大学国語教育学会（編）『国語科教育学研究の成果と展望Ⅱ』，学芸図書，85-92頁．

山元悦子・稲田八穂（2008）「コミュニケーション能力を育てる国語教室カリキュラムの開発―発達特性をふまえたコミュニケーション能力把握に立って―」，『福岡教育大学紀要　第1分冊　文科編』，第57号，59-76頁．福岡教育大学編．

山元悦子・稲田八穂（2010）「小学校高学年の発達特性をふまえたコミュニケーション能力の育成に関する研究」，『福岡教育大学紀要　第1分冊　文科編』，第59号，119-142頁．福岡教育大学編．

横浜圭子（1996）「豊かなバズ・セッション（六・六討議）を生み出す五つの工夫―構造メモを中心にして―」，高橋俊三（編）『音声言語指導のアイデア集成　第3巻　小学校高学年』，明治図書出版，102-105頁．

吉田新一郎（2000）『会議の技法』，中央公論新社．

吉村匠平（2000）「「かくこと」によって何がもたらされるのか？―幾何の問題解決場面を通した分析―」，『教育心理学研究』，第48巻，第1号，85-93頁．日本教育心

理学会編.

ライチェン,D. S.(2006)「キー・コンピテンシー—人生の重要な課題に対応する—」,ライチェン,D. S.・L. H. サルガニク(編)『キー・コンピテンシー—国際標準の学力をめざして—』,明石書店,86-125頁. 立田慶裕監訳(Dominique Simone Rychen and Laura Hersh Salganik (2003) *Key Competencies for a Successful Life and a Well-Functioning Society*, Seattle: Hogrefe & Huber Publishers).

ライチェン,D. S.・L. H. サルガニク(編)(2006a)『キー・コンピテンシー—国際標準の学力をめざして—』,明石書店. 立田慶裕監訳(Dominique Simone Rychen and Laura Hersh Salganik (2003) *Key Competencies for a Successful Life and a Well-Functioning Society*, Seattle: Hogrefe & Huber Publishers).

ライチェン,D. S.・L. H. サルガニク(2006b)「コンピテンスのホリスティックモデル」,ライチェン,D. S.・L. H. サルガニク(編)『キー・コンピテンシー—国際標準の学力をめざして—』,明石書店,64-83頁. 立田慶裕監訳(Dominique Simone Rychen and Laura Hersh Salganik (2003) *Key Competencies for a Successful Life and a Well-Functioning Society*, Seattle: Hogrefe & Huber Publishers).

リチャーズ,L.(2009)『質的データの取り扱い』,北大路書房. 大谷順子・大杉卓三訳(Lyn Richards (2005) *Handling Qualitative Data: A Practical Guide*, London: Sage Publications).

ルーサー,L. H.(1996)「グループ・ダイナミックスに関するいくつかの側面」,モートン・キッセン(編)『集団精神療法の理論—集団力学と精神分析学の統合—』,誠信書房,46-64頁. 佐治守夫・都留春夫・小谷英文訳(Morton Kissen (1976) *From Group Dynamics to Group Psychoanalysis: Therapeutic Application of Group Dynamic Understanding*, Washington: Hemisphere Pub.).

ルーマン,N.(2009)『社会の社会 1』,法政大学出版局. 馬場靖雄ほか訳(Niklas Luhmann (2003) *Die Gesellschaft der Gesellschaft*, Frankfurt am Main: Suhrkamp).

ロジャーズ,C. R.(1973)『エンカウンター・グループ—人間信頼の原点をもとめて—』,ダイヤモンド社. 畠瀬稔・畠瀬直子訳(Carl R. Rogers (1970) *Carl Rogers on Encounter Groups*, New York: Harper & Row).

若木常佳(2001)『話し合う力を育てる授業の実際—系統性を意識した三年間—』,溪水社.

若木常佳(2005)「対話能力を育成するためのカリキュラムについての研究—「方略

的知識」と「関係づける力」を中心に—」,『国語科教育』, 第58巻, 26-33頁. 全国大学国語教育学会編.

若木常佳（2007）「話し合う力を育成するための台本型手びき（1）」,『教育学研究紀要』, 第53巻, 第1号, 123-128頁.

若木常佳（2011）『話す・聞く能力育成に関する国語科学習指導の研究』, 風間書房.

渡辺雅子（2004a）『納得の構造—日米初等教育に見る思考表現のスタイル—』, 東洋館出版社.

渡辺通子（2001）「戦後国語教育におけるコミュニケーション概念の形成—昭和20年代を中心に—」,『国語教育史研究』, 第1号, 58-66頁. 国語教育史学会編.

渡辺通子（2004b）「昭和20年代コミュニケーション概念の導入—雑誌「思想の科学」を中心に—」,『国語科教育』, 第55巻, 20-27頁. 全国大学国語教育学会編.

渡辺通子・佐々木靖章（2000）「国語教育におけるコミュニケーション概念の導入」,『茨城大学教育学部紀要　教育科学』, 第49巻, 1-18頁. 茨城大学教育学部編.

ワーチ, J. V.（2002）『行為としての心』, 北大路書房. 佐藤公治・黒須俊夫訳（James V. Wertsch (1998) *Mind as Action*, Oxford: Oxford University Press）.

ワツラヴィック, P.・J. B. バヴェラス・D. D. ジャクソン（2007）『人間コミュニケーションの語用論—相互作用パターン, 病理とパラドックスの研究—』, 二瓶社, 第2版. 山元和郎監訳（Paul Watzlawick, Janet Beavin Bavelas, Don D. Jackson (1967) *Pragmatics of Human Communication: A Study of Interactional Patterns, Pathologies, and Paradoxes*, New York: W. W. Norton & Company）.

索　引

英数

『2000年のアメリカ』　100, 101, 102, 103
21世紀型スキル（能力）　52, 56
PISA　53, 55, 56

あ行

アフォーダンス　68, 183, 184
意見間の関係　11, 179, 181, 236, 260, 262, 287, 288, 297, 300
意欲　35, 43, 44, 57, 68, 140
映像　135, 136, 137, 138, 139, 141, 143, 144, 148, 180
音声　10, 11, 22, 42, 73, 75, 132, 135, 137, 140, 145, 146, 201
音声言語　3, 8, 11, 12, 24, 55, 64, 69, 71, 74, 88, 123, 135, 163, 298, 302
音声媒体　135, 136, 137

か行

外部ツール　236, 298, 299, 301, 302
書くことの指導　83, 107
学習指導要領　31, 46, 95, 98, 109, 119, 121, 124
拡張　67, 68, 71, 72, 73, 74, 75, 184, 226
課題領域　80, 83, 84, 87, 90, 95, 109, 114, 159, 167, 172, 202, 215, 299
学校生活　17, 94, 95, 107, 114, 124, 162, 167, 182, 300, 303
カリキュラム　99, 100, 103, 104, 105, 106, 107, 162, 186
環境　2, 24, 54, 56, 72, 75, 129, 183, 184, 185
関係性　6, 10, 89, 133, 142, 144, 161, 176, 180, 302, 303
キーワード　199, 230, 261, 297
記号的道具　13, 24, 73, 135, 136, 161, 186, 187
議事録　11, 13, 21, 143, 154
機能　4, 62, 80, 81, 99, 113, 236, 303
教育課程　91, 93, 95, 111, 113, 114, 147, 163, 175, 186, 188, 288, 297, 303
教育サミット　100
教育内容の編成　93, 94, 95, 97, 107, 109, 111
教室討議（クラス討議）　18, 122, 126, 155, 156, 158, 171, 172, 175, 176, 296
共同（共同性）　2, 5, 10, 12, 87, 89, 113, 127, 175, 181, 215, 296
グループ・エンカウンター　88, 126
グループ討議　18, 120, 126, 127, 150, 153, 155, 158, 166, 171, 174, 176, 180, 192, 200, 215, 296, 297
グローバル社会　51, 52, 54, 65, 68
言語活動　3, 12, 24, 69, 98, 106, 107, 125, 296, 298, 299, 302
言語生活　4, 88, 97, 119, 120, 123, 127, 147, 175
合意　2, 5, 9, 10, 85, 90, 217, 222, 224
国際化　2, 124
個性　67, 302
コミュニケーションスキル　45, 46, 63, 65, 111
コミュニケーション能力　30, 31, 32, 34, 37, 38, 40, 41, 44, 46, 50, 51, 52, 59, 61, 62, 68, 110, 298, 300, 301
コンピテンス　34, 51, 52, 56

さ行

作文指導　22, 134, 145, 156
自我　49, 50, 66
視覚情報化ツール　11, 12, 15, 17, 20, 63, 64, 67, 73, 121, 128, 136, 147, 161, 176, 180, 183, 200, 215, 261, 287, 296, 298, 299, 303
自己　50, 59, 61, 127, 145, 302
思考　5, 7, 8, 10, 30, 51, 70, 73, 84, 92, 101, 122, 125, 130, 132, 153, 157, 158, 161, 181, 184, 215, 234, 235, 249, 297, 301
事後指導　129, 134, 143, 144, 147, 153, 159, 180, 303
事前指導　129, 131, 137, 144, 146, 150, 156, 177
事中指導　132, 140, 149, 155, 157, 159, 178, 182, 304
質と量の保障　162, 182
指導方法　11, 64, 93, 110, 112, 114, 119, 128, 135, 137, 146, 163, 186, 300
社会　2, 5, 7, 9, 20, 31, 32, 45, 48, 49, 50, 51, 53, 57, 58, 59, 60, 65, 66, 83, 91, 124, 126
社会・対人パースペクティブ　32, 48, 64, 67
社会的情緒領域　80, 82, 84, 87, 88, 90, 93, 95, 109, 113, 114, 161, 167, 172, 202, 215, 225, 296, 299
社会的ジレンマ　9, 133
社会的リアリティ　9, 10, 177
主体的　3, 11, 17, 124, 300
状況的認知　12, 24, 68, 73, 74, 129, 183, 187
状況論　72, 129
初等中等教育法　100
自律的　3, 17, 22, 54, 167, 170, 176, 181, 296, 300
身体性　41, 62, 63, 67

スキル　4, 37, 45, 46, 52, 63, 64, 67, 74, 100, 102, 104, 106, 107, 111, 130, 160, 178
図示化　11, 12, 73, 142, 161, 230, 236, 238, 248, 259, 274, 286, 287, 288, 297, 299
スタンダード　99, 100, 101, 102, 105
相互作用　5, 24, 36, 45, 54, 69, 74, 79, 80, 105, 168, 203, 209, 213, 215, 302
創発性　8, 9

た行

体験モード　129, 130, 131, 132, 146, 178, 179, 180
対人関係構築　52, 56, 59, 114, 216, 236, 296, 299
対話　43, 44, 74, 78, 82, 89, 92, 96
他教科　12, 94, 98, 107, 114, 158, 162, 182, 300, 303
他者　2, 10, 24, 49, 54, 56, 61, 65, 69, 89, 92, 124, 130, 134, 145, 296
ただ乗り　9
単元学習　64, 88
知識の外部化　10, 16
聴覚情報　11, 12, 21, 24
ディベート　78, 83, 84, 85, 86, 87, 122, 125, 156, 179
テーマ　106, 150, 158, 168, 177, 186, 255, 259, 260, 274, 297, 300
テキストマイニング　251, 252, 253, 271, 278, 301
デザイン　24, 184, 185, 186, 261, 262, 270, 274, 286, 287, 288, 297, 298
手引き　119, 127, 131, 132, 136, 139, 150, 152
特設　93, 94, 95, 105, 107, 109, 110, 111, 113, 114, 127, 162, 182, 294, 300

な行

内省　50, 74, 129, 134, 143, 144, 145, 147

内省モード　129, 130, 131, 132, 144, 146, 303
人間形成　6, 79, 81, 91, 114, 299
認知的パースペクティブ　33, 42, 62, 67
能力表　46, 47

は行

媒体　17, 70, 73, 134, 135, 136, 137, 140, 141, 143, 147, 149, 156, 163
話し合い　3, 4, 7, 10, 11, 21, 46, 54, 73, 74, 113, 171, 185, 201, 231, 249, 261, 270, 287, 297, 299, 301
話し合い指導　2, 11, 30, 73, 74, 94, 112, 114, 118, 128, 137, 146, 181, 296, 299
話し合いの流れ　139, 150, 224
話し合いの能力　12, 73, 74, 75, 122, 123, 181, 298, 302
話し言葉指導　78, 79, 82, 91, 93, 94, 99, 107, 112, 118
板書　3, 19, 41, 122, 139, 141
反論　2, 3, 47
非言語　21, 37, 74, 296
評価懸念　9
ファシリテーション・グラフィック　13, 126, 128, 141, 155, 158, 159, 160
フィールドワーク　64, 184, 185, 187, 299, 301, 305
複合的な言語活動　3, 4, 21, 69, 226, 298, 299, 302
物理的道具　13, 17, 24, 55, 73, 135, 136, 161, 187
振り返り　131, 132, 134, 137, 138, 139, 140, 142, 143, 144, 145, 155, 161, 180, 181, 304
方略　36, 37, 38, 39, 40, 44, 61, 62

ま行

身振り　3, 86, 136
見ること　3, 12, 104, 111, 201, 213, 220, 221, 222, 302
民意の反映　8, 9, 146
民主的　10
メタ認知　7, 10, 16, 25, 44, 75, 140
メディア　55, 60, 65
メディアリテラシー　59, 60, 104, 112
メモの取り方　237, 246, 247, 249, 252, 253, 255, 259, 260, 261, 270, 274, 278, 286
目標論　79, 83, 90, 112, 114
文字　19, 71, 136, 143, 180, 244
文字言語　3, 8, 71, 119, 121, 125, 126, 132, 136, 138, 163
文字媒体　135, 136, 137, 147, 149, 156, 180
問題解決　2, 9, 10, 12, 13, 50, 52, 56, 75, 86, 90, 166, 296, 300

や行

融合　94, 97, 107, 109, 113, 114, 121, 162, 182, 300
読むことの指導　3, 94, 107, 109, 110, 171

ら行

リテラシー　51, 55, 56, 59
論点　3, 73, 85, 133, 139, 140, 141, 161, 171, 192, 217, 223, 259, 261, 281, 288, 300
論理性（論理的）　6, 9, 10, 55, 82, 83, 84, 85, 87, 92, 114, 123, 124, 125, 161, 216, 225, 226, 299, 302

わ行

ワークシート　127, 138, 139, 168
話題　11, 38, 67, 80, 85, 86, 109, 133, 148, 171, 174, 186, 202, 303, 304

著者略歴

長田 友紀（おさだ ゆうき）

1973年　静岡県生まれ
1996年　千葉大学教育学部中学校教員養成課程国語科専攻　卒業
1998年　千葉大学大学院教育学研究科修士課程国語教育専攻　修了
2003年　筑波大学大学院博士課程教育学研究科学校教育学専攻
　　　　単位修得退学
2003年　北海道教育大学教育学部函館校　助教授
2007年　筑波大学大学院人文社会科学研究科　講師

現　在　筑波大学人文社会系　准教授
　　　　博士（教育学）

主要論文
「アメリカにおける機能的コミュニケーション論の成立と変容―1980年代の州カリキュラムの検討を中心に―」全国大学国語教育学会編『国語科教育』第49集、2001年
「アメリカにおける1990年代のオーラルコミュニケーション教育の位置づけ―全米レベルの動向と州カリキュラム調査研究の検討―」全国大学国語教育学会編『国語科教育』第58集、2005年
「メモの取り方による話し合い報告内容の差異―視覚情報化ツールのテキストマイニングによる質的データ分析―」日本読書学会編『読書科学』第53巻第3号、2010年

国語教育における話し合い指導の研究
―視覚情報化ツールによるコミュニケーション能力の拡張―

2016年1月31日　初版第1刷発行

著　者　　長　田　友　紀
発行者　　風　間　敬　子
発行所　　株式会社　風　間　書　房
〒101-0051　東京都千代田区神田神保町1-34
電話 03(3291)5729　FAX 03(3291)5757
振替 00110-5-1853

印刷　藤原印刷　　製本　高地製本所

©2016　Yuki Osada　　　　　　　　　NDC 分類：375.8
ISBN978-4-7599-2115-1　　Printed in Japan

〈(社)出版者著作権管理機構　委託出版物〉
本書の無断複製は，著作権法上での例外を除き禁じられています。複製される場合はそのつど事前に(社)出版者著作権管理機構（電話 03-3513-6969，FAX 03-3513-3679, e-mail: info@jcopy.or.jp）の許諾を得て下さい。